COURS

DE

LECTURES ESPAGNOLES.

Z

COURS GRADUÉ

DE

LECTURES ESPAGNOLES,

POUVANT ÊTRE ADAPTÉ A TOUTES LES GRAMMAIRES,

A l'usage des Colléges de l'Université et autres établissements
d'instruction publique ;

CONTENANT

UN RECUEIL EXTRAIT DES MEILLEURS PROSATEURS ESPAGNOLS,
DES RÈGLES PRÉCISES SUR LA PRONONCIATION ET SUR LA
PROSODIE CASTILLANES, UN CHOIX DE FABLES
D'IRIARTE ET UNE NOTICE BIOGRAPHIQUE
DES PRINCIPAUX ÉCRIVAINS
ESPAGNOLS;

par

MANUEL GALO DE CUENDIAS,

PROFESSEUR DE LANGUE ESPAGNOLE AU COLLÉGE ROYAL DE TOULOUSE
AGRÉÉ DE L'UNIVERSITÉ.

PARIS,
VEUVE THIÉRIOT, LIBRAIRE,
Rue Pavé-S.-André-des-Arts, 15.
—
1844

SAINT-GERMAIN-EN-LAYE, IMPRIMERIE DE BEAU.

AVANT-PROPOS.

L'ouvrage que j'offre aujourd'hui au public est composé de soixante morceaux et de quelques maximes, extraits de *trente-quatre auteurs* espagnols tous justement célèbres.

Il est divisé en trois parties : la première composée de *quatre-vingt-dix-sept Lectures* ou Leçons, la seconde de *cinquante-cinq Exercices,* la troisième de quelques notes biographiques sur les principaux auteurs auxquels j'ai emprunté les matériaux de ce livre.

En publiant ce recueil, j'ai voulu remplir une lacune, répondre à un besoin ; car, à part quelques mauvaises traductions, l'enseignement de la langue espagnole ne possédait aucun ouvrage où les élèves pussent à la fois trouver de bonnes leçons et des modèles classiques.

Quand j'ai conçu cet ouvrage, je me suis proposé trois choses : la première, de mettre sous les yeux des élèves le plus grand nombre possible d'auteurs et de genres, en leur présentant en même temps une grande variété de formes et de styles; la deuxième, de leur apprendre graduellement et sans effort à vaincre les difficultés que présente la version espagnole, difficultés plus nombreuses qu'on ne le pense généralement; la troisième enfin, de leur offrir un livre d'instruction propre à amuser leur esprit et à intéresser leur cœur, sans égarer l'un ni corrompre l'autre.

Mais pour accomplir la tâche que je m'étais imposée, quelque petite qu'elle paraisse, il ne suffisait pas de tailler en plein dans le vaste champ de la littérature espagnole; il fallait choisir avec discernement; et ce choix était d'autant plus difficile que les ressources étaient plus abondantes. La lecture d'un très-grand nombre de volumes ne m'a pas effrayé: j'ai donc feuilleté de nombreux et gros volumes, dont quelques-uns fort anciens et depuis longtemps enfouis dans les poudreux rayons des bibliothèques. Mon choix définitif une fois fait, j'ai rangé mes extraits, autant que possible, selon l'ordre chronologique des auteurs, en commençant par les plus modernes, attendu, qu'en général, ceux-ci présentent moins de difficultés.

Cependant, lorsqu'un auteur m'a paru moins difficile pour les élèves, je n'ai pas hésité à l'insérer avant un autre plus moderne et plus difficile.

Un grand nombre d'extraits de l'histoire d'Espagne et d'Amérique, quelques morceaux d'éloquence profane et sacrée, et quelques autres de différents genres, sans oublier le conte, l'apologue, et même la satire, forment le fond des *Lectures*; d'autres morceaux plus variés et plus mêlés composent les *Exercices*.

Ce livre a un mérite rare aujourd'hui, cependant; c'est de ne pas contenir une seule phrase, pas un seul mot qui puisse blesser la morale ou la religion.

Pour aider les élèves autant qu'ils doivent l'être, j'ai annoté toutes les *Lectures* : plus de mille notes, mises au bas des 173 premières pages, serviront à faire comprendre aux élèves les nombreuses et difficiles locutions nationales, et les idiotismes, ainsi que les mots et les tournures par trop vieilles qui se trouvent dans Mariana, Florian d'Ocampo, Ayala, l'infant don Juan Manuel et autres. Ces notes serviront aussi à faciliter l'intelligence des jeux de mots si fréquemment employés par Quevedo, Quintana, Cervantes, Mateo Aleman, el padre Isla, etc.

Si je n'ai pas annoté les *Exercices*, c'est que j'ai cru qu'un élève qui aurait passé les *Lectures* avec un peu d'attention, y rencontrerait peu ou point de difficultés. Quant aux notes biographiques écrites en langue moderne, elles n'offrent aucune difficulté.

Au travail précédent, j'ai enfin ajouté un petit choix des Fables littéraires de don Tomas de Iriarte ; j'ai préféré cet auteur à cause du sujet de ses fables, et surtout à cause de la variété qu'on trouve dans sa versification.

Les notes biographiques doivent à peine compter pour quelque chose dans cet ouvrage. Que suis-je moi à côté des auteurs qui ont fourni la plus riche partie du travail ?

Enfin, en publiant ce livre, j'ai surtout voulu être utile. C'est dans ce but que, quoique moi-même auteur de deux *Cours d'espagnol*, adoptés par le conseil royal de l'instruction publique, je l'ai rédigé de telle sorte qu'il puisse être suivi avec toutes les grammaires. Les maîtres et les auteurs mes collègues apprécieront, je l'espère, ces avantages. Quant à moi, fort de mes bonnes intentions, je désire que mon livre puisse répondre aux besoins des élèves et aux vœux des professeurs.

COURS

DE

LECTURES ESPAGNOLES.

DE LA PRONONCIATION et DE LA PROSODIE.

La prononciation espagnole est toute simple : point de lettres muettes, point de doubles consonnes (si ce n'est l'*r*, le *c* et l'*n* qui se doublent dans les cas que nous verrons ci-après).

Les Espagnols n'ont ni le *k*, ni le *ph*, ni le *th*, ni le *ps*, ni le *pt :* leur orthographe est donc très-simple.

Un grand nombre de mots espagnols se terminent par une voyelle ; dans ce cas, la voyelle finale doit être prononcée très-légèrement, mais très-distinctement ; parce que cette voyelle caractérise très-souvent le genre ou le nombre. Si pourtant la voyelle finale portait un accent aigu, on devrait y appuyer la voix ; car, dans ce cas, la voyelle serait longue et l'on devrait la prononcer d'un son ouvert.

Lorsque deux voyelles, dont l'une finale d'un mot, et l'autre commençant le mot suivant, se rencontrent, on en élide une. Exemple : *La amiga ha venido*, l'amie est venue. — Prononcez *l'ami-ga venido;* mais écrivez *la amiga ha venido,* parce que les Espagnols n'ont pas d'apostrophe.

DE L'ALPHABET.

L'alphabet espagnol a vingt-six lettres, cinq voyelles, vingt consonnes, et l'*y*, qui est tantôt voyelle, tantôt consonne.

L'*y* est voyelle à la fin d'une syllabe, comme dans les mots *soy,* je suis; *voy,* je vais; il est consonne au commencement d'une syllabe, comme dans les mots *sayo,* mante; *mayo,* mai, etc. L'*y* ne s'écrit jamais au milieu d'un mot comme voyelle, ainsi on n'écrira plus *frayle,* moine; *bayle,* bal; mais *fraile, baile* (1).

Les voyelles espagnoles sont : *a, e, i, o, u.*

Ces voyelles sonnent toujours *a, é, i, o, ou :* ce son est toujours invariable.

Les consonnes espagnoles sont : *b, c, d, f, g, h, j, l, ll, m, n, ñ, p, q, r, s, t, v, x, y, z.*

Le *b,* le *d,* l'*f,* l'*l,* l'*m,* l'*n,* le *p,* le *q,* le *v* et l'*x* ont la même articulation qu'en français; seulement ces lettres ne sont jamais muettes et ne se doublent jamais, si ce n'est l'*n* dans les mots *ennoblecer,* ennoblir; *ennegrecer,* noircir; et leurs dérivés.

Le *c,* le *g,* l'*h,* le *j,* les deux *ll,* l'*ñ,* l'*r,* l'*s,* le *t* et le *z* diffèrent des mêmes consonnes françaises. Voici au reste leur articulation propre en espagnol.

Le *c* sonne comme en français devant *a, o, u.* Exemple : *ca, co, cu,* prononcez *ka, ko, kou.*

---

(1) L'*i* latin ne s'écrit pas non plus à la fin d'un mot, à moins qu'il ne porte un accent aigu.

Le *c* devant un *e* et devant un *i* ne peut être prononcé qu'en mettant la langue entre les dents.

Les Espagnols doublent le *c* dans les mots *acceso*, accès; *accidente*, accident; et dans tous leurs dérivés. Le *c* se double aussi dans tous les mots qui se trouvent avoir *ct* en français; tels que *faction*, *action*, etc., qui s'écrivent en espagnol *faccion*, *accion*, etc. Le *c* ne se double jamais qu'entre deux voyelles.

Le *g* s'articule comme en français devant les voyelles *a*, *o*, *u*. Exemple : *ga*, *go*, *gu*, prononcez *ga*, *go*, *gou*.

Le *g* devant un *e* et devant un *i* s'articule comme une *h* aspirée. Exemple : *ge*, *gi*, prononcez *hé*, *hi* (1).

L'*h* est toujours muette en espagnol. Exemple : *hombre*, homme; *hago*, je fais; prononcez *ombre*, *ago*.

Le *j* sonne comme une *h* aspirée devant toutes les voyelles; mais on l'écrit rarement devant l'*e* ou devant l'*i*. Exemple : *jabon*, savon; *jesuita*, jésuite; *joroba*, bosse; *jubon*, veste de femme; prononcez *habon*, *hésuita*, *horoba*, *houbon*, en aspirant fortement le *h*.

Le *ll* n'est pas un *l* double, mais un caractère espagnol appelé *eillé*, qui a le même son que *l* mouillé français. Exemple : *batallon*, bataillon; *batalla*, bataille; prononcez *bataillon*, *batailla*. Le *ll* ne se divise jamais à la fin d'une ligne dans la langue espagnole; divisez *ca-lle* et non *cal-le*.

(1) Aspirez l'*h* comme dans le mot *hâter*.

Le ñ répond au *gn* français, et se prononce de même. Exemple : *paño*, drap ; *año*, année ; *caña*, roseau ; prononcez *pagno, agno, cagna*.

L'*r* a deux sons, l'un dur, l'autre suave. L'*r* a le son dur, ou, pour mieux dire, déchirant, toutes les fois qu'il se trouve au commencement d'un mot ou après une consonne. Exemple : *rata*, rat ; *rabo*, queue ; *franco*, franc ; *breve*, bref, etc. ; prononcez *rata, rabo, franco, brévé*.

L'*r* a le son suave toutes les fois qu'il est simple et entre deux voyelles. Exemple : *caro*, cher ; *pero*, mais ; *para*, pour. Quelquefois on a besoin en espagnol du son dur de l'*r* entre deux voyelles, alors on le met double. Exemple : *carro*, charrette ; *perro*, chien ; *parra*, treille ; prononcez en faisant sonner fortement les deux *r*, car le son dur de l'*r* est ici caractéristique, comme on peut le voir par la signification des exemples ci-dessus.

L'*s* ne se double jamais en espagnol, mais il sonne toujours comme un *s* double. Exemple : *caso*, cas ; *casa*, maison ; *cosa*, chose ; prononcez *casso, cassa, cossa*.

Le *t* ne sonne jamais comme une *s* en espagnol : il a toujours le son dental qu'il a en français dans les mots *tabac, tortue*, etc. Exemple : *tomate*, pomme-d'amour ; *tocino*, lard ; *teja*, tuile ; prononcez : *tomaté, tocino, téja*. Le *t* ne se double jamais.

Le *v* doit se prononcer exactement comme en français, quoique la plupart des Espagnols le confondent avec le *b* ; cela tient à ce que peu d'Espagnols savent leur orthographe. (Acad.)

L'*x*, selon l'Académie espagnole, doit se prononcer aujourd'hui exactement comme en français (1) : seulement on ne l'écrit jamais devant une consonne en espagnol, ainsi les mots qui anciennement s'écrivaient *experto*, expert ; *experiencia*, expérience ; *extraordinario*, extraordinaire ; etc., s'écrivent aujourd'hui *esperto*, *esperiencia*, *estraordinario*.

Le *z* se prononce devant toutes les voyelles en mettant la langue entre les dents. On l'écrit rarement devant *e* ou devant *i*.

Le *ch* se prononce toujours comme *tch*. Exemple : *chaleco*, gilet ; *chaqueta*, veste ; prononcez *tchaléco*, *tchaquéta*.

Le *gn* fait toujours deux syllabes en espagnol, et se prononce toujours séparément. Les mots *digno*, digne ; *significa*, signifie ; prononcez *dig-no*, *sig-ni-fi-ca*.

Les syllabes *qui*, *que*, *gue*, *gui* se prononcent en espagnol *ki*, *ké*, *ghé*, *ghi*.

Les syllabes *ua*, *uo* ne doivent jamais être précédées d'un *q*, mais toujours d'un *c*. (Acad.) Ainsi écrivez : *cuando*, quand ; *cuanto*, combien ; *cuota*, quote ; et non *quando*, *quanto*, *quota*.

Güe sonne *gou-é*. Exemple : *vergüenza*, honte ; prononcez *ver-gou-èn-za*.

Toutes les lettres de l'alphabet espagnol appartiennent au genre féminin.

(1) Dans l'ancienne orthographe espagnole, l'*x* devant une voyelle qui n'était pas surmontée d'un accent circonflexe, avait le même son que le *j* ; ainsi, on écrivait : *páxaro* et autres par un *x* : qui s'écrivent maintenant par un *j* ; *pájaro*, etc.

DE LA PROSODIE.

La prosodie est l'ensemble des règles musicales qui nous enseignent l'intonation et la mesure que demande l'émission des voyelles d'une langue.

Tous les mots espagnols sont *agudos*, *llanos*, ou *esdrújulos* (1).

On appelle *agudos* les mots qui portent l'accent sur la dernière voyelle; *llanos*, ceux qui portent l'accent sur l'avant-dernière voyelle, et *esdrújulos* ou glissants, ceux qui portent l'accent sur l'antépénultième voyelle. Exemple : les mots *pavo*, dindon; *loco*, fou; *feo*, laid, sont *llanos*. Les mots *partir*, casser; *salir*, sortir; *fiel*, fidèle, sont *agudos*. Les mots *enfático*, emphatique; *lógico*, logique; *párrafo*, paraphe, sont *esdrújulos*.

Voici les règles pour reconnaître ces trois différentes espèces de mots de la langue espagnole.

PREMIÈRE RÈGLE.

Tous les mots espagnols qui ont un accent aigu sur la dernière voyelle ; tous ceux qui, n'étant pas des verbes et dont aucune voyelle ne porte aucun accent aigu, sont terminés par une consonne, le présent de l'infinitif de tous les verbes et la seconde personne plurielle de tous les impératifs sont *agudos*, c'est-à-dire, ont la dernière voyelle longue. Exemple : *Amó*, il aima; — *tahalí*, baudrier; — *matar*, tuer; — *pantalon*, pantalon; — *amad*, ai-

(1) Glissants.

mez ; — prononcez : *amoo, tahalii, mataar, pantaloon, amaad.*

2ᵐᵉ RÈGLE.

Tous les mots qui, n'étant pas des verbes et qui n'ayant aucune voyelle surmontée de l'accent aigu, se terminent par une voyelle ; — toutes les personnes du présent de l'indicatif et les participes de tous les verbes ; — toutes les personnes du présent du subjonctif ; — les trois personnes du singulier et la troisième du pluriel de l'imparfait de l'indicatif, du conditionnel, de l'imparfait et du futur du subjonctif ; — la deuxième personne du singulier, la première et la troisième du pluriel du prétérit défini de tous les verbes espagnols, sont des mots *llanos*, c'est-à-dire, ont l'avant-dernière voyelle longue. Exemple : *como*, je mange ; — *comes*, tu manges ; — *come*, il mange ; — *comen*, ils mangent ; — *comido*, mangé ; — *comiendo*, mangeant ; — *coma*, que je mange ; — *comas*, que tu manges ; — *coma*, qu'il mange ; — *coman*, qu'ils mangent ; = *comia*, je mangeais ; — *comias*, tu mangeais ; — *comia*, il mangeait ; — *comian*, ils mangeaient ; — *comiera*, que je mangeasse ; — *comieras*, que tu mangeasses ; *comiera*, qu'il mangeât ; — *comieran*, qu'ils mangeassent ; — *come*, mange ; — *coma*, qu'il mange ; — *comamos*, mangeons ; — *coman*, qu'ils mangent ; — *comiste*, tu mangeas ; — prononcez : *coomo, coomes, coome, coomen, comiido, comicendo, cooma, coomas, cooma, cooman, comiia, comiias, comiia, comiian, comicera, comiceras, comieera, comieeran, coome, cooma, comaamos, cooman, comiisle.*

3ᵐᵉ RÈGLE.

Tout mot qui porte un accent sur l'antépénultième voyelle, — la première et la deuxième personne de l'imparfait de l'indicatif et du subjonctif, — la première et la deuxième personne du pluriel du conditionnel et du futur du subjonctif, ainsi que la deuxième personne du pluriel du prétérit défini, sont *esdrújulos*, c'est-à-dire, portent l'accent tonique sur l'antépénultième voyelle. Exemple : *cólico*, colique; — *amabamos*, nous aimions, — *amabais*, vous aimiez; — *amaramos*, que nous aimassions; — *amarais*, que vous aimassiez; — *amariamos*, nous aimerions; — *amariais*, vous aimeriez; — *amaremos*, quand même nous aimerons; — *amareis*, quand même vous aimerez; = prononcez: *coolico, amaabamos, amaabais, amaaramos, amaarais, amariiais, amaaremos, amaareis.*

REMARQUE. Tout mot *agudo* demande que la dernière voyelle soit prononcée d'un ton de voix plus élevé que les autres, et dans un temps plus long. Il en est de même dans la pénultième voyelle des mots *llanos*, et de l'antépénultième des mots *esdrújulos*.

DES DIPHTONGUES ET DES TRIPHTHONGUES.

En espagnol, il y a diphthongue toutes les fois que deux voyelles, dont aucune longue, se rencontrent. Exemple : *pera y pan*; l'*a* final de *pera* et l'*y* qui le suit forment la diphthongue *ay*; prononcez : *pe-ray-pan.*

Il y a triphthongue toutes les fois que trois voyelles se suivent, pourvu qu'aucune d'elles ne soit longue. Exemple : *valiente é ingrato*. L'*e* final de *valiente*, l'*é* conjonction et l'*i* qui commence *ingrato* forment la triphthongue *eéi*.

Il y a encore diphthongue toutes les fois que deux voyelles pareilles ou différentes terminent un nom (1), pourvu qu'aucune de ces voyelles ne porte un accent aigu. Exemple : *comercio*, commerce ; *Francia*, France ; *ley*, loi, etc.; dans ces mots, *io*, *ia*, *ey* sont des diphthongues ; ils ne le seraient pas dans les mots *comió*, il mangea ; *filosofía*, philosophie, etc.

Les diphthongues et les triphthongues espagnoles ont une valeur prosodique égale à celle d'une voyelle brève. Ainsi dans les mots *Francia*, *conciencia*, *abundancia*, *ia* vaut une voyelle brève, et le premier *a* de *Francia*, l'*e* de *conciencia*, et le deuxième *a* d'*abundancia* sont longs. Ces mots doivent se scander : *Fran-cia*, *con-cien-cia*, *a-bun-dan-cia*.

Les diphthongues finales les plus usitées dans la langue espagnole sont : *ia*, *ie*, *io*, *oy*, *ua*, *ue*, *ui*, *uo*, *ey*.

Il y a encore une triphthongue finale *uey*, qui a la même valeur prosodique que les diphthongues.

Les diphthongues et les triphthongues espagnoles ne le sont que par rapport à la prosodie ; les

___
(1) *io* est diphthongue lorsqu'il termine un verbe, pourvu qu'aucune des voyelles ne soit surmontée d'un accent aigu; *ia* n'est pas diphthongue dans les verbes.

voyelles conservent toujours leur son respectif.

SIGNES PROSODIQUES, PONCTUATION.

Les Espagnols n'ont que deux signes prosodiques, l'accent aigu et le tréma : l'accent indique toujours une voyelle longue (1). Ainsi, les mots *murió*, il mourut, *hidrópico*, hydropique doivent se prononcer *murioo*, *hidroopico*. Le tréma a les mêmes usages qu'en français.

Les signes de la ponctuation sont : le point (.), les deux points (:), le point-virgule (;), la virgule (,), le tiret (—), les points de suspension (....), le point d'interrogation (¿?), le point d'exclamation (¡!).

Ces signes ont la même valeur et les mêmes usages qu'en français. Il faut pourtant remarquer, 1° que toute phrase interrogative espagnole demande un point d'interrogation renversé au commencement et un naturel à la fin. Exemple : Que veux-tu ? *¿Qué quieres?* — 2° que toute phrase exclamative espagnole demande deux points d'exclamation, un renversé au commencement et un naturel à la fin. Exemple : Est-il possible ! *¡ Es posible !*

(1) Moins sur les conjonctions *é, ó, ú*, et sur la préposition *á*, où l'accent n'a aucune valeur prosodique.

LECTURES.

PREMIÈRE LECTURE.

PENSÉES ET MAXIMES.

1.

Como la noche ata las manos, y deja al pensamiento mas libre; así la calamidad y (1) miseria avivan el deseo y la imaginacion de las cosas y ponen prisiones á las manos para no conseguirlas.
        Fray Luis de Leon.

2.

El fuego de una casa mas presto se echa de ver (2) de fuera que de adentro; así los daños de un reino.
        Antonio Perez.

3.

Miserable siglo es aquel en que no se atreven á salir del pellejo los corazones.
        id.

4.

El que mas descuidado vive en apariencia, sue-

---

(1) *La calamidad y miseria....* Les Espagnols ne répètent pas l'article devant les noms sujets ou régimes d'un même verbe, si ces noms sont du même genre et au même nombre.

(2) *Echar de ver*, remarquer, voir.

le (3) ser el que (4) mas de corazon ama la virtud.
El maestro FR. JUAN MARQUEZ.

5.

Será ménos insolente el gobierno de quien nació para mandar, y lo comenzó desde la cuna; pues no hay quien mas transforme el mundo, ni saque las cosas de su asiento, que el esclavo hecho (5) señor.

id.

6.

No hay medio mas seguro para contener á (6) un pueblo en los términos del honor y de la modestia, que el temor de un enemigo guerrero.

id.

7.

Recibir de algunos es inhumanidad; de muchos, es vileza; de todos, es avaricia.

id.

8.

El favor de los pueblos es el mas peligroso amigo de la virtud.

id.

---

(3) *Soler*, avoir coutume de... Voyez *soler* aux verbes irréguliers de la 2ᵐᵉ conjugaison.

(4) *El*, suivi immédiatement de *que* ou de *de*, se rend en français par *celui*; *la*, dans le même cas, se rend par *celle*; *los*, par *ceux*, et *las* par *celles*.

(5) *Hecho*, fait; signifie ici *devenu*.

(6) Les verbes actifs espagnols, ayant pour régime direct une ou plusieurs personnes, doivent gouverner le datif avec la préposition *á*. *Pueblo* signifie ici *les personnes composant un peuple*.

LECTURE II.

MAXIMES.

9.

El deseo de dominar hace á los príncipes (7) serviles.
id.

10.

Nunca peligra mas el poder que en la prosperidad, donde, faltando la consideracion, el consejo y la prudencia, muere á manos de la confianza.
id.

11.

No se da en el mundo á quien no tiene, si no á quien mas tiene; á muchos se les quita la hacienda, porque son pobres.
GRACIAN.

12.

Los ricos son los que heredan, que (8) los pobres no tienen parientes.
id.

13.

No halla el hambriento un pedazo de pan, y cada dia está convidado el ahito (9).
id.

14.

No sabe reinar quien no sabe disimular; pero ménos sabe reinar quien sabe fingir.
P. EUSEBIO NEIREMBERG.

(7) Voyez note 6.
(8) *Que* est souvent employé pour *car* dans les auteurs du XVI siècle, comme dans cet exemple.
9) *Ahito,* rassasié.

15.

Disimular sus (10) designios, encubrir sus secretos, no manifestar sus intenciones, es prudencia; el fingir es mengua del poder, mancha de la grandeza y aumento de cobardía.

id.

16.

La prudencia es la lazada (11) con que todas las demas virtudes se (12) asen (13) y prenden (14).

id.

17.

Siempre que no se puede lo mejor, es prudencia dividir la dificultad para vencer uno á uno los inconvenientes.

Solis.

18.

Pocas veces se halla el valor en donde falta la modestia.

id.

LECTURE III.

HISTOIRE DE MEXICO.

Le temple du dieu de la guerre à Mexico.

Los templos (si es lícito darles este nombre) se le-

---

(10) Traduisez *sus* par *nos* dans les propositions *indéfinies* ou indéterminées, quoiqu'il signifie *ses*.

(11) *Lazada*, lacet, lien; prenez le dernier sens.

(12) *Se*, se, on.

(13) *Asir*, saisir. Vieilli.

(14) *Prender*, attacher avec des épingles, prendre avec de la glu, arrêter, obtenir.

vautaban suntuosamente sobre los demas edificios, y el mayor, donde residia la suma dignidad de aquellos inmundos sacerdotes, estaba dicado al ídolo Viztcilipuztli, que en su lengua significaba dios de la guerra, y le tenian por el supremo (15) de sus dioses. Primacía de que se infiere cuanto se preciaba de militar aquella nacion. Su primera mansion era una gran plaza en cuadro con su muralla de sillería (16), labrada, por la parte de afuera (17), con diferentes lazos de culebras encadenadas, que daban horror al pórtico y estaban allí con alguna propiedad. Poco ántes de llegar á la puerta principal estaba un humilladero (18), no ménos horroroso. Era de piedra, con treinta gradas de lo mismo, que subian á lo alto, donde habia un género de azotea prolongada y fijos en ella muchos troncos de árboles puestos en hilera: tenian estos sus taladros iguales, á poca distancia, y por ellos pasaban de un árbol á otro, diferentes varas ensartando cada una por las sienes algunas calaveras de hombres sacrificados, cuyo número, que no se puede referir sin escándalo, siempre tenian cabal los ministros del templo, renovando las que padecian algun destrozo con el tiempo. Lastimoso trofeo en que manifestaba su rincor el enemigo del hombre, y aquellos bárbaros le tenian à la vista sin *algun* (19) remordimiento de la natu-

(15) *Supremo*, suprême, le plus grand, le plus élevé.
(16) *Sillería*, en parlant d'une muraille ou d'un édifice, signifie *pierre de taille*.
(17) *Por la parte de afuera*, en dehors.
(18) *Humilladero*, lieu pour prier, cimetière.
(19) *Algun*, aurait dû être remplacé par *ningun*, aucun.

raleza, hecha devocion la inhumanidad (20), y desaprovechada (21), en la costumbre de los ojos, la memoria de la muerte.

Solis.

LECTURE IV.

CONTINUATION DU MÊME SUJET.

Tenia la plaza cuatro puertas correspondientes á los cuatro vientos principales. En lo alto de las portadas (22), habia cuatro estatuas de piedra, que señalaban (23) el camino, como despidiendo á los que se acercaban mal dispuestos : tenian su presuncion de dioses liminares (24), porque recibian algunas reverencias á la entrada. Por (25) la parte interior de la muralla, estaban las habitaciones de los sacerdotes y dependientes (26) de su ministerio, con algunas oficinas que corrian (27) todo el ám-

---

Les anciens auteurs commettaient souvent cette faute, que l'Académie espagnole a blâmée depuis.

(20) *Hecha devocion la inhumanidad.* L'inhumanité devenue dévotion.

(21) *Desaprovechada, en la costumbre de los ojos, la memoria de la muerte,* empêchant l'âme de penser à la mort en accoutumant les yeux à ce spectacle.

(22) *En lo alto de la portada,* sur le haut de la porte.

(23) *Señalar,* signaler, indiquer.

(24) *Dioses liminares,* des dieux termes, ou des limites. L'adjectif *liminar* dérive du mot latin *limen,* terme, limite, ligne de démarcation.

(25) *Por la parte del interior,* à l'intérieur. Expression adverbiale remplacée aujourd'hui par *en lo interior,* etc.

(26) Voyez note 1.

(27) *Correr,* courir, signifie ici *remplir.*

bito de la plaza, sin ofender el cuadro, dejandola tan capaz, que solian bailar en ella ocho y diez mil personas, cuando se juntaban á celebrar sus festividades.

Ocupaba el centro de esta plaza una gran máquina (28) de piedra que, á cielo descubierto, se levantaba sobre las torres de la ciudad, creciendo en disminucion hasta formar una media pirámide, los tres lados pendientes, y en el otro labrada una escalera; edificio suntuoso y de buenas medidas (29), tan alto, que tenia ciento y veinte gradas la escalera, y tan corpulento, que terminaba en un plano de cuarenta piés en cuadro (30), cuyo pavimento, enlosado primorosamente de varios jaspes, guarnecia por todas partes un pretil con sus almenas retorcidas á manera (31) de caracoles, formados por ambas haces (32) de unas piedras negras semejantes al azabache, puestas en órden, y unidas con betunes blancos y rojos, que ornaban mucho el edificio.

id.

LECTURE V.

CONTINUATION DU MÊME SUJET.

Sobre la division del pretil donde terminaba la escalera, estaban dos estatuas de mármol que sustentaban, imitando bien la fuerza de los brazos,

---

(28) *Máquina* est le sujet, et *plaza* le régime direct de la préposition.

(29) *De buenas medidas*, régulier et proportionné, grand.

(30) *Piés en cuadro*, pieds carrés.

(31) *A manera de*, en forme de...

(32) *Por ambas haces*, aux deux façades.

unos grandes candeleros de hechura estraordinaria; mas adelante una losa verde, que se levantaba cinco palmas del suelo, y remataba en esquina, donde afirmaban al miserable que habian (33) de sacrificar, para sacarle por los pechos el corazon. Y en la frente una capilla de mejor fábrica y materia (34), cubierta por lo alto con su techumbre (35) de maderas preciosas, donde tenian al ídolo sobre un altar muy alto, y detras de cortinas. Era (36) de figura humana, y estaba sentado en una silla con apariencias de (37) trono, fundado sobre un globo azul, que llamaban cielo, de cuyos lados salian cuatro varas con cabezas de sierpes, á que aplicaban los hombros para cuidarle (38), cuando le manifestaban al pueblo. Tenia sobre la cabeza un penacho de plumas varias en forma de pájaro, con el pico y la cresta de oro bruñido, el rostro de horrible severidad y mas afeado con dos fajas azules, una sobre la frente y otra sobre la nariz. En la mano derecha *tenia* (39) una culebra on-

(33) Le verbe *haber*, suivi immédiatement de la préposition *de*, signifie *devoir*, *falloir*.

(34) *Mejor*, meilleur, qualifie les mots *fábrica* et *materia*. Ce que j'ai dit concernant l'article, note 1, est applicable aux adjectifs, lorsque ceux-ci précèdent les noms qu'ils qualifient.

(35) *Techumbre*, toiture.

(36) *El ídolo*.

(37) *Con apariencias de*, semblable à.

(38) *Cuidarle*, pour avoir soin d'elle (de l'idole).

(39) *Tenia*, tenait, ce verbe est sous-entendu dans le texte; les Espagnols retranchent souvent le verbe *haber*, *tener*, *ser* et *estar*, dans les descriptions, ce qui rend le style obscur : c'est

deada le servia de baston, y en la izquierda cuatro saetas que veneraban como traidas del cielo, y una rodela con cinco plumages blancos, puestos en cruz sobre estos adornos; y la significacion de aquellas insignias y colores (40), decian notables desvaríos con lastimosa ponderacion.

id.

LECTURE VI.

CONTINUATION DU MÊME SUJET.

Al lado siniestro (41) de esta capilla estaba otra de la misma hechura y tamaño, con un ídolo que llamaban Tloch, en todo semejante á su compañero. Teníanlos por hermanos, y tan amigos, que dividian en sí (42) los patrocinios (43) de la guerra, iguales en el poder, y uniformes en la voluntad; por cuya razon acudian á entrambos con una victima y un ruego (44), y les daban gracias de los sucesos teniendo en equilibrio la devocion.

El ornato de ambas capillas *era* (45) de inestimable valor, colgadas las paredes, y cubiertos

une faute contre laquelle se sont prononcés avec raison tous les critiques, car la clarté est la première condition dans un écrit.

(40) Voyez ce qui a été dit sur les articles, note 1, et sur les adjectifs, note 34; tout est applicable aux pronoms possessifs, démonstratifs et indéterminés.
(41) *Siniestro*, gauche, terme poétique.
(42) *En sí*, entre eux.
(43) *Patrocinios*, droits et attributs.
(44) *Ruego*, prière.
(45) Voyez ce qui a été dit sur la suppression des verbes *haber*, etc., note 39.

los altares de joyas y piedras preciosas, puestas sobre plumas de colores. De este género y opulencia, habia ocho templos en aquella ciudad, siendo los menores mas de dos mil, donde se adoraban otros tantos ídolos, diferentes en el nombre, figura y advocacion. Apénas habia calle sin su dios tutelar, ni se conocia calamidad entre las pensiones de la naturaleza, que no tuviese á donde acudir por el remedio. Ellos se fingian y fabricaban sus dioses de su mismo temor, sin conocer que enflaquecian el poder de los unos con lo que fiaban á los otros.

Solis, Historia de Mexico.

LECTURE VII.

BATAILLE D'ANTONIO GALBAN, CAPITAINE PORTUGAIS A TERNATE, CONTRE DAYALO, NOUVEAU ROI DES ILES MOLUQUES.

. . . . Entre tanto Galban partió en la cuarta vigilia (46) de la noche con los suyos por sendas léjos de la ciudad, silvestres é incultas, y, con el mayor silencio que pudo, llegó á la cumbre del monte. Habian andado los portugueses la mayor parte de su camino con la primera luz del alba, y descansado algo del trabajo, cuando descubrieron los morriones de los enemigos, que resplandecian.

(46) *Vigilia*, vicilli. Dans l'armée espagnole on divisait les nuits de faction en 4, 5 ou 6 portions égales, qu'on appelait *vigilias;* c'est dans ce sens qu'on doit le comprendre ici. Les marins appellent cela *le quart*.

Galban entónces dando una voz, y aclamando (47) todos dijeron *al arma! al arma!*

Los coligados, con alaridos horrendos herian (48) los peñascos y la espesura de los bosques, venciendo su turbacion se apercibieron; pero luego conocieron que habian de ser presa de los nuèstros. Comenzaron á pelear, y ante todos el rey Dayalo por la rabia de verse despojado, acudió con algunas compañías á ocupar los pasos, y salió á encontrar á los portugueses en un llano. No rehusaron ellos (49) la pelea, y mezclandose los escuadrones, se herian cruelmente. Veíase á Dayalo, armada la cabeza con celada resplandeciente, adornada de varias altas plumas, y el cuerpo de coraza escamada de acero, blandiendo y jugando á dos manos una lanza como antena (50), cerrar (51) con ímpetu desesperado. Pero arrojandose entre nuestras picas y arcabuces sin tiento, recibió algunas heridas por todas partes, y cayó rabiando. Era dotado de robustísimas fuerzas, y con ellas se levantó de presto (52). Pudo disimular las heridas y el dolor y, por no poner miedo (53) á los suyos, proseguir la batalla delante de las primeras banderas. Peleó buen rato; pero como no le curaron, y el ejercicio hizo que la

(47) *Aclamando*, proclamant. Argensola a voulu dire *gritando*, criant.
(48) *Herir*, blesser, est employé ici pour *remplir*.
(49) L'auteur a employé ici *ellos* pour *estos*.
(50) *Como antena*, aussi grande que l'antenne d'un navire.
(51) *Cerrar* est employé ici pour *charger*.
(52) *De presto*, soudain.
(53) *Poner miedo*, mettre peur, faire peur.

sangre manase mas apriesa, faltandole ya la vista, volvió á caer segunda vez, y solo habló con los de su guarda diciendo : « Apartaos de aquí lo mas
» pronto que pudieredes (54), y llevadme con cui-
» dado, porque los canes (así llamaba á los Portu-
» gueses) no se gocen de despedazar mi cuerpo. »
Hiciéronlo así sus soldados, no sin notable peligro, y poco despues, escapado de la batalla, rindió aquella ánima soberbia.

BARTHOLOMÉ ARGENSOLA,
Hist. de la conquista de las islas Molucas.

LECTURE VIII.

BATAILLE D'ELBE, GAGNÉE CONTRE LE DUC DE SAXE.

. . . . . A este tiempo, conociendo el duque de Alba tan buena ocasion, envió á decir al Emperador que él cargaba, y así lo hizo por una parte con la gente de armas de Nápoles, y el duque Mauricio con sus arcabuceros, por la otra; y luego su gente de armas y nuestra batalla (55); que ya habia tornado á ganar la mano derecha, movieron contra los enemigos con tanto ímpetu, que súbito comenzaron á dar la vuelta, y apretaron los nuestros de manera, que de ninguna otra cosa les dieron lugar sino de

---

(54) *Pudieredes* pour *pudiereis*. Avant le 18ᵐᵉ siècle, beaucoup d'auteurs, ceux surtout qui visaient à l'effet, employaient la particule *des* au lieu de la particule *is* aux deuxièmes personnes du pluriel des verbes.

(55) *Batalla* est employé ici pour *gros de l'armée*.

huir, y comenzaron á dejar la infantería, la cual, al principio, hizo un poco de resistencia para recogerse al bosque. Mas ya toda nuestra caballería andaba tan dentro (56) de la suya y de sus infantes, que en un momento fueron todos rotos (57). Los úngaros y caballos ligeros, tomando un lado, acometieron por un costado, y, con maravillosa presteza, comenzaron á ejecutar la victoria (58); para lo cual los úngaros tienen grandísima industria (59), los cuales arremetieron diciendo *España!* porque, á la verdad, el nombre del imperio por la antigua enemistad no les es muy agradable.

LECTURE IX.

CONTINUATION DU MÊME SUJET.

Desta manera se llegó al bosque, por el cual eran tantas las armas derramadas por el suelo que daban grandísimo estorbo á los que ejecutaban la victoria (60). Los muertos y heridos eran muchos, unos muertos de encuentro (61), otros de cuchilladas (62) grandísimas, otros de arcabuzazos; de manera que era una la muerte, y los géneros della muy diversos. Eran tantos los prisioneros, que habia muchos de los nuestros que traian quince y veinte

(56) *Tan dentro*, si mêlée.
(57) Les ennemis.
(58) *Ejecutar la victoria*, remporter, décider la victoire.
(59) *Industria*, adresse.
(60) Voyez note 58.
(61) *De encuentro*, dans la rencontre.
(62) *De cuchilladas*, à coups de sabre.

soldados rodeados de sí (63). Habia muchos hombres que parecian ser de mas arte que los muertos en el campo; otros que no acababan de morir, gimiendo y revolviéndose en su sangre. Estaban los muertos amontonados en muchas partes, y esto era como les tomaba la muerte, huyendo ó resistiendo. El Emperador siguió el alcance (64) una legua; toda la caballería ligera, y mucho parte de la tudesca y de los hombres de armas del reino le seguieron tres leguas. Ya estabamos en medio del bosque, cuando el Emperador, que allí estaba, paró y mandó recoger alguna gente de armas allí, porque toda andaba tan esparcida y tan sin órden como los vencidos. Esta victoria tan grande el Emperador la atribuyó á Dios, como cosa dada por su mano; y así dijo aquellas tres palabras de César, trocando la tercera como un príncipe cristiano debia hacerlo, reconociendo el bien que Dios le hace : *vine, vi y dios venció*. Pareció bien á todos la moderacion de ánimo, que el Emperador usó con el duque de Sajonia; porque otro vencedor, pudiera ser, que contra quien le oviera (65) ofendido como este le ofendió, no templara su ira como el Emperador lo hizo, cuya ira era mas difícil vencer que al enemigo.

Luis Avila Zuñiga,
Comentarios de la guerra de Alemania.

(63) *Rodeados de sí*, autour de lui, à lui seul.
(64) *Seguir el alcance*, poursuivre les fuyards.
(65) *Oviera*, manière très-ancienne. et qui serait aujourd'hui ridicule, de rendre *hubiera*, aurait.

LECTURE X.

MORT DE RACHEL, DOULEUR D'ALPHONSE.

El alboroto avisó á Raquel de su riesgo, cuando luego vió entrar armada á una multitud impetuosa, embarazadas con puñales las mismas manos que ántes rogaban con memoriales. Raquel, viendo en la ira de los rostros sus tormentos, quedó turbada, airada (66) y llorosa, pero, por la primera vez, sus lágrimas no persuadieron. Viendo que sus ruegos pasaban á ser desaire (67), compuso el traje, serenó el semblante y descansó el aliento; y fiando su seguridad en su razon dijo brevemente :« ¿ Quéreisme matar porque amo á Alfonso, ó porque él me ama? Si porque le amo, no es delito; si porque me ama, ninguna culpa tengo yo. Direis que á esto os obliga el amor de vasallos; y siendo en vosotros razon que el amor os disculpe, ¿ la podrá haber para que á mí me mate? Si correspondo á sus cariños, ¿ no los debo obedecer como preceptos? Y si no correspondo, ¿es justo achacarme (68) una ceguedad que él se labró sin mi permiso? Pero, ¿ para qué me valgo de la duda? Yo le quiero, yo le amo, yo soy la mitad de su vida; matadme, pues, matadme, y matareis á entrambos; que

---

(66) *Airada*, en colère; cet adjectif espagnol dérive de *ira*, colère.

(67) *Pasaban á ser desaire*, devenaient une humiliation.

(68) *Achacar*, accuser de.....

este lazo, que á mí me ilustra (69), mas fácil es romperle que desatarle. Mas ¡ay! que si me matais, para que Alfonso me olvide, no es buen medio que me vea morir de enamorada (70).» En fin murió Raquel, muerte provechosa al pueblo, y culpable á los ejecutores, que evitaron un delito con otro delito: abominable especie de remedio es deber la salud á la enfermedad....Vuelve Alfonso á palacio: ¡ó infeliz jóven! Pregunta por Raquel; nadie responde: búscala despavorido, y encuéntrala difunta! No conoce su desgracia en su palidez, que es tambien el color de los amantes; créela desmayada, porque un pesar es bastante cuchillo para la frágil hermosura; vé sí que está sin aliento en que le recibe sin agrado. Hállala desgreñado el cabello (71), sirviendo mas bien para lazo que para adorno; retirados los ojos, aun mas de la crueldad que de la pena (72), y el corazon abierto, no tanto por la herida, como por poderse explicar (73). Aquí es preciso correr la cortina (74) al suceso, porque seria falta de respeto mostrar (75)

(69) *Ilustrar*, rendre illustre.
(70) *De enamorada*, à cause de son amour, par amour.
(71) *Desgreñado el cabello*, les cheveux épars.
(72) *Retirados los ojos aun mas de la crueldad que de la pena*, les yeux enfoncés plutôt à cause de la cruauté de ses assassins, que de la douleur que lui avait causée la mort.
(73) *No tanto por la herida, como por poderse explicar*, plutôt pour pouvoir se plaindre de ses souffrances qu'à cause de la blessure qu'il avait reçue.
(74) *Correr la cortina al suceso*, jeter un voile sur cet événement. L'auteur eût dit plus élégamment en espagnol, *correr el velo sobre el suceso*, en qualifiant ce dernier.
(75) *Mostrar*, pour *esponer*, exposer.

á la conmiseracion comun (76) un rey afligido y lastimado (77).

EL CONDE DE CERVELLON.
Vida de Alfonso VIII

LECTURE XI.

LA DESCENTE DE LA CROIX.

Cuando la Vírgen tuvo al Señor en sus brazos, ¿qué lengua podrá explicar lo que sintió? ¡O ángeles de la paz! llorad con esta sagrada Vírgen; llorad cielos, y llorar estrellas del cielo; y todas las criaturas del mundo acompañad el llanto de María. Abrázase la madre con el cuerpo despedazado; aprétalo estrechamente contra su pecho, para esto solo le quedaban fuerzas. Mete su cara entre las espinas de la sagrada cabeza; júntase rostro con rostro, tíñese la cara de la sacratísima (78) madre con la sangre del hijo, y riégase la del hijo con las lágrimas de la madre. ¡O dulce madre! ¿es este por ventura (79) vuestro dulcísimo (80) hijo? ¿es este el que concebisteis con tanta gloria? ¿Qué se hicieron vuestros gozos pasados? ¿adonde se fueron vuestras alegrías antiguas? ¿adonde está aquel espejo de hermosura en que os mirabades? (81)

(76) *A la conmiseracion comun*, à la commisération du vulgaire.
(77) *Lastimado*, blessé moralement.
(78) *Sacratísima*, superlatif absolu de *sagrada*, très-sacrée.
(79) *Por ventura*, par hasard.
(80) Voyez note 78.
(81) Voyez note 54.

LECTURE XII.

CONTINUATIOU DE MÊME SUJET.

Lloraban todos los que presentes estaban; lloraban aquellas santas mugeres; lloraban aquellos nobles varones; lloraba el cielo y la tierra, y todas las criaturas acompañaban las lágrimas de la Vírgen. Lloraba, otrosí (82), el santo evangelista, y, abrazado con el cuerpo de su maestro, decia :¡ O buen maestro y señor mio ! ¿ quién me enseñará de aquí en adelante? ¿ A quién iré con mis dudas? (83) ¿ En cuyos (84) pechos descansaré? ¿ Quién me dará parte en los secretos del cielo? (85) ¡ Qué mudanza ha sido esta tan extraña! Anteanoche me tuviste en (86) tus sagrados pechos, dándome alegría y vida, y ahora te pago aquel tan grande beneficio teniéndote en los mios (87) muerto. ¿ Es este el rostro que yo ví transfigurado en el monte Tabor? ¿ Esta aquella figura mas clara que el sol de medio dia?

(82) *Otrosi,* en outre, aussi.
(83) *¿A quién iré con mis dudas?* qui éclaircira mes doutes?
(84) *Cuyo,* pronom relatif qui signifie *dont,* est aussi un pronom possessif, lorsqu'il est suivi immédiatement d'un nom ; ce pronom s'accorde toujours en genre et en nombre avec la possession.
(85) *Dar parte en,* et *dar parte de,* faire part, faire la part.
(86) Les Français disent s'asseoir *sur* une chaise, *sur* une table ; reposer *sur* la poitrine, etc. Les Espagnols disent *sentarse en una silla, en una mesa, reposar en el pecho,* etc.
(87) *En los mios muerto,* en faisant reposer ton corps mort ur les miens (sur ma poitrine).

LECTURE XIII.

CONTINUATION DU MÊME SUJET.

Lloraba tambien aquella santa pecadora, y, abrazada con los piés del Salvador, decia: ¡O hombre de mis ojos y remedio de mi ánima! si me viere fatigada, ¿quién me recibirá? ¿quién curará mis llagas? ¿quién responderá por mí? ¿quién me defenderá de los fariseos? ¡Oh! cuán de otra manera tuve yo estos piés, y los lavé, cuando en ellos me recibiste! (88) ¡O amado de mis entrañas! ¡quien me diese ahora que yo muriese contigo! ¡O vida de mi ánima! ¿cómo puedo decir que te amo, pues estoy viva, teniéndote delante de mis ojos muerto? De esta manera lloraba y lamentaba toda aquella santa compañía, regando y lavando con lágrimas el cuerpo sagrado.

FR. LUIS DE GRANADA. *Meditaciones.*

---

(88) *En ellos me recibiste*, locution vicieuse et très-usitée chez les anciens écrivains espagnols. L'auteur veut comparer la manière dont la Madeleine serra les pieds du Seigneur lorsqu'elle les oignit, à celle dont elle les serre lorsque le Seigneur est mort. L'auteur aurait plus élégamment et plus logiquement exprimé cette belle pensée en écrivant en bon espagnol sans viser à l'effet; ainsi, il eût pu dire: *¡Qué diferencia entre estos piés ahora sin vida y aquellos que yo ungí, y ante los cuales me humillé pidiendo misericordia por mis pasadas culpas!*

LECTURE XIV.

DESCRIPTION DE DEUX PUISSANTES ARMÉES.

Pusiéronse (don Quijote y Sancho) sobre una loma, desde la cual se vieran bien las dos manadas (89), que á don Quijote se le hicieran ejércitos (90), si la nube de polvo que levantaban no les turbara la vista; pero, con todo esto, viendo en su imaginacion lo que no veia ni habia, con voz levantada (91), comenzó á decir : « Aquel caballero que allí ves de las armas jaldes (92), que trae en el escudo (93) un leon coronado, rendido (94) á los piés de una doncella, es el valeroso Laur Calco, señor de la puente de plata; y el otro de las armas con flores de oro, que trae en el escudo tres coronas de plata en campo azul, es el temido Micocolembo, gran duque de Quirocia; el otro de los miembros gigantescos que está á su derecha mano, es el nunca medroso Brandabarbaran, de Boliche, señor de las tres Arabias, que viene armado de aquel cuero de serpiente, y tiene por escudo una puerta que, segun es fama, es una de las del templo que derribó Sanson, cuando, con su muerte, se vengó de sus enemigos.

(89) *Manada*, troupeau.
(90) *Se le hicieran ejércitos*, eussent paru des armées.
(91) *Con voz levantada*, à haute voix.
(92) *Jaldes*, vicilli ; vert foncé.
(93) *Escudo*, bouclier.
(94) *Rendido á los piés*, signifie humble à vos pieds.. *Rendido*, au sens propre se rendrait par *rendu*.

LECTURE XV.

CONTINUATION DU MÊME SUJET.

Pero vuelve los ojos á estotra (95) parte, y verás, en la frente de estotro (96) ejército, al siempre vencedor y jamas vencido Timonel de Carcajona, príncipe de la Nueva Vizcaya, que viene armado con las armas partidas á cuarteles (97) azules, verdes, blancos y amarillos, y trae en el escudo un gato de oro en campo leonado, con una letra (98) que dice *Miau*, que es el principio del nombre de su dama, que, segun se dice, es la sin par (99) Miaulina, hija del duque Alfeñiquen de Algarve. El otro que carga y oprime los lomos de aquella poderosa alfana (100), que tiene las armas como nieve blancas, y el escudo es blanco y sin empresa alguna, es un caballero novel, de nacion frances, llamado Pierres Papin, señor de las baronías de Utrique.

LECTURE XVI.

CONTINUATION DU MÊME SUJET.

El otro que bate las hijadas con los herrados car-

---

(95) *Estotra*, vieilli; pour *esta otra*, celle autre.
(96) Voyez note 95.
(97) *Partidas á cuarteles azules, verdes, blancos y amarillos*, écartelées d'azur, vert, blanc et jaune.
(98) *Letra*, légende.
(99) *Sin par*, sans paire, sans pareille, incomparable.
(100) *Alfana*, gros, grand, puissant et fougueux cheval.

caños (101) á aquella pintada y ligera zebra (102), y trae las armas de los versos azules (103), es el poderoso duque de Nerbia Espartafilardo del Bosque, que trae por empresa en el escudo una esparraguera (104) con una letra (105) en castellano, que dice : *asi rastrea mi suerte* (106). » Y desta manora fué nombrando muchos caballeros del uno y el otro escuadron, que él se imaginaba, y á todos es dió sus armas, colores, empresas y motes (107) de improviso (108), llevado de la imaginacion de su nunca vista locura, y, sin parar, prosiguió diciendo : «.... A este escuadron frontero forman y hacen gentes (109) de diversas naciones : aquí están los que beben las dulces aguas del famoso Janto, los montuosos que pisan los Masílicos campos, los que criban el finísimo y menudo oro de la felize Arabia, los que gozan las famosas y frescas riberas del claro Termodonte, los que sangran por muchas y diversas vias el dorado Pactolo, los Numidas, dudosos en sus promesas, los Persas en arcos y flechas famosos (110), los Partos, los Medos, que pelean

(101) *Herrados carcaños,* les talons armés d'éperons.
(102) *Aquella pintada y ligera zebra,* celle cavale mouchetée et légère.
(103) *De los versos azules,* aux revers d'azur.
(104) *Esparraguera,* champ d'asperges.
(105) *Letra,* légende.
(106) *Rastrear,* traîner.
(107) *Empresas y motes,* cris de guerre et devises.
(108) *De improviso,* improvisées.
(109) *Formar y hacer gentes,* composer de.
(110) *En arcos y flechas famosos,* renommés par leurs arcs et leurs flèches.

huyendo, los Arabes de mudables casas, los Citas tan crueles como blancos, los Etiopes de horadados labios (111), y otras infinitas naciones cuyos rostros conozco y veo; aunque de los nombres no me acuerdo.

LECTURE XVII.

CONTINUATION DU MÊME SUJET.

En estotro escuadron vienen los que beben las corrientes cristalinas del olivífero (112) Bétis, los que tersan y pulen sus rostros con el licor del siempre rico y dorado Tajo, los que gozan las provechosas aguas del divino Jenil, los que pisan los tartesios campos (113), de pastos abundantes., los que se alegran en los elíseos jerezanos prados (114), los Manchegos ricos y coronados de doradas espigas, los de hierro vestidos, reliquias antiguas de la sangre goda, los que en Pisuerga se bañan (115), famosa por la mansedumbre de su corriente, los que su ganado apacientan en las estendidas dehesas del tortuoso Guadiana (116), celebrado por su es-

(111) *De horadados labios*, aux lèvres percées.
(112) *Olivífero Bétis*, le Guadalquivir qui serpente dans de nombreux oliviers.
(113) *Tartesios campos*, les champs tartésiens, les bords de la Méditerranée, sur la côte de Gibraltar.
(114) *Elíseos jerezanos prados*, les prairies de Jerez, si semblables aux champs élysées des païens.
(115) *Los que en Pisuerga se bañan*, les Castillans.
(116) *Los que su ganado apacientan en las estendidas dehesas del tortuoso Guadiana*, ceux qui font paître leurs troupeaux.

2.

condido curso (117), los que tiemblan con el frio del silboso Pirineo, y con los blancos copos del levantado Apenino (118) : finalmente cuantos toda la Europa en sí contiene y enciera. »

Cervantes. *Don Quijote.*

LECTURE XVIII.

DIALOGUE, ENTRE SANCHO PANZA ET SA FEMME THÉRÈSE (119).

Teresa. ¿Qué traeis, Sancho amigo, que tan alegre venis?

Sancho. Muger mia, si Dios quisiera, bien me holgara yo de no estar tan contento como muestro.

Teresa. No os entiendo, marido, y no sé qué que-

---

dans les vastes pâturages du tortueux Guadiana, les habitants de l'Extramadure.

(117) *Celebrado por su escondido curso*, célèbre à cause de son cours caché. Le Guadiana se perd pendant sept lieues dans la Manche, pour reparaître après plus beau qu'il n'était auparavant. On prétend que ce fleuve reçoit une grande quantité d'eau de plusieurs rivières et ruisseaux pendant le trajet qu'il parcourt sous terre ; tout le terrain sous lequel il est supposé passer s'appelle *los ojos de Guadiana*, les yeux du Guadiana.

(118) *Del silboso Pireneo, y con los blancos copos del levantado Apenino*, du sifflant Pyrénée, et les flocons du haut Apennin.

(119) Ce dialogue a lieu entre Thérèse Panza et Sancho, lorsque ce dernier est à la veille de repartir avec don Quichote, qui va reprendre la campagne pour la troisième fois à la recherche d'aventures.

reis decir en eso de que os holgárades (120), si Dios quisiera, de no estar tan contento, que magüer (121) tonta, no sé yo quien recibe gusto de no tenerle.

Sancho. Mirad, Teresa, yo estoy alegre porque tengo determinado de volver á servir á mi amo don Quijote, el cual quiere, la vez tercera, salir á buscar aventuras, y yo vuelvo á salir con él, porque lo quiere así mi necesidad, junto con la esperanza que me alegra de pensar si podré hallar otros cien escudos, como los ya gastados, puesto que me entristece el haberme de apartar de tí y de mis hijos; y si Dios quisiera darme de comer á pié enjuto y en mi casa, sin traerme por vericuetos y encrucijadas (122), pues lo podia hacer á poca costa, y no mas de quererlo, claro está que mi alegría fuera mas firme y valedera, pues que la que tengo va mezclada con la tristeza de dejarte; así dije bien que holgara, si Dios quisiera, de no estar contento.

LECTURE XIX.

CONTINUATION DU MÊME SUJET.

Teresa. Mirad, Sancho, despues que os hicisteis miembro de caballería andante (123), hablais de tan

---

(120) *Holgarades*, seriez content. Voyez note 54.
(121) *Magüer*, vieilli; *aunque*, quoique.
(122) *Por vericuetos y encrucijadas*, par monts et par vaux.
(123) *Miembro de caballería andante*, membre de la chevalerie errante.

rodeada manera (124), que no hay quien os entienda.

Sancho. Basta que me entienda Dios, muger, que él es el entendedor de todas las cosas, y quédese esto aquí; y advertid, hermana (125), que os conviene tener cuenta estos tres dias con Rucio, de manera que esté para armas tomar (126) : dobladle los piensos, requerid la albarda y las demas jarcias (127), porque no vamos á bodas, sino á rodear el mundo, y á tener dares y tomares (128) con gigantes, con endriagos y con vestiglos (129); y á oir silbos, rugidos, bramidos y baladros (130); y aun todo esto fuera flores de cantueso, si no tuviéramos que entender con yangüeses (131) y con moros encantados.

Teresa. Bien creo yo, marido, que los escuderos andantes no comen el pan de balde (132), y así

---

(124) *De tan rodeada manera,* avec tant de recherche, avec tant de détours.

(125) *Hermana,* sœur, est ici employé pour mon amie : c'est une manière de parler très-usitée en Espagne par les moines et les gens de la basse classe.

(126) *Estar para armas tomar,* être prêt à entrer en campagne.

(127) *Dobladle los piensos,* doublez-lui la ration d'avoine et de foin. *Requerid la albarda y demas jarcias,* visitez l'aubarde et les autres choses nécessaires à son équipement.

(128) *Tener dares y tomares,* avoir des démêlés.

(129) *Endriago,* monstre fabuleux, mélange d'homme et de plusieurs bêtes. *Vestiglo,* spectre horrible; *spectrus, horridum.*

(130) *Baladro,* cri épouvantable.

(131) *Yangüeses,* marchands de chevaux.

(132) *De balde,* pour rien.

quedaré yo rogando á Dios nuestro Señor os saque pronto de tan mala ventura.

Sancho. Yo os digo, muger, que si no pensase ántes de mucho tiempo verme gobernador de alguna ínsula, aquí me cayera muerto.

LECTURE XX.

CONTINUATION DU MÊME SUJET.

Teresa. Eso no, marido mio, viva la gallina, y viva con su pepita : vivid vos, y llévese el diablo cuantos gobiernos hay en el mundo. Sin gobierno vinisteis al mundo, sin gobierno habeis vivido hasta agora (133), y sin gobierno os han de llevar á la sepultura, cuando Dios fuere servido. Como esos hay en el mundo que viven sin gobierno, y no por eso dejan de vivir. La mejor salsa del mundo es tener hambre, y como esa no falta á los pobres, siempre comen con gusto. Pero mirad, Sancho, si por ventura os viéredes (134) con algun gobierno, no os olvideis de mí y de vuestros hijos. Advertid que Sanchico (135) tiene ya quince años cabales, y es razon que vaya á la escuela, si es que su tio el abad le ha de dejar hecho de la Iglesia (136) Mirad tambien que Marí Sancha vuestra hija se no morirá

(133) *Agora,* vieilli; pour *ahora* aujourd'hui.
(134) Voyez note 54.
(135) *Advertid que Sanchico,* remarquez, n'oubliez pas que le petit Sancho... En espagnol *ico* est une particule diminutive qui signifie jeune, petit, gracieux.
(136) *Hacer de la iglesia,* donner les ordres sacrés.

si la casamos (137), que me va dando barruntos (138), que desea tanto tener marido, como vos deseais veros con un gobierno; y en fin, que mejor parece la hija mal casada que bien abarraganada (139).

LECTURE XXI.

CONTINUATION DU MÊME SUJET.

Sancho. A buena fe, que si Dios me llega á tener algo de gobierno (140), que tengo de casar (141) á Marí Sancha tan altamente, que no la alcancen (142) sino con llamarla, *Señoria* (143).

Teresa. Eso no, Sancho; casalla (144) con su igual, que es lo mas acertado; que si de zue-

---

(137) *No se morirá si la casamos*, ne mourra pas si nous la marions; idiotisme espagnol qui signifie : *meurt d'envie de se marier.*

(138) *Dar barruntos*, faire comprendre.

(139) *Barragana*, concubine; *abarraganada*, en concubinage.

(140) *Me llega á tener algo de gobierno*, me donne quelque chose qui soit un gouvernement.

(141) *Tengo de casar*, je marierai certainement. Les verbes *tener* et *haber*, ayant pour régime l'infinitif d'un autre verbe précédé de la préposition *de*, doivent toujours se rendre en français par le futur de l'indicatif du verbe régime. Voyez l'exemple au commencement de cette note.

(142) *Que no la alcancen*, qu'on ne puisse l'approcher.

(143) *Señoria*, sa seigneurie.

(144) *Casalla*, vieilli; pour *casaDLA*, mariez-la. Anciennement le *d*, qui aujourd'hui termine la deuxième personne du pluriel de l'impératif de tous les verbes espagnols, se changeait en *l* lorsqu'un pronom personnel se joignait au verbe et en était le régime direct ou indirect.

cos (145) la sacais á chapines, y de saya parda de catorceno (146) á verdugado (147) y saboyanas (148) de seda, y de una Marica y un tú, á una Doña tal y señoría (149), no se ha de hallar la mochacha (150), y á cada paso ha de caer en mil faltas, descubriendo la hilaza de su tela basta y grosera (151).

Sancho. Calla, boba, que todo será ensayarlo dos ó tres años para que despues le venga el señorío y la gravedad como de molde (152); y cuando no, ¿qué importa? Séase ella señoría, y venga lo que viniere.

Teresa. Medíos, Sancho, con vuestro estado; no

---

(145) *Zuecos,* sabots; *sacar de zuecos,* faire sortir de sa condition.

(146) *Catorceno,* mot dérivé de *catorce,* quatorze; ce mot est le nom d'une étoffe brune, grossière, espèce de bure qui se vendait à *catorce cuartos* (7 sous) *la vara* (le mètre), d'où le nom de *catorceno.*

(147) *Verdugado,* vieilli; pour *enaguas,* jupon de dessous.

(148) *Saboyanas,* pet-en-l'air, appelé *saboyana,* savoyarde, parce que sans doute les Espagnols l'avaient importé de Savoie.

(149) *Y de una Marica y un tú, en una doña tal y señoría,* et d'une Mariette tout court et un *toi,* en une doña une telle et sa seigneurie.

(150) *No se ha de hallar la mochacha,* ne se trouvera plus à son aise la fillette; *mochacha,* mot que l'auteur a écrit comme le prononcent les gens de la campagne, et qui s'écrit *muchacha.*

(151) *Descubriendo la hilaza de su tela basta y grosera,* montrant la corde de son étoffe, grosse et grossière, c'est-à-dire découvrant sa nature grossière.

(152) *Le venga el señorío como de molde,* le titre et les allures d'une seigneurie lui siéront comme s'ils avaient été faits exprès pour elle.

os querais alzar á mayores (153), y advertid (154) el refran que dice : al hijo de tu vecino límpiale las narices, y métele en tu casa. Por cierto que seria gentil cosa casar á nuestra María con un condazo (155), ó con algun caballerote (156), que cuando se le antojare la pusiera como nueva (157), llamándola villana, masca cebollas (158), hija del destripaterrones (159) y de la pelaruecas (160) : no en mis dias (161), marido, para eso por cierto he criado yo á mi hija. Haced vos dineros, Sancho, y dejad á mi cargo el casalla (162), que ahí está Lope Tocho, hijo de Juan Tocho, mozo rollizo y sano, y que le conocemos, y sé que no mira de mal ojo á la mochacha. Con eso (163), que es nuestro igual, estará bien casada,

(153) *Alzarse á mayores*, s'élever au-dessus de son rang.

(154) *Advertid*, rappelez-vous.

(155) *Cond*azo, gros comte; ce mot est composé de *conde* et de *azo*, particule augmentative, qui dénote le mépris.

(156) *Caballero*te, grand monsieur, gros monsieur; ce mot est formé de *caballero*, chevalier, monsieur, et de *ote*, particule augmentative, qui dénote la corpulence et la force matérielle, sans donner la moindre idée de mépris.

(157) *La pusiera como nueva*, l'accablerait de reproches, la maltraiterait.

(158) *Villana, masca cebollas...* Vilaine, mâcheuse d'oignons.

(159) *Destripaterrones*, laboureur. Ce mot est formé de *destripar*, éventrer, et de *terron*, motte de terre, et signifie littéralement éventreur de mottes de terre.

(160) *Pelaruecas*, pêle, quenouille, fileuse.

(161) *No en mis dias*, non pas dans mes jours; c'est-à-dire, cela ne sera pas tant que je vivrai.

(162) *Casalla*, pour *casadla*. Voyez note 144.

(163) *Con eso*, au surplus. Cette locution appartient exclusivement au bas peuple espagnol.

y la tendremos siempre á nuestros ojos, y seremos todos unos, padres é hijos, nietos y yernos; y andará la paz y la bendicion de Dios entre todos nosotros, y no casármela vos (164) ahora en esas cortes, ó en esos palacios en donde ni á ella la entiendan, ni ella se entienda.

LECTURE XXII.

CONTINUATION DU MÊME SUJET.

Sancho. Ven acá, bestia y muger de Barrabas, ¿porqué quieres tú ahora, sin saber porqué ni para qué, estorbarme de casar á mi hija con quien me dé nietos que se llamen Señoría? ¡Teresa! siempre he oido decir á mis mayores que el que no sabe gozar de la ventura cuando le viene, no se debe quejar si se le escapa; y no seria bien que ahora que está llamando á nuestra puerta, se la cerremos; dejémonos llevar deste (165) viento favorable que nos sopla. Te parece á tí, animal, que fuera bien dar con mi cuerpo (166) en algun gobierno que nos sacase los piés del lodo (167), y no casar á Marí Sancha (168) con quien yo quisiere; déjeme á mí el cuidado de

(164) *Y no casármela vos...*, et ne vous mêlez pas de la marier

(165) *Deste,* vieilli; pour *de este,* de ce.
(166) *Dar con el cuerpo,* tomber sur...
(167) *Sacar los piés del lodo,* tirer les pieds de la boue, sortir de la misère.
(168) *Marí Sancha,* Marie Sancha.

casar á Sanchica (169), y verás como te llaman á tí Doña Teresa Panza, y te sientas en la iglesia sobre alcatifa, almohadas y arambeles, en despecho de las hidalgas del pueblo (170). No hablemos mas: Sanchica ha de ser condesa por mas (171) que digas.

Teresa. Yo no os entiendo, marido; haced lo que quisiéredes, y no me quebreis la cabeza con vuestras harengas y retóricas, y si estais revuelto (172) en hacer lo que decis....

Sancho. Resuelto has de decir, muger, y no revuelto (173).

Teresa. No os pongais á disputar conmigo, que yo hablo como Dios es servido (174) y no entiendo de primores. Si estais porfiado en tener gobierno, bien harais en llevaos á vuestro hijo Sancho, para que desde ahora se vaya acostumbrando (175) á tener gobierno, que bien es que los hijos hereden y aprendan los oficios de sus padres.

(169) *Sanchica,* petite Sancha; *ica* est le féminin de *ico*, dont il a été parlé note 136.

(170) *Pueblo,* village.

(171) *Por mas que,* quoique.

(172) *Revuelto :* ici l'auteur fait dire à Thérèse Panza *revuelto,* remué, pour *resuelto,* résolu, pour se moquer de l'habitude où étaient beaucoup de personnes d'employer des mots presque semblabes pour le son et *si disparates* pour le sens.

(173) *Resuelto,* résolu, reprend Sancho tout fier de corriger chez sa femme un défaut que son maître a souvent corrigé chez lui.

(174) *Como Dios es servido,* comme il plait à Dieu.

(175) *Irse acostumbrando,* s'accoutumer peu à peu.

Sancho. En teniendo dinero enviaré por él (176) por la posta, y tambien os enviaré dineros á vos, que no me faltarán, pues nunca falta quien los preste á los gobernadores; y vístele de modo que disimule lo que es, y parezca lo que ha de ser.

Teresa. Enviad vos dinero, que yo le vestiré como un palmito (177).

Sancho. Así pues quedamos de acuerdo en que nuestra hija ha de ser condesa.

Teresa. El dia que yo la viere condesa, ese haré cuenta (178) que la entierro; pero otra vez os digo que hagais lo que os diere gusto, que esta es la carga de las mugeres de estar obedientes á sus maridos, aunque sean unos porros (179).

Y Teresa empezó á llorar tan de veras (180) como si ya viera muerta y enterrada á Sanchica. Consolóla Sancho diciéndola que ya que la habian de hacer condesa, lo haria lo mas tarde que pudiera. Con esto se acabó la plática, y Sancho volvió á ver á don Quijote, para dar órden en su partida (181).

CERVANTES. *Don Quijote.*

(176) *Enviar por...* envoyer chercher. *Enviar por él,* l'envoyer chercher.
(177) *Como un palmito,* expression qui ne peut se traduire textuellement; elle signifie gentiment, comme une perle, etc.
(178) *Haré cuenta que,* je m'imaginerai que...
(179) *Porros,* des bûches, de grosses bêtes.
(180) *Tan de veras,* d'aussi bon cœur.
(181) *Dar órden en su partida,* disposer leur départ.

LECTURE XXIII.

MONOLOGUE DE SANCHO PANZA EN ALLANT TROUVER DULCINÉE DE LA PART DE DON QUIJOTE.

Volvió Sancho las espaldas, y vareo (182) su rucio; y apenas hubo salido del bosque, cuando volviendo la cabeza, y viendo que don Quijote no parecia, se apeó (183) del jumento, y sentándose al pié de un árbol, commenzó á hablar consigo mesmo (184) y á decirse :

« Sepamos agora, señor Sancho hermano, á donde va vuesa merced. ¿Va á buscar algun jumento que se le haya perdido? No por cierto. ¿ Pues qué va á buscar? Voy á buscar, como quien no dice nada, á una princesa, y en esta al sol de la hermosura y á todo el cielo junto. ¿ Y á dónde pensais hallar eso que decis, Sancho? ¿ A donde? en la gran ciudad del Toboso. Y bien, ¿y de parte de quién la vais á buscar? De parte del famoso caballero don Quijote de la Mancha, que desface (185) los tuertos, da de comer al que ha sed, y de deber al que ha hambre (186). Todo eso está muy bien. ?Y sabeis

---

(182) *Varear*, donner des coups de gourdin.
(183) *Apearse*, mettre pied à terre.
(184) *Mesmo*, vieilli; pour *mismo*, même.
(185) *Desfacer*, vieilli; pour *deshacer*, défaire. Grand nombre des mots espagnols qui aujourd'hui s'écrivent par un *h* s'écrivaient anciennement par un *f*, tel que *fecho*, fait, et tous ses dérivés.
(186) *Da de comer al que ha sed y de beber al que ha ham-*

tu casa, Sancho? Mi amo dice que han de ser unos reales palacios, ó unos soberbios alcazares. ¿Y habeisla visto algun dia por ventura? Ni yo ni mi amo la habemos visto jamas. ¿Y pareceos que fuera acertado y bien hecho, que si los del Toboso supiesen que estabades vos aquí con intencion de ir á sonsacarles (187) sus princesas, y á desasosegarles sus damas, viniesen y os moliesen las costillas á puro palos (188), y no os dejasen hueso sano? ? En verdad que tendrian mucha razon, cuando no considerasen que voy mandado, y que *mensajero sois amigo; non mereceis culpa non* (189). No os fieis en eso, Sancho, porque la gente manchega es tan colérica como honrada, y no consiente cosquillas de nadie. Vive, Dios, que si os huelen, que os mando mala ventura (190); oxte puto, allá darás rayo (191) : no, sino ándeme yo buscando tres piés al gato (192) por el gusto ageno; y mas que así será buscar á Dulcinea por el Toboso, como á Marica

bre, il donne à manger à celui qui a soif, et à boire à celui qui a faim. Sancho embrouille tout ici, parce qu'il ne fait que répéter ce qu'il a entendu dire à son maitre, comme l'aurait fait un perroquet mal appris, sans conscience des idées.

(187) *Sonsacarles,* leur séduire, leur soutirer.

(188) *A puro palos,* à force de coups de bâton.

(189) Ami, tu es messager, tu ne mérites aucune peine, tu ne commets aucun délit.

(190) *Os mando mala ventura,* je vous annonce une mauvaise affaire.

(191) *Oxte puto, allá darás rayo,* je veux être pendu si je la réchappe.

(192) *Buscar tres piés al gato,* chercher trois pieds au chat, chercher des poils aux œufs, chercher des embarras.

por Ravena, ó al bachiller en Salamanca. El diablo, el diablo me ha metido á mí en esto, que otro no. »

Este soliloquio pasó consigo Sancho, y lo que sacó dél (193) fué que volvió á decirse.

LECTURE XXIV.

CONTINUATION DU MÊME SUJET.

« Ahora bien, todas las cosas tienen remedio si no es la muerte, debajo cuyo yugo hemos de pasar todos, mal que nos pese (194), al acabar la vida. Este mi amo por mil señales he visto que es un loco de atar (195), y aun tambien yo no le voy en zaga (196), pues soy mas mentecato (197) que él, pues le sigo y le sirvo, si es verdad el refran que dice : *Dime con quien andas, te diré quien eres* (198), y el otro de : *No con quien naces, sino con quien paces* (299). Siendo pues loco, como lo es, y de locura que las mas veces toma unas cosas por otras, y juzga lo blanco por negro, y lo negro por blanco, como se pareció (200) cuando dijo que los molinos de viento eran gigantes, y las mulas de los religio-

---

(193) *Dél*, vieilli ; pour *de él*, de lui, de cela.

(194) *Mal que nos pese*, malgré nous.

(195) *Loco de atar*, fou à lier.

(196) *No ir en zaga*, ne pas être moins; littéralement, ne pas aller en croupe.

(197) *Mentecato*, imbécile, stupide, niais.

(198) Dis-moi qui tu hantes, et je te dirai qui tu es.

(199) Tu ne ressembles pas à ceux dont tu es né, mais à ceux que tu fréquentes.

(200) *Como se pareció*, comme on l'a vu.

sos dromedarios, y las manadas de carneros ejércitos de enemigos, y otras muchas cosas á este tono (201); no será difícil hacerle creer que una labradora, la primera que me topare (202) por aquí, es la señora Dulcinea; y cuando él no lo crea, juraré yo, y si él jurare, tornaré yo á jurar, y si porfiare, porfiaré yo mas, y de modo que tengo de tener la mia (203) siempre sobre hito (204), venga lo que viniere. Quizá con esta porfía acabaré con él, que no me envie otra vez á semejantes mesajerías (205), viendo cuan mal recado le traigo de ellas; ó quizá pensará como yo imagino, que algun encantador de estos que él dice que le quieren mal, le habrá mudado la figura por hacerle mal y daño »

Con esto que pensó Sancho Panza, quedó sosegado su espíritu, y tuvo por bien acabado (206) su negocio.

LECTURE XXV.

DULCINÉE PEINTE AU NATUREL.

Ta, ta, dijo Sancho. ¿Qué la hija de Lorenzo Corchuelo es la señora Dulcinea del Toboso, llamada por otro nombre Aldonza Lorenzo? Esa es, dijo don Quijote, y es la que merece ser señora de todo el universo. Bien la conozco, dijo Sancho, y sé

---

(201) De même.
(202) *Topar*, vieilli; pour *hallar* ou *encontrar*, rencontrer.
(203) *Tener la mia*, avoir raison, moi.
(204) *Sobre hito*, en criant plus fort.
(205) *Mesajerías*, vieilli; pour *mensajes*, messages.
(206) *Tener por bien acabado*, considérer comme bien terminé.

decir que tira tan bien la barra como el mas forzudo zagal de todo el pueblo: vive el dador, que es moza de chapa (207), hecha y derecha, y de pelo en pecho (208), y que pueda sacar la barba del lodo (209) á cualquier caballero andante, ó por andar (210), que la tuviere por señora.¡ Qué rejo que tiene y qué voz (211)! Sé decir que se puso un dia encima del campanario de la aldea á llamar á unos zagales suyos que andaban en un barbecho de su padre, y aunque estaban de allí mas de media legua, así la oyeron como si estuvieran al pié de la torre.....

LECTURE XXVI.

CONTINUATION DU MÊME SUJET.

Y lo mejor que tiene (continuó Sancho), es que no es nada melindrosa, porque tiene mucho de cortesana (212), con todos se burla, y de todo hace mueca y donaire (213)...... Y confieso á vuesa merced una verdad, señor don Quijote, que hasta aquí he estado en una grande ignorancia, que pensaba bien y fiel-

---

(207) *De chapa*, solide; *moza de chapa*, bonne commère.
(208) *De pelo en pecho*, qui a la poitrine velue, tant elle est forte.
(209) *Poder sacar la barba del lodo*, faire le poil, battre, etc.
(210) *O por andar*, ou pas errant.
(211) *¡ Qué rejo que tiene y qué voz!*... quelle langue elle a, quelle voix!... L'auteur a employé *rejo*, dard, pour *lengua*, langue.
(212) *Cortesana*, personne qui a vécu dans la capitale, qui parle bien.
(213) *Hacer donaire*, plaisanter; *hacer mueca*, se moquer.

mente que la señora Dulcinea debia de ser alguna princesa de quien vuestra merced estaba enamorado, ó alguna persona tal, que mereciese los ricos presentes que vuestra merced le ha enviado, así el del Vizcaino como el de los galeotes, y otros muchos que deben ser, segun deben ser muchas (214) las victorias que vuestra merced ha ganado y ganó en el tiempo que yo aun no era su escudero; pero, bien considerado, ¿qué se le ha de dar (215) á la señora Aldonza Lorenzo, digo á la señora Dulcinea del Toboso, de que se le vayan á hincar de rodillas delante de ella los vencidos que vuestra merced envia y ha de enviar? Porque podria ser que, al tiempo que ellos llegasen, estuviese ella trillando trigo en las eras, ó rastrillando lino, y ellos se corriesen (216) de verla, y ella se riyese y enfadase del presente.

LECTURE XXVII.

MONIPODIO OU LE FILOU DE SÉVILLE.

Llegóse en esto la sazon y punto en que bajó el señor Monipodio, tan esperado como bien visto (217) de aquella virtuosa compañía. Parecia de

---

(214) *Segun deben ser muchas*, d'après les nombreuses...
(215) *Qué se le ha de dar*, qu'importe.
(216) *Correrse*, rougir.
(217) *Tan esperado como bien visto*, aussi attendu que considéré.

edad de cuarenta y cinco á cuarenta y seis años, alto de cuerpo, moreno de rostro, cejijunto (218), barbinegro (219) y muy espeso, los ojos hundidos: venia en camisa, y por la abertura de delante se descubria un bosque, tanto era el vello que tenia en el pecho. Traia cubierta (220) una capa de bayeta casi hasta los piés, en los cuales traia unos zapatos enchancletados (221). Cubríanle las piernas unos zaragüelles (222) de lienzo anchos y largos hasta los tobillos: el sombrero era de los de ampa (223), campanudo de copa (224) y tendido de falda (225); atravesábale un tohalí por espalda y pechos á do (226) colgaba una espada ancha y corta á modo de las de Perrillo (227); las manos eran cortas y pelosas,

(218) *Cejijunto*, les sourcils très-près l'un de l'autre. Ce mot est composé de *ceja*, sourcil, et de *junto*, joint.

(219) *Barbinegro*, à la barbe noire; composé de *barba*, barbe, et *negro*, noir.

(220) *Traia cubierta una capa de bayeta*, il porte couvert, un manteau de flanelle. L'auteur a mal exprimé son idée : cela veut dire dans toutes les langues que le manteau était couvert; or, l'auteur a voulu dire : *venia cubierto de una capa de bayeta*, il venait couvert d'un manteau, etc.

(221) *Enchancletados*, en pantoufles. *Enchancletar*, verbe actif dérivé de *chancla*, savate, pantoufle; mettre en pantoufle.

(222) *Zaragüelles*, des braies.

(223) *Ser de los de la ampa*, expression d'argot espagnol, qui signifie *être chicard*.

(224) *Campanudo*, en forme de cloche; de *campana*, cloche. *Campanudo de copa*, la forme comme une cloche.

(225) *Tendido de falda*, à larges rebords tendus.

(226) *A do*, pour de *donde*, d'où, ou *del cual*, duquel.

(227) *A modo de las de Perrillo*, comme celles qu'on ap-

— 51 —

los dedos gordos, las uñas hembras y remachadas (228) : las piernas no se parecian; pero los piés eran descomunales de anchos y juanetudos (229) : en efecto, él representaba (230) al mas rústico y disforme bárbaro del mundo.

CERVANTES. *Rinconete y Cortadillo.*

LECTURE XXVIII.

CLAIRE PERLERINE.

Digo, pues, que este mi hijo (231) que ha de ser bachiller se enamoró, en el mesmo pueblo (232), de una doncella, llamada Clara Perlerina, hija de Andres Perlerino, labrador riquísimo. Y este nombre de Perlerines no les viene de abolengo (233) ni

pelle de Perrillo. On appelle épées de Perrillo celles qui ressemblent aux briquets des fantassins français.

(228) *Hembras y remachadas*, femelles et rivées, raccourcies et crochues comme des serres.

(229) *De anchos y juanetudos*, tant ils étaient larges et remplis d'oignons. *Juanetes*, oignons des pieds.

(230) *Representaba*, représentait, pour *parecia*; il ressemblait.

(231) *Este mi hijo*, celui-ci mon fils; idiotisme espagnol qui répond à *ce mien fils.....*

(232) *En el mesmo pueblo*, dans *le* notre village; *el*, article, ne se doit pas mettre ici, si ce n'est dans le style très-ancien. L'auteur a voulu imiter le langage de certains *hidalgos* de village, qui affectent de parler l'ancien espagnol, croyant parler mieux que les autres, en n'acceptant pas les progrès de la langue..

(233) *De abolengo*, de leurs ancêtres.

otra alcurnia (234), sino porque todos los de este linage son perláticos (235), y por mejorar el nombre los llamen Perlerines, aunque, si se ha de decir verdad, la doncella es como una perla oriental, y, mirada por el lado derecho, parece una flor del campo; por el izquierdo no tanto, porque le falta aquel ojo, que se le saltó de viruelas (236). Aunque los hoyos del rostro son muchos y muy grandes, dicen los que la quieren bien, que no son hoyos sino sepulturas en donde se sepultan las almas de sus amantes.

LECTURE XXIX.

CONTINUATION DU MÊME SUJET.

Es tan limpia, que, por no ensuciar la cara, trae las narices, como dicen, arremangadas, que no parece sino que van huyendo de la boca; y con todo esto (237), parece bien por estremo, porque tiene boca grande; y, á no faltarla diez á doce dientes y muelas (238), pudiera pasar y echar raya (239) entre las mas bien formadas. De los labios no tengo que decir, porque son tan sútiles y delicados, que si se usara aspar (240) labios,

---

(234) *Alcurnia*, lignée.
(235) *Perlático*, épileptique.
(236) *De viruelas*, à cause de la petite vérole.
(237) *Y con todo esto*, et malgré tout cela.....
(238) *Muelas*, dents molaires; de *moler*, moudre.
(239) *Echar raya*, se faire remarquer...
(240) *Son tan sutiles, que si se usara aspar labios, pudiera ha-*

pudiera hacer de ellos una madeja; pero, como tienen diferente color de la que en los labios se usa generalmente, parecen milagrosos, porque son jaspeados de azul, verde y aberengenado (241). Si pudiera pintar su gentileza y altura de su cuerpo, fuera cosa de admiracion; pero no puede ser, á causa de que ella está agobiada y encogida, y tiene las rodillas con la boca, y con todo eso, se echa de ver (242), que, si pudiera levantarse, diera con la cabeza (243) en el techo; y ya ella hubiera dado la mano de esposa al bachiller, sino que no la puede estender, aunque, en las uñas largas y acanaladas, se muestra su bondad y buena hechura (244).

CERVANTES. *Quijote.*

LECTURE XXX.

CONSEILS POUR BIEN GOUVERNER.

Primeramente, ó hijo, has de temer á Dios, porque en el temerle está la sabiduría, y siendo sabio, no podrás errar en nada. — Lo segundo, has

cerse de ellos una madeja, elles sont si minces, que si c'était l'usage de dévider des lèvres, on pourrait en faire un écheveau..... Les lèvres étaient fines comme du fil.

(241) *Aberengenado,* comme une *aubergine;* de *berengena,* aubergine.

(242) *Echar de ver,* remarquer.

(243) *Dar con la cabeza en...* toucher à... avec la tête.

(444) *Su bondad y buena hechura,* sa bonté et bonne façon. Les Espagnols prétendent que les ongles ovales et bombés sont un indice certain de noblesse; c'est pour eux un signe de race.

de poner los ojos (245) en quien eres, procurando conocerte á tí mismo, que es el mas difícil conocimiento que puede imaginarse. Del conocerte saldrá (246) el no hincharte como la rana que quiso igualarse con el buey; pues si lo hicieres, vendrá á ser feos piés de la rueda de tu locura la consideracion de haber guardado puercos en tu tierra (247).... Los de no principios nobles deben acompañar la gravedad del cargo que ejercitan con una blanda suavidad que, guiada por la prudencia, les libre de la murmuracion maliciosa de quien no hay estado que se escape. Haz gala (248), Sancho,

(245) *Poner los ojos*, faire attention, remarquer, aimer...
(246) *Saldrá*, sortira; pour *resultará*, résultera.
(247) *Vendrá á ser*, il sera, *Vendrá á ser feos piés de la rueda de tu locura la consideracion de haber guardado puercos en tu tierra*. Traduisez : sera laids pieds de la roue de ta folie, la considération (le souvenir) d'avoir gardé des pourceaux dans ton pays. — Il faut pour comprendre cette phrase, 1° savoir que *consideracion de haber guardado puercos en tu tierra*, en est le sujet, et *feos piés de la rueda de tu locura* le régime direct; puis que *feos piés de tu locura* est un trope, qui signifie *laid comme les* pattes d'un paon, par rapport aux splendides couleurs de son plumage, quand il fait la roue. Ainsi, en admettant que *rueda de tu locura*, roue de ta folie, sign vanité, que *feos piés*, laids pieds, signifie *humiliation*, et que consideration est employé pour *souvenir*, on traduira parfaitement la phrase espagnole et l'on rendra parfaitement l'idée de l'auteur par : Le *souvenir* d'avoir gardé des pourceaux dans ton pays *humiliera* ta *vanité*, comme les laides pattes du paon devraient l'humilier, quand il fait la roue pour étaler les splendides couleurs de sa queue; car ce souvenir sera à la vanité, ce que les pattes du paon sont à sa queue, une tache.
(248) *Hacer gala*, s'enorgueillir.

de la humildad de tu linage, y no te desprecies de decir que vienes de labradores; porque, viendo que no te corres (249), ninguno se pondrá á correrte. Preciate (250) mas de ser humilde y virtuoso, que pecador soberbio. Inumerables son los que, de baja estirpe nacidos, han subido á la suma dignidad pontificia é imperatoria, y desta (251) verdad te pudiera dar tantos ejemplos que te cansaran.

LECTURE XXXI.

CONTINUATION DU MÊME SUJET.

Mira, Sancho, si tomas por medio la virtud, y te precias (252) de hacer hechos virtuosos, no hay que tener envidia á los que se precian de tener por antecesores á príncipes y señores, porque la sangre se hereda y la virtud se acquista, y la virtud vale por sí sola lo que la sangre no vale. Siendo esto así, como lo es, si acaso viniere á verte, cuando estes en tu ínsula, alguno de tus parientes, no le deseches (253), ni le afrentes (254); ántes le has de acoger, agasajar y regalar; que con esto satisfarás al cielo, que gusta de que á nada se desprecie de lo que él hizo, y corresponderás á lo que debes á la naturaleza bien concertada. — Si trujeres á tu mu-

---

(249) *Correrse,* rougir.
(250) *Preciarse,* se faire honneur.
(251) *Desta,* vieilli; pour *de esta.*
(252) *Preciarse de hacer,* se glorifier, avoir à cœur.
(253) *Desechar* quelqu'un, le désavouer, rougir de lui.
(254) *Afrentar,* faire affront.

ger contigo (porque no es bien que los que asisten á gobiernos esten sin las propias), enséñala, doctrínala y desbástala de su natural rudeza; porque todo lo que suele (255) adquirir un gobernador discreto, suele derramarlo (256) una muger rústica y tonta. Si acaso (257) enviudares (cosa que puede suceder) (258), y con el cargo mejorares de consorte, no la tomes tal, que te sirva de anzuelo y de caña de pescar; porque en verdad te digo, que de todo lo que la muger del juez recibiere, ha de dar cuenta el marido en la residencia universal (259), donde pagará con el cuatro tanto (260), en la muerte, las partidas de que no se hubiese hecho cargo en la vida.

LECTURE XXXII.

CONTINUATION DU MÊME SUJET.

Nunca te guies por la ley del encage (261), que suele tener mucha cabida con los ignorantes que presumen de agudos. — Hallen en tí mas compasion las lágrimas del pobre; pero no mas justicia

---

(255) *Soler*, avoir coutume de...
(256) *Derramar*, répandre, pour *desperdiciar*, mal verser.
(257) *Si acaso*, si par hasard.
(258) *Suceder*, arriver, succéder.
(259) *Residencia*, tribunal; *universal*, suprême, universel, devant Dieu.
(260) *Cuatro tanto*, quatre fois autant.
(261) *Guiarse por la ley del encage*, prévariquer, céder à l'intérêt, être injuste.

que las informaciones del rico. — Procura descubrir la verdad por entre las promesas y dádivas del rico, como por entre los sollozos é importunidades del pobre. Cuando pudiere y debiere tener lugar la equidad, no cargues todo el rigor de la ley al delincuente, que no es mejor la fama del juez riguroso, que la del compasivo. Si acaso doblares la vara de la justicia (262), no sea con el peso de la dádiva, sino con el de la misericordia.— Cuando te sucediere juzgar algun pleito de algun tu enemigo, aparta las mientes (262 bis) de tu injuria, y ponlas en la verdad del caso. — No te ciegue la pasion propia en causa agena, que los yerrros que en la tierra hicieres, las mas veces serán sin remedio, y si le tuvieren, será á costa de tu crédito, y aun de tu hacienda.

LECTURE XXXIII.

CONTINUATION DU MÊME SUJET.

Si alguna muger hermosa viniere á pedirle justicia, quita los ojos de sus lágrimas, y tus oidos de sus gemidos, y considera despacio la sustancia de lo que pide, si no quieres que se anegue tu razon en su llanto, y tu bondad en sus suspiros. — Al que has de castigar con obras no trates mal con

---

(262) *Doblar la vara de la justicia*, faire pencher la balance de la justice.

(262 *bis*) *Mientes*, vieilli, l'idée ; *apartar las mientes*, oublier.

palabras, pues le basta al desdichado la pena del suplicio, sin la añadidura de las malas razones. — Al culpado que cayere debajo de tu jurisdiccion, considérale hombre miserable sujeto á las condiciones de la naturaleza depravada nuestra; y en cuando fuere de tu parte, sin hacer agravio á la contraria, muéstratele piadoso y clemente; porque aunque los atributos de Dios son todos iguales, mas resplandece y campea á nuestro ver el de la misericordia que el de la justicia. — Si estos preceptos y reglas sigues, Sancho, serán luengos (263) tus dias, tu fama será eterna, tus premios colmados, tu felicidad indecible; casarás á tus hijos como quisieres; títulos tendrán ellos y tus nietos, vivirás en paz y beneplácito de las gentes; y en los últimos pasos de tu vida, te alcanzará el de la muerte en vejez suave y madura, y cerrarán tus ojos las tiernas y delicadas manecitas (264) de tus terceros netezuelos.

CERVANTES. *Quijote.*

LECTURE XXXIV.

LES BOHÉMIENS.

Nosotros guardamos inviolablemente la ley de la amistad. Ninguno solicita la prenda del otro: libres y exentos vivimos de la amarga pestilencia de los celos. Entre nosotros, los crímenes de la familia no vamos á la justicia para pedir castigo de ellos.

(263) *Luengos*, vieilli; pour *largos*, longs.
(264) *Manecitas*, composé de *mano*, main, et de la particule diminutive *cita*, petite, gracieuse, tendre.

Nosotros somos los jueces y los verdugos de nuestras esposas infieles. Con la misma facilidad las matamos y las enterramos por las montañas y los desiertos, como si fueran animales nocivos; no hay parientes que las venguen, ni padre que nos pida su muerte : con este temor y miedo ellas procuran ser castas, y nosotros, como ya he dicho, vivimos seguros.

Con nuestras leyes y estatutos, nos conservamos y vivimos alegres; somos señores de los campos, de los sembrados, de las selvas, de los montes, de las fuentes y de los rios. Los montes nos ofrecen leña de balde, los árboles frutas, las viñas uvas, las huertas hortaliza, las fuentes agua, los rios peces y los vedados (265) caza; sombra las peñas, aire fresco las selvas, y alojamiento las cuevas. Para nosotros, las inclemencias del cielo son oreos (266), refigerio las nieves, baños la lluvias, música los truenos, y hachas (267) los relámpagos ; para nosotros son los duros terrones colchones de blandas plumas. El cuero curtido de nuestros cuerpos nos sirve de armas impenetrables que nos defienden : á nuestra ligereza no la impiden grillos, ni la detienen barrancos, ni la contrastan (268) paredes; á nuestro ánimo no le tuercen cordeles, ni le doman potros (269). Del *si* al *no*, no hacemos diferencia cuan-

(265) *Vedados*, lieux défendus; le mot *lieu* est sous-entendu. Les Espagnols emploient souvent le participe passif des verbes comme *adjectif substantivé*.
(266) *Oreo*, brise suave et agréable.
(267) *Hachas*, torches, haches.
(268) *Contrastar*, contraster, mettre des entraves.....
(269) *Potro*, instrument de torture, chevalet, poulain.

do nos conviene; siempre nos preciamos mas de mártires que de confesores (270).

LECTURE XXXV.

CONTINUATION DU MÊME SUJET.

Para nosotros se crian las bestias de carga en los campos, y se cortan las faltriqueras en las ciudades; no hay águila ni ninguna otra ave de rapiña que mas presto se abalance á la presa que se le ofrece, que nosotros nos abalanzamos á las ocasiones que nos señala el interes. Y finalmente, tenemos muchas habilidades que felice fin nos prometen; porque en la cárcel cantamos, en el potro callamos (271), de dia (272) trabajamos, y de noche hurtamos, ó por mejor decir, avisamos que nadie viva descuidado en mirar por su hacienda (273). No nos fatiga el temor de perder la honra, ni nos desvela la ambicion de acrecentarla; ni sustentamos bandos, ni madrugamos á dar memoriales, ni á acompañar

―――――――

(270) *Nos preciamos mas de mártires que de confesores,* nous nous glorifions plus d'être des martyrs que d'être des apôtres; jeu de mots, qui signifie : nous aimons mieux supporter toutes les tortures possibles, et même la mort, que d'avouer nos crimes ou dénoncer nos complices.

(271) *En la cárcel cantamos, en el potro callamos,* nous chantons en prison, et nous nous taisons sur le chevalet. Le verbe *cantar* signifie en espagnol *chanter;* en terme d'argot il signifie *avouer* et *chanter.*

(272) *De dia,* le jour.

(273) *Mirar por su hacienda,* garder son bien.

magnates, ni á solicitar favores. Por dorados techos y suntuosos palacios estimamos(274) estas barracas y móbiles ranchos; por cuadros y paisages de Flandes, los que nos da la naturaleza en estos levantados (275) riscos y nevadas peñas, tendidos (276) prados y espesos bosques, que á cada paso á los ojos se nos muestran.

LECTURE XXXIV.

CONTINUATION DU MÊME SUJET.

Somos astrólogos rústicos, porque, como casi siempre dormimos á cielo descubierto, á todas horas sabemos las que son del dia y las que son de la noche (277). Vemos como arrincona y barre la Aura á las estrellas del cielo, y como ella sale con su compañera el Alba, alegrando el aire, enfriando el agua y humedeciendo la tierra, y luego tras ellas el sol dorando cumbres (como dijo el otro poeta), y rizando montes (278). Ni tememos quedar helados por su ausencia, cuando nos hiere al soslayo con sus rayos, ni quedar abrasados cuando con ellos

(274) *Estimar por*, tenir *pour, de...*

(275) *Levantados*, levés; pour *elevados*, élevés, *altos*, hauts.

(276) *Tendidos*, étendus; pour, *extendidos*, étendus, *vastos*, vastes.

(277) *A todas horas sabemos las que son del dia y de la noche*, à toute heure du jour et de la nuit, nous savons l'heure qu'il est.

(278) *Rizando montes*, prenant des ris aux montagnes. Comparaison poétique qu'on devrait traduire : de même que

perpendicularmente nos toca : un mismo rostro hacemos al sol que al hielo, á la esterilidad que á la abundancia. En conclusion, somos gente que vivimos por nuestra industria y pico (279), y sin entremeternos, con el refran : *iglesia, ó mar, ó casa real* (280), tenemos lo que queremos, pues nos contentamos con lo que tenemos.

Cervantes. *La Guitanilla.*

LECTURE XXXVII.

DÉSENCHANTEMENT DE DULCINÉE.

Así como comenzó á anochecer un poco mas adelante del crepúsculo, á deshora (281) pareció que todo el bosque por todas cuatro partes ardia, y luego se oyeron por aquí y por allí, por acá y por acullá (282), infinitas cornetas y otros instrumentos de guerra, como de muchas tropas de caballería que por el bosque pasaran. La luz del fuego y el son de los bélicos instrumentos casi cegaron y atronaron los ojos y los oidos de los circunstantes (283), y aun de

---

le marin prend des ris (fait des plis) aux voiles, de même le soleil efface graduellement l'ombre des montagnes.....

(279) *Por nuestra industria y pico*, de notre industrie, et par notre bec; en flouant et en volant.

(280) L'église, la mer, ou la maison du roi : trois lieux qui mettaient les criminels à l'abri des poursuites de la justice ; l'église et la maison du roi par privilége, la mer, parce qu'on s'embarquait pour l'Amérique, et tout était dit.

(281) *A deshora*, à une heure indue.

(282) *Por acá y por acullá*, par-ci, par-là, de tous côtés.

todos los que en el bosque estaban. Luego se oyeron infinitos lelíes al uso de moros (284) cuando entran en las batallas; sonaron trompetas y clarines; retumbaron tambores, resonaron pifaros, casi todos á un tiempo, tan continuo (285) y tan apriesa, que no tuviera sentido el que no quedare sin él (286) al son confuso de tantos instrumentos. Pasmóse el duque, suspendióse la duquesa, admiróse Don Quijote, tembló Sancho Panza, y finalmente, hasta los mesmos sabidores (287) de la causa se espantaron. Con el temor les cogió el silencio, y un postillon que, en traje de demonio, les pasó por delante, tocando en vez de corneta un hueco y desmesurado cuerno, que un ronco y espantoso son despedia. Olá, hermano correo, dijo el duque, ¿ quién sois ? ¿ á dónde vais? Y ¿ qué gente de guerra es la que por este bosque atraviesa? A lo que respondió el correo, con voz horrísona (288) y desenfadada (289) :

(283) *Circunstantes*, tous ceux qui étaient présents..
(284) *Lelíes al uso de moros*, instruments mauresques, cri de guerre usité par les Maures.
(285) *Tan continuo*, si continuellement...
(286) *Que no tuviera sentido el que no quedara sin' él*, qu'il fallait ne pas avoir le sens de l'ouïe pour ne pas le perdre.
(287) *Los mesmos sabidores* (deux mots vieillis), les personnes mêmes qui savaient tout.
(288) *Horrísono*, dont le son est horrible, composé de *horror* et de son : *horrisonus*.
(289) *Desenfadado*, impudent, dégagé....

LECTURE XXXVIII.

CONTINUATION DU MÊME SUJET.

Yo soy el diablo; voy á buscar á Don Quijote de la Mancha; la gente que por aquí viene son tropas de encantadores, que, sobre un carro triunfante, traen á la *sin par* (290) Dulcinea del Toboso. Encantada viene, con el famoso Montesinos, á dar órden á Don Quijote de cómo ha de ser desencantada la tal señora. Y diciendo esto tocó el desaforado (291) cuerno, y volvió las espaldas, y fuése sin esperar respuesta de ninguno. En esto se cerró la noche, y comenzaron á discurrir (292) muchas luces por el bosque, bien así como (293) discurren por el cielo las exhalaciones secas de la tierra, que parecen á nuestra vista estrellas que corren. Oyóse asimismo (294) un espantoso ruido, al modo (295) de aquel que causan (296) las ruedas mazizas de los carros de bueyes, de cuyo chirrío (297) áspero y continuado se dice huyen los lobos y los osos, si los hay por donde pasan.

(290) *Sin par*, sans pair, sans pareille, incomparable.
(291) *Desaforado,* énorme.
(292) *Discurrir*, parcourir, discourir.
(293) *Bien así como*, de même que.
(294) *Asímismo,* de même, en même temps.
(295) *Al modo*, pareil à.
(296) *Causar*, produire, causer.
(297) *Chirrío*, cri aigre et déchirant.

LECTURE XXXIX.

CONTINUATION DU MÊME SUJET.

Añadióse á toda esta tempestad otra que las aumentó todas, y fué que parecia verdaderamente que á las cuatro partes (298) del bosque se estaban dando, al mismo tiempo, cuatro rencuentros ó batallas; porque allí sonaba el duro estruendo de espantosa artillería, acullá se disparaban infinitas (299) escopetas, cerca casi sonaban las voces de los combatientes, léjos se reiteraban los lelíes agarenos (300). Finalmente, las cornetas, los cuernos, las bocinas, los clarines, las trompetas, los tambores, la artillería, los arcabuces, y sobre todo el temeroso (301) ruido de los carros formaban un conjunto de sones tan confuso y tan horrendo (302), que fué menester que Don Quijote se valiese de todo su corazon para sufrirle: pero el de Sancho vino á tierra (303), y dió con él desmayado en las faldas de la duquesa, la cual le recibió en ellas, y á gran priesa (304) mandó que le echasen agua en el rostro.

(298) *Partes*, parts; pour *ángulos*, angles, coins.
(299) *Infinitas*, infini, employé souvent en espagnol pour *numeroso*, nombreux.
(300) *Los lelíes agarenos*, les cris de guerre mauresques.
(301) *Temeroso*, craintif; pour *terrible*, à craindre; *espantoso*, effrayant.
(302) *Horrendo*, horrible, *horrisonus*.
(303) *Venir el corazon á tierra*, perdre tout courage.
(304) *A gran priesa*, aussitôt.

LECTURE XL.

CONTINUATION DU MÊME SUJET.

Hízose así (*lo que mandó la duquesa*), y Sancho volvió en sí (305) á tiempo que un carro de las rechinantes ruedas (306) llegaba á aquel punto. Tirábanle (307) cuatro perozosos bueyes, todos cubiertos de paramentos negros; en cada cuerno traian atada y encendida una grande hacha de cera (308), y encima del carro venia un asiento alto, sobre el cual venia sentado un venerable viejo con una barba mas blanca que la mesma nieve, y tan luenga (309) que le pasaba de la cintura; su vestidura (310) era una ropa larga de negro bocací (311), que por venir el carro lleno de infinitas luces, se podia bien divisar (312) y discernir todo lo que en él venia. Guiábanle dos feos demonios, vestidos del mesmo bocací, con tan feos rostros que Sancho Panza habiéndolos visto una vez, cerró los ojos por no verlos otra. Llegando pues el carro ante los duques, se paró, y levantóse el viejo venerable de su alto

---

(305) *Volver en sí*, reprendre connaissance.
(306) *De las rechinantes; rechinar*, produire un bruit, un cri aigre et aigu.
(307) *Tirar un carro, un coche*, etc., trainer.
(308) *Hacha de cera*, gros cierge de cire.
(309) *Luenga*, pour *larga*, longue.
(310) *Vestidura*, vêtement de cérémonie, *vestimentum insigne*.
(311) *Bocací*, toile de lin gommée et assez grossière.
(312) *Divisar*, apercevoir.

asiento, y puesto en pié dando una gran voz, dijo : Yo soy el sabio Sirgandeo ; y pasó el carro adelante, sin hablar mas palabra. Tras esto pasó otro carro de la misma manera, con otro viejo entronizado, el cual, haciendo que el carro se detuviese (313), con voz no ménos grave que el otro, dijo : Yo soy el sabio Alquife, el gran amigo de Arganda la desconocida,! y pasó adelante.

LECTURE XLI.

CONTINUATION DU MÊME SUJET.

Luego, por el mesmo continente (314), llegó otro carro; pero el que venia sentado en el trono no era viejo como los demas, sino hombron (315) robusto y de mala catadura (316), el cual, al llegar (317), levantándose en pié como los otros, dijo, con voz mas ronca y mas endiablada : Yo soy Arcalaus el encantador, enemigo mortal de Ama-

---

(313) *Detenerse*, s'arrêter.
(314) *Por el mesmo continente*, expression vieillie ; de la même manière.
(315) *Hombron*, homme à formes herculéennes ; composé de *hombre*, homme, et de *on*, particule augmentative, qui signifie gros, grand, fort, etc.
(316) *Catadura*, mine.
(317) *Al llegar*, en arrivant. Suivant la règle qui veut : que « tout participe présent français, précédé de la proposition *en*, « se rende en espagnol par l'infinitif présent précédé de *al*, « si ce participe présent est le régime d'un verbe qui n'est « pas au présent de l'infinitif. » (Académie espagnole).

dis de Gaula y de toda su parentela (318), y pasó adelante. Poco desviados (319) de allí hicieron alto estos tres carros, y cesó el enfadoso ruido de sus ruedas : y luego no se oyó otro ruido, sino una suave y concertada (320) música, con que Sancho se alegró y lo tuvo á buena señal (321). Al compas de la agradable música, vieron que hácia ellos venia un carro, de los que llaman triunfales, tirado de seis mulas (322) pardas, encubertadas (323) empero de lienzo blanco; y sobre cada una venia un disciplinante de luz, así mesmo (324) vestido de blanco, con una hacha de cera grande encendida en la mano.

LECTURE XLII.

CONTINUATION DU MÊME SUJET.

Era el carro dos veces, y aun tres, mayor (225) que los pasados (326), y á los lados y encima dél (327) ocupaban (328) otros doce disciplinan-

(318) *Parentela*, parenté.
(319) *Desviar*, éloigner.
(320) *Concertada*, harmonieuse.
(321) *Tener á buena señal*, augurer bien.
(322) *Tirado de seis mulas*, traîné par six mulets.
(323) *Encubertadas*, couvertes de...
(324) *Así mesmo*, aussi.
(325) *Mayor*, plus grand.
(326) *Los pasados*, ceux déjà passés.
(327) *Dél*, pour de él.
(328) *Ocupaban*, occupaient; pour *se hallaban*, se trouvaient.

tes albos (329) como la nieve, todos con sus hachas encendidas, vista (330) que admiraba y espantaba juntamente: y en un levantado trono venia sentada una ninfa vestida de mil velos de tela de plata, brillando por todos ellos infinitas hojas de argentería de oro (331), que la hacian, sino rica, á lo ménos vistosomente vestida. Traia el rostro cubierto con un transparente y delicado cendal (332), de modo que, sin impedirlo sus rizos, por entre ellos se descubria un hermosísimo rostro de doncella, y las muchas luces daban lugar para distinguir la belleza y los años, que al parecer no llegaban á veinte, ni bajaban de diez y siete: junto á ella venia una figura vestida con una ropa de las que llaman rozagantes (333), hasta los piés, cubierta la cabeza con un velo negro. Al punto que llegó el carro á estar enfrente de los duques y de Don Quijote, cesó la música de las chirimías (334), y luego la de las harpas y laudes, que en el carro sonaban, y levantándose en pié la figura de la ropa la apartó á entrambos lados (335), y quitándose el velo del rostro, descubrió patentemente (336) ser la mesma

(329) *Albos*, blancs.
(330) *Vista*, coup d'œil.
(331) *Argenteria de oro*, brillante broderie d'or.
(332) *Transparente y delicado cendal*, voile d'une étoffe blanche, délicate et transparente.
(333) *Rozagante*, longue, belle, riche, *splendida vestis talaris*.
(334) *Chirimía*, instrument mauresque, qui consiste en un tuyau long de trois palmes, percé de dix trous.
(335) *A entrambos lados*, des deux côtés.
(336) *Patentemente*, entièrement, de manière à être bien vu...

de la muerte descarnada y fea. Alzada y puesta en pié esta muerte viva, con voz algo dormida y con lengua no muy despierta, comenzó á decir desta (337) manera :

LECTURE XLIII.

CONTINUATION DU MÊME SUJET.

¡O tú, gloria y honor de cuantos visten
Las túnicas de acero y de diamante !
Luz y farol sendero, norte y guia,
De aquellos que dejando el torpe sueño (338)
Y las ociosas plumas (339), se acomodan
A amar el ejercicio intolerable
De las sangrientas y pesadas armas !
A tí digo, ¡o varon! como se debe
Por jamas (340) alabado, á tí valiente
Juntamente y discreto (341) don Quijote,
De la Mancha esplendor, de España estrella,
Que, para recobrar su estado primo (342),
La sin par Dulcinea del Toboso,
Es menester que Sancho, tu escudero,

(337) *Desta,* pour *de esta.*
(338) *Torpe sueño,* sommeil alourdissant.
(339) *Y las ociosas plumas,* et les plumes (les lits de plumes) énervants.
(340) *Por jamas,* à jamais.
(341) *Valiente juntamente y discreto,* aussi vaillant que discret.
(342) *Primo,* mot qui appartient au style enflé et prétentieux de la scolastique; *premier.*

Se dé tres mil azotes y trescientos (343)
En ambas sus valientes posaderas (344)
Al aire descubiertas, y de modo
Que le escuezcan, le amarguen y le enfaden,
Y en esto se resuelven todos cuantos
De sus desgracias han sido los autores ;
Y á esto es mi venida, misseñores.

LECTURE XLIV.

CONTINUATION DU MÊME SUJET.

Voto á tal (345) dijo, á esta sazon Sancho, no dijo yo tres mil azotes, pero así me daré yo tres, como tres puñaladas. Válate el diablo por modo de desencantar; yo no sé que tienen que ver (346) mis posaderas con los encantos. Por Dios si el señor Merlin no ha hallado otro modo de desencantar á la señora Dulcinea del Toboso, encantada se podrá ir á la sepultura... Pues en verdad, amigo Sancho, dijo el duque, que si no ablandais mas que una breva madura, no habeis de empuñar el gobierno. Bueno seria que yo enviase á mis insulanos un gobernador

---

(343) *Tres mil azotes y trescientos*, expression grotesque pour dire *tres mil y trescientos azotes*, trois mille trois cents coups de verges.

(344) *Posaderas*, les fesses ; terme poli en espagnol et pouvant s'employer en bonne compagnie.

(345) *Voto á tal !* que le diable m'emporte !

(346) *Tener que ver*, avoir affaire.

de entrañas pedernalinas (347) que no se doblega (348) á las lágrimas de las afligidas doncellas, ni á los ruegos de discretos y antiguos encantadores y sabios. En resolucion, Sancho, ó vos habeis de ser azotado, ó os han de azotar, ó no habeis de ser gobernador.

Ea pues (349), á la mano de Dios (350), dijo Sancho, yo consiento en mi mala ventura, digo que yo acepto la penitencia.

Apénas dijo estas palabras Sancho, cuando volvió la música de las chirimías, y se volvieron á disparar infinitos arcabuces, y Don Quijote se colgó al cuello de Sancho dándole mil besos en la frente y en las mejillas.

LECTURE XLV.

CONTINUATION DU MÊME SUJET.

La duquesa y el duque y todos los circunstantes (351) dieron muestras (352) de haber recibido grandísimo contento, y el carro comenzó á caminar, y al pasar (353) la hermosa

(347) *Pedernalinas*, dures comme du silex; de *pedernal*, pierre à feu, silex.
(348) *Doblegarse*, vieilli; s'attendrir; plier, s'incliner.
(349) *Ea pues*, soit!
(350) *A la mano de Dios*, à la volonté de Dieu.
(351) *Circunstante*, qui est présent.
(352) *Dar muestras*, témoigner.
(353) Voyez note 347.

Dulcinea inclinó la cabeza (354) á los duques, é hizo una gran reverencia á Sancho. Y ya en esto (355) se venia á mas andar (356) el Alba alegre y risueña: las florecillas de los campos se descollaban y erguian, y los líquidos cristales de los arroyuelos, murmurando por entre blancas y pardas guijas, iban á dar tributo á los rios que los esperaban; la tierra alegre, el cielo claro, el aire limpio, la luz serena, cada uno por sí y todos juntos manifestaban señales (357) que el dia á que el Aurora venia pisando las faldas (358) habia de ser sereno y claro. Y satisfechos el duque y la duquesa de la caza, y de haber conseguido su intencion tan discreta y felizmente, se volvieron á su castillo, con propuesto (359) de segundar en sus burlas, que para ellos habia no veras (360) que mas gusto les diesen. CERVANTES. *Quijote.*

LECTURE XLVI.

LA CAIDA DEL PUEBLO HEBREO.

¡Quien vió salir de Jerusalen al pueblo hebreo!

(354) *Inclinar la cabeza,* s'incliner, saluer.
(355) *Ya en esto,* déjà, en ce moment.
(356) *A mas andar,* en toute hâte.
(357) *Manifestar señales,* annoncer.
(358) *A que el aurora venia pisando las faldas,* auquel l'aurore venait froissant le jupes; c'est-à-dire, le jour qui s'avançait en froissant la robe grise de l'aurore.
(359) *Con propuesto,* résolus.
(360) *Veras,* chose véritable. On dit *de veras,* vraiment; *de burlas,* pour plaisanter, etc.

4

¡Quién vió llevar á Babilonia los pocos judíos que habian quedado vivos, y escapado de las llamas que abrasaron aquel famoso templo, y soberbias torres, y suntuosas casas de aquella miserable ciudad, ejemplo del furor y saña del airado (361) Dios del cielo! Iban atadas las manos blandas de las doncellas tiernas, hinchadas con los ásperos y apretados ñudos de los cordeles; descalzos los delicados piés, regando con la roja sangre el suelo y senda que guiaba (362) á Babilonia. Los inocentes niños, asidos á las ropas y faldas de las desventuradas madres, eran compelidos á seguir los largos pasos del crudo (363) vencedor, ó á quedar tendidos en aquellos campos, para ser comidos de las fieras (364) y de los perros.

LECTURE XLVII.

CONTINUATION DU MÊME SUJET.

Los viejos ancianos, reservados por algun hado cruel para ver tan desastrados casos (365), iban atadas las sagradas gargantas, ahogados de dolor, dan-

(361) *Airado*, courroucé; de *ira*, on forme le verbe *airarse*, *se courroucer*, dont le participe passif est *airado*.
(362) *Guiar*, guider, est ici employé pour *conducir*, conduire; mais en espagnol on ne peut pas dire d'un chemin, ni d'un sentier, *conduce*, il conduit; l'idiotisme espagnol demande le verbe *guiar*, guider.
(363) *Crudo*, poétique, pour *cruel*.
(364) *Fiera*, bête fauve.
(365) *Casos*, événements.

do (366) mortales suspiros. Quedaban degollados los mas valientes, y toda la flor y fuerza de su ejército : y los sacerdotes muertos, porque en medio de las sagradas víctimas que ofrecian á Dios en su santo templo, llegando á deshora (367) el bárbaro enemigo, no respetando al cielo, ni á las venerables canas (368), ni á las consagradas estolas con que estaban adornados, los degollaban entre los sacrificios (369) ; y salia la sangre justa á mezclarse con la de los novillos (370) que sacrificaban para aplacar la gran majestad de Dios airado. Iban pues cautivos aquellos desdichados; y puesto que con el miedo que llevaban (371), no osaban hablar palabra (porque ni aun para quejarse se les daba licencia), á lo ménos los ojos, que como tan libres no podian ser impedidos, hacian su oficio derramando lágrimas, y regando con ellas los caminos y campos por donde pasaban. MALON DE CHAIDE.
Tratado de la Magdalena.

(366) Les Français disent *pousser un soupir;* on dit en espagnol *dar,* donner, *un suspiro.*

(367) *A deshora,* très-tard dans la nuit.

(368) *Canas,* cheveux blancs.

(369) *Entre los sacrificios,* au milieu du sacrifice.

(370) *Novillo,* jeune taureau vierge.

(371) Les Français disent *avoir* peur; on dit en espagnol TENER, avoir, peur; et *llevar,* porter, *miedo.* Cette dernière expression dénote toujours le mouvement; ainsi, *llevar miedo,* porter peur, peut se traduire par *avoir peur en marchant.*

LECTURE XLVIII.

LA GITANA VIEJA.

Lo primero con que me encontré (372) en el camino fué con una escuadra de gitanos. Mirad qué gente para reducirme (373), y que alivio para enmendarme. Como era muchacho de razonable brio (374) y de sazonado despejo (375), me llegué á ellos, y comencé á hablarles con mi natural donaire, y gustaron de que caminase en su compañía y los siguiese. Iba entre (376) la cuadrilla una vieja, que hasta hoy no acabo de desengañarme si era demonio ó gitana, porque tan fiero rostro no podia ser humano. Tenia la frente llena de encontradas arrugas (377), la cabeza vestida de una sucia toca, y desnuda de cabellos; los ojos tan hundidos que se avecinaban mas (378) al cerebro que á las cejas; solo tenian de bueno que siempre hacian sombra á sus niñas dos nubes (379) de razonable tamaño; la

(372) *Encontrarse con*, rencontrer.
(373) *Reducir*, convertir, réduire, échanger, etc. Ce verbe a une vingtaine de significations.
(374) *De razonable brio*, assez hardi.
(375) *De sazonado despejo*, d'un esprit piquant.
(376) *Entre*, parmi.
(377) *Encontradas arrugas*, des rides qui se croisaient.
(378) *Que se avecinaban mas*, plus voisins.
(379) *Dos nubes*, deux taies. Ici l'auteur joue avec le mot *nube*, qui signifie *nuage de l'atmosphère* et *taie dans l'œil*, et avec le mot *sombra*. Ainsi, *hacian sombra á sus niñas dos*

4

nariz se habia torcido á un lado, como tapia vieja, y las mejillas, cansadas de sosternerla, se habian hundido horriblemente. En la boca habian quedado tres dientes tan largos, que no servian mas que de apuntalar las encías, y tan limpios, que yo los tuve por de hierro, y otros los juzgaban de alquimia. La barba (380) era del tamaño de la nariz, y á porfía (381) (puede ser que de vergüenza) procuraban que no se viese la boca, pues tal vez (382) las ví ofenderse por demasiado vecinas. Bien sé que no es posible pintarla con toda verdad, y así os suplico que pase este retrato por bosquejo (383) de su extraña y desigual figura. Empezó á inclinárseme (384), de suerte que siempre la hallaba junto á mí; llamábame hijo con una voz tan desconforme (385), que mas quisiera oir contra mí á un trompeta empezando á aprender, y siendo mi vecino.

FRANCISCO QUINTANA.
Hipólito y Aminta.

nubes: mot à mot, donnaient ombre à ses prunelles deux nuages, doit se traduire en français par : deux taies ombrageaient ses prunelles, comme l'eussent fait deux nuages.

(380) *La barba,* le menton, la barbe.
(381) *A porfía,* à l'envi.
(382) *Tal vez,* peut-être.
(383) *Bosquejo,* esquisse, en parlant de peintures; résumé, en parlant d'une œuvre littéraire.
(384) *Inclinárseme, incliner se moi... inclinarse* à quelqu'un signifie s'attacher.
(385) DESCONFORME, *disconforme;* pour *discordante,* discordante, en désaccord.

LECTURE XLIX.

LAS CUATRO EDADES DEL HOMBRE.

FÁBULA.

Cuando Júpiter crió la fábrica deste universo, pareciéndole toda en todo tan admirable y hermosa, primero que criase al hombre, crió los demas animales, entre los cuales quiso el asno señalarse; que si así no lo hiciera, no lo fuera. Luego que abrió los ojos, y vió la belleza del orbe, se alegró. Comenzó á dar saltos de una en otra parte con la rociada (386) que suele, que fué la primera salva que se le hizo al mundo, hasta que ya casando, queriendo reposar, algo mas manso de lo que poco ántes anduvo (387), le pasó por la imaginacion, cómo, de dónde, ó cuando era él asno: pues ni tuvo principio dél ni padres que lo fuesen; porqué, ó para qué fué criado, y cual habia de ser su paradero. Cosa muy propia de asnos, venirles la consideracion á mas no poder (388), á lo último de

---

(386) *Con la rociada que suele,* avec son accompagnement habituel. Tout le monde sait que, dans leurs accès de folle gaité, les jeunes ânons ont l'habitude de faire une musique qui n'est pas produite par leur voix rauque, mais par leur.... pos....... en même temps qu'ils sautent et gambadent.

(387) *Andar,* marcher, aller, doit se traduire en français par *se trouver,* lorsqu'il a pour régime un adjectif ou un participe passif; exemple: *andar triste,* tradnisez *se trouver triste,* et non *aller, marcher triste.*

(388) *A mas no poder,* en toute hâte, subitement, tout à coup.

todo (389), cuando es pasada la fiesta, los gustos y los contentos. Con estos cuidados se fué á Júpiter, y le suplicó se serviese (390) de revelarle quién, ó para qué le habia criado. Júpiter le dijo, que para el servicio del hombre; refiriéndole por menor (391) todas las cosas y ministerios de su cargo. Tan duro fué para el asno lo que Júpiter le dijo, que, de solo oirlo, le vinieron mataduras, y quedó en aquel punto tan melancólico cual de ordinario le vemos, cabizbajo, (391 bis) considerando los trabajos venideros (392), y pareciéndole vida tristísima la que se le aparejaba (393). Volvió á preguntar á Júpiter cuánto tiempo habia de vivir así. Treinta años, le fué respondido. Volvió el asno de nuevo á acongojarse, pareciéndole su vida ser eterna, pues aun á los asnos cansan los trabajos; y con humilde ruego, suplicó al Criador que se apiadase de él, no permitiendo darle tanta vida; y puesto no habia desmerecido con alguna culpa, no le diese tanta pena, que le bastaba vivir diez años, los cuales prometia servir como asno de bien, con toda fidelidad y mansedumbre, y que los veinte restantes los diese á quien mejor pudiese sufrirlos. Júpiter, movido de su ruego, con-

(389) *A lo último de todo*, à la fin.
(390) *Servirse de*, vouloir bien, avoir la bonté de, daigner.
(391) *Referir por menor*, raconter en détail.
(391 bis) *Cabizbajo*, la tête baissée: composé de *cabeza*, tête; et de *bajo*, bas.
(392) *Trabajo*, travail, peine morale ou physique; *venideros*, à venir, futurs.
(393) *Aparejar*, préparer, harnacher, appareiller (un navire), mettre le bât à un âne.

cedió al burro su demanda, con lo que el asno quedó muy contento.

LECTURE L.

CONTINUATION DU MÊME SUJET.

El perro, que todo lo huele (394), habia estado atento á lo que pasó con Júpiter y el asno, y quiso (395) tambien saber de su buena ó mala ventura; y aunque anduvo en esto muy perro (395 bis), queriendo saber lo que no era lícito, secretos de los dioses, y para solos ellos reservados, cuales eran las cosas del porvenir, tuvo en cierta manera escusa su osadía, pues lo preguntó á Júpiter, y no hizo lo que algunas viejas, que sin Dios y con el diablo, buscan hechiceras y gitanas que les echen suertes y digan la buena aventura, como si pudiera decírsela buena quien tan mala la tiene para sí. En resolucion fuése el perro á Júpiter, y le suplicó que, pues que á su compañero el asno habia procedido tan misericordioso, dándole satisfaccion á sus preguntas, le hiciese á él otra semejante merced. Fuéle respondido que su ocupacion seria ir á caza, matar liévres y conejos sin jamas comer mas que los huesos ya roidos, y esto solo cuando, despues de haber corrido y traba-

---

(394) *Oler*, flairer, prend une *h* à tous les temps et personnes qui changent l'*o* radical en *ue*. Voyez ce verbe dans une grammaire espagnole quelconque, aux verbes irréguliers.

(395) *Quiso*, troisième personne du singulier du prétérit défini de l'indicatif du verbe *querer*, vouloir (irrégulier).

(395 bis) *Andar muy perro*, idiotisme espagnol qui signifie être très-rusé, agir avec adressse.

jado todo el dia para el amo, le hubiesen atado á una estaca, porque de noche guardase la casa fielmente, sin contar palos y puntillones (396) que á veces le darian. Mal contento el perro, le pareció negocio intolerable; mas confiado de la merced que al asno se le habia hecho, suplicó á Júpiter que tuviese misericordia, y no permitiese hacerle agravio, pues no ménos que el asno era hechura suya, y el mas leal de los animales; que por lo tanto (397) le emparejase (398) con el burro, dándole solo (399) diez años de vida. Júpiter se lo concedió, y el perro agradecido á tamaña merced, bajó el hocico por tierra, y dejó en manos del Criador veinte años de su vida.

LECTURE LI.

CONTINUATION DU MÊME SUJET.

No dormia la mona miéntras pasaban estas cosas; ántes con atencion estaba en acecho (400) deseando ver el paradero (401) de ellas; y como su oficio es contrahacer lo que otros hacen, quiso imitar sus compañeros; llevaba ademas el deseo de saber de sí, pareciéndole que quien tan clemente se habia mostrado

---

(396) *Puntillon*, coup de pied, dérivé de *punta*, pointe; sous entendu, *du pied*.

(397) *Por lo tanto*, par cette raison.

(398) *Emparejar*, appareiller, rendre égal.

(399) *Solo*, seul, seulement; c'est-à-dire adjectif ou adverbe. *Solo* est adverbe lorsqu'il se rapporte à un verbe, et adverbe lorsqu'il se rapporte à un nom; ici, *solo* se rapportant au verbe *dar*, doit être traduit par *seulement*.

(400) *Estar en acecho*, être aux aguets.

(401) *El paradero* (l'arrétoir), la fin.

con el asno y con el perro, no seria para con (402) ella riguroso. Fuése á Júpiter, y suplicóle se sirviese darle alguna luz (403) de lo que habia de pasar en el discurso de su vida, y decirle para qué habia sido criada; pues era cierto que no la habia hecho en balde (404). Júpiter la respondió que se contentase por entónces con saber que andaria en cadenas arrastrando una maza (405) que le habia de servir de fiador ó guardian, si es que no la ponian atada á un balcon ó reja, donde sufriria el calor del verano y el frio del invierno, con sed y hambre, comiendo con sobresalto (406), porque á cada bocado podria ser que la dieran azotes para que haciendo visages divirtiera á los curiosos. Gran pena dió todo esto á la mona, y si pudiera llorar, mostrara la amargura que le causaba con lágrimas; pero armándose de paciencia, quiso tambien saber cuánto tiempo habia de sufrir tantas miserias. Fuéle respondido que viviria treinta años. Congojada con tal respuesta, mas consolada con la esperanza en el cle-

(402) *Para con*, envers.

(403) *Darle alguna luz*, lui donner quelque lumière, l'instruire.

(404) *En balde*, pour rien, sans but.

(405) *La maza* est un gros morceau de bois qu'on attache au cou des singes, et qu'ils traînent partout; ce morceau de bois les empêche de courir trop vite, et fait qu'ils ne peuvent jamais s'échapper lorsqu'on veut les prendre. Cette habitude est si généralement établie en Espagne, qu'elle a donné naissance à un proverbe. Ainsi, pour dire de deux amis qu'ils sont inséparables, on dit: *son la maza y la mona*.

(406) *Sobresalto*, appréhension continuelle, peur continuelle.

mente Júpiter, le suplicó lo que los demas animales, y aun le parecieron largos diez años; otorgóselo la misma merced que á los demas, segun lo habia pedido, y dando gracias á Júpiter, le besó la mano, y se fué con sus compañeros.

LECTURE LII.

CONTINUATION DU MÊME SUJET.

Ultimamente (407) crió Júpiter al hombre, criatura perfecta, mas que todas las de la tierra, con alma inmortal é inteligencia. Dióle poder sobre todo lo criado en el suelo (408), é hízole señor usufructario de ello. Quedó el hombre muy alegre de verse criatura tan hermosa, tan misteriosamente organizado, de tan gallarda compostura, tan capaz, tan poderoso señor, que le pareció que tan excelente fábrica era digna de inmortalidad; y así suplicó á Júpiter le dijese, no lo que habia de ser de él, sino el tiempo que habia de vivir.

Júpiter le respondió, que cuando determinó (409) la creacion de todos los animales y la suya, se habia propuesto darles á cada uno treinta años de vida. Maravillóse de esto el hombre, que para tiempo tan corto se hubiese hecho una obra tan maravillosa, pues en un abrir y cerrar de ojos (410) pasaria como una flor su vida, y apénas habria sacado los

(407) *Ultimamente*, en dernier lieu, enfin, dernièrement.
(408) *En el suelo*, sur la terre.
(409) *Determinar*, déterminer, décider, résoudre.
(410) *En un abrir y cerrar de ojos*, en un ouvrir et fermer les yeux, en un clin d'œil.

piés de la nada (411), cuando entraria su cuerpo en la tierra, sin gozar su edad ni del agradable sitio donde fué criado. Y considerando lo que con Júpiter sucedió á los animales, fuése á él, y con rostro humilde le hizo este razonamiento : « Supremo Júpiter, si mi demanda no te es molesta, suplícote, pues los animales brutos, indignos de tus mercedes, repudiaron la vida que les distes, de cuyos bienes les faltó noticia, por ser irracionales, suplícote que los veinte años que abandonaron cada uno me los des á mí, para que yo los viva, y tú seas en este tiempo de mí mejor servido que de tales brutos. Oyó Júpiter la peticion del hombre, concediéndole que como tal viviese sus treinta años, los cuales pasados, comenzase á vivir, por su órden, primeramente los veinte del asno, haciendo su oficio, padeciendo trabajos, trayendo, acarreando, juntando á casa lo necesario para sustentarla; de cincuenta hasta setenta los veinte años del perro, ladrando, gruñendo con mal humor; y últimamente, de setenta á noventa los veinte de la mona, contrahaciendo á sus semejantes y aun á las bestias. Así es que vemos en os que llegan á esta edad soler, aunque tan viejos, hacer por parecer mozos, pulirse, aderezarse, pasear, enamorar, y hacer valentías y echar patrañas (412), haciendo por parecer lo que no es como la mona.

Mateo Aleman.
Guzman de Alfarache.

(411) *Sacar los piés de la nada*, sortir du néant.
(412) *Patraña*, mensonge; a été employé ici par l'auteur pour *mucca* grimace, singerie...

LECTURE LIII.

EL FILÓSOFO A LA VIOLETA.

Para ser tenidos por filósofos consumados es indispensable que tengais, lleveis, aparenteis, publiqueis y ostenteis esterior de filósofo. Persuadido de esta verdad, Diógenes se salia, á medio dia, de su tonel con una linterna en la mano, buscando á un hombre por las calles de una ciudad populosa. Otro, al tiempo (413) que los sitiadores enemigos asaltaban las murallas, se estaba con mucha seriedad haciendo una demostracion geométrica, y los soldados, que no entendian de mas (414) ángulos que los que formaban con la espada, acabaron con él (415), y con la figura que era el objeto de su embeleso, tal vez (416) de su vanidad. En consecuencia de esto, es preciso que os distingais tambien por algun capricho de semejante importancia para que la gente que os vea pasar por la calle diga : allá vá (417) un filósofo. Los unos habeis de estar, por ejemplo, siempre distraidos; habeis de entrar en alguna botillería preguntando si se alquilan coches para tal ó tal parte. Otros, aunque tengais los ojos muy buenos y hermosos, habeis de llevar un sempiterno par de anteojos en conversacion con la nariz. Otros habeis

(413) *Al tiempo*, pendant que...
(414) *Entender de mas*, connaître d'autres.
(415) *Acabar con alguno*, finir avec quelqu'un, le tuer.
(416) *Tal vez*, peut-être.
(417) *Allá vá*, voilà.

de comer precisamente á tal ó tal hora, y que sea estravagante, por ejemplo, á las nueve de la mañana, ó á las seis de la tarde (418); y si los estómagos tuviesen hambre á otras horas, que tengan paciencia y se vayan afilosofando. Otros habeis de correr, como volantes (419), por esas calles de Dios (420), atropellando á cuantos chiquillos salgan de las puertas, en hora menguada para ellos y sus tristes madres. Otros habeis de tener aprensiones de enfermedades: y si alguno os pregunta el estado de vuestra importante salud, quejaos de todos los males á que está espuesta les frágil máquina del cuerpo humano; y aunque tengais mas fuerzas que un Hércules, en mas colores que Baco, ensartad lo de tísico (421), hético, asmático, paralítico, escorbútico, etc. etc. etc., de modo que se queden en ayunas de la respuesta, como no lo escriban, y la lleven al protomedicato. Con estas y otras estravagancias semejantes veréis cuánta estimacion ganais de orien-

(418) Manger à neuf heures du matin et à six heures du soir ne serait pas une habitude excentrique en France; mais c'en serait une en Espagne : à l'époque où Cadalso écrivait, on déjeunait à sept heures du matin, on dînait à midi, ou à trois heures de relevée; on collationnait vers sept heures du soir, et l'on soupait à onze heures du soir.

(419) *Volante*, valet de pied, qui anciennement courait devant les seigneurs et les dames en Espagne, coudoyant, culbutant tout le monde pour ouvrir un passage à son maître ou à sa maîtresse.

(420) *Por esas calles de Dios*, par ces rues du bon Dieu, partout.

(421) *Ensartar lo de...* ne pas manquer de dire que l'on est......

te á occidente, y de septentrion á mediodía : y mas si os haceis encontradizos (422) con quien no os conozca. Si en el concurso viereis algunas damas atentas á lo que decis (lo que no es del todo imposible, como no haya allí algun papagayo con quien hablar, algun perrito á quien besar, algun mico con quien jugar, ó algun petimetre con quien charlar), ablandad vuestra erudicion, dulcificad vuestro estilo, modulad vuestra voz, componed vuestro semblante, y dejaos caer con gracia sobre las filósofas que ha habido en otras edades. Decid que las hubo de todas sectas, y dejando pendiente el discurso, idos á casa, y sin dormir aquella noche (á ménos que se os apague el velon por falta de aceite, en cuyo caso será preciso que espereis hasta que amanezca, y seria chasco si fuese por enero), tomad la lista de las mujeres filósofas, con su nombre, patria y sistema, con la distincion entre las que filosofaron segun alguna determinada escuela, ó las que se anduvieron filosofando como quisieron, para las cuales tenemos en este siglo escelentes maridos.

LECTURE LIV.

CONTINUATION DU MÊME SUJET.

Notad que entre las filósofas, la secta mayor fué la de las *Pitagóricas*, porque sin duda, diréis con gracejo (haciéndoos aire con algun abanico, si es

---

(422) *Hacerse encontradizo*, feindre de rencontrer quelqu'un par hasard, tandis qu'on a cherché à le rencontrer.

verano, calentándoos la espalda á la chimenea si es invierno, ó dando cuerda á vuestro relox, que habréis puesto con el de alguna *dama* de la concurrencia (423), ó componiéndoos algun bucle que se os haya desordenado, ó mirando las luces de los brillantes de alguna *piocha*, ó tomando un polvo con pausa y profundidad en la caja (424) de alguna señora, ó mirándoos en algun espejo en postura de empezar el *amable* (425), sin duda diréis, haciendo alguna cosa de estas, ó todas juntas, porqué el sistema de Pitágoras trae la metempsicosis, transmigracion, ó, vaya en castellano una vez sin que sirva de ejemplo para en adelante (426), el paso de una alma por varios cuerpos, y esta mudanza debe ser favorita del bello sexo. Veréis como todas se sonrien y dicen: ¡qué gracioso! ¡qué chusco! (427) Las unas dándoos con los abanicos en el hombro, las otras hablando á sus vecinas al oido con buen agüero para vos otros, y todas muy satisfechas de vuestra erudicion: no sin alguna ambicion de mi parte y arrepentimiento de haberos enseñado en tan corto tiempo lo que me ha costado tantos años de vasta lectura y de profunda meditacion.

CADALSO. *Eruditos á la violeta.*

(423) *De la concurrencia*, de la société.

(424) *Caja*, tabatière, bière, caisse, boîte.

(425) *Empezar el amable*, commencer à faire l'aimable, expression toute française, que l'auteur emploie ici pour ridiculiser ceux qui pensent mieux parler leur langue en l'entachant d'expressions et de tournures de phrases françaises, anglaises, etc.

(426) *En adelante*, désormais.

(427) *Chusco*, spirituel.

LECTURE LV.

UN ESCRIBANO DE ALDEA.

Era el licenciado Flechilla (428) un buen clérigo, de estos que llaman *de misa y olla* (429), que con su capellanía y un decente patrimonio lo pasaba quieta y pacíficamente en su lugar mejor que un arcediano (430). Era á la verdad de pocas letras, pues solo tenia las precisas (431) para entender (432) el breviario y el misal á media rienda (433); pero, por su buena razon, por su genio (434) apacible y bondadoso, y porque era limosnero (435) y amigo de hacer bien, le estimaban mucho en su pueblo, y apénas moria alguno en él, que no le dejase por su principal testamentario. Admitia (436) él sin réplica estos encargos, así por tener alguna cosa en que emplear loablemente el tiempo, como por haber hecho

---

(428) *Flechilla*, petite flèche; composé de *flecha*, flèche, et de *illa*, petite, sans prix.

(429) *De misa y olla*; on appelle ainsi les prêtres simples, sans ambition, qui se contentent d'avoir leur pot au feu et de dire leur messe. *Misa y olla*, signifie textuellement *messe et pot au feu*.

(430) *Arcediano*, archidiacre.

(431) *Preciso*, nécessaire.

(432) *Entender*, comprendre.

(433) *A media rienda*, au petit trot, au petit galop, à peine, tout juste.

(434) *Genio*, caractère.

(435) *Limosnero*, aumônier, qui aime à faire l'aumône.

(436) *Admitir*, admettre, accepter.

concepto (437) de que si cumplia fiel, legal y puntualmente (438) con este piadoso y caritativo oficio, podia hacer mucho bien á los difuntos y ser muy útil á los vivos. Habia fallecido pocos dias ántes el secretario del lugar, que era viudo; y no solo le habia nombrado por su testamentario, sino tambien por tutor y curador de sus hijos, con la condicion espresa de que no se le tomasen cuentas, ó se pasase por las que él quisiere dar; todo con la confianza que hacia de su pureza, exactitud y legalidad. Dejaba encargado en el testamento que se le hiciesen honras (439) á cabo de año (440), con su sermon, segun costumbre, y señalaba (441) doscientos reales para el orador que predicase, *en atencion*, decia, *al trabajo que habrá de tener cualquiera pobre predicador en hallar de que alabarme; porque si no quiere mentir, se ha de ver muy apurado* (442). En efecto, debia ser así, porque era pública voz y fama que el tal secretario habia sido hombre no muy demasiadamente escrupuloso. Cuando entró en el pueblo (pues fué el primer escribano que entró en el lugar) no habia pleito alguno ni memoria de haberle habido jamas desde su fundacion; pero al

(437) *Hacerse concepto*, s'imaginer, penser, croire.
(438) *Fiel, legal y puntualmente*, mot pour mot, *fidèle, légale et ponctuellement*. En espagnol, plusieurs adverbes de manière terminés en *mente* se rendent par autant d'adjectifs au féminin, excepté le dernier qui se rend par l'adverbe; voyez l'exemple.
(439) *Hacer honras*, faire des obsèques.
(440) Chaque année.
(441) *Señalar* (une somme quelconque), destiner, affecter.
(442) *Verse apurado*, se trouver embarrassé.

año, y no cabal (443), de su residencia, ya todo el lugar se ardia en pleitos (444), y cuando murió dejó treinta y seis, aunque no pasaba la poblacion de doscientos vecinos. Encendia á unos, azuzaba (445) á otros, y los enzarzaba á todos.

LECTURE LVI.

CONTINUATION DU MÊME SUJET.

Si dos partes contrarias le consultaban sobre una misma pendencia, á cada una en particular le respondia, afectando una modestia socarrona : que él no era abogado, ni entendia los puntos de derecho, ni le tocaba (446) dar consejos, pero que por lo que le habia enseñado la experiencia en tantos años de ejercicio y en tantos pleitos como habian pasado ante él, era corriente su justicia, temeraria la pretension del adversario, y que si no salia (447) así, habia de ahorcar el oficio (448) : que esto se lo decia á él solo en confianza encargándole mucho el secreto. Despues que á una y otra parte habia metido tanto aguijon, añadia con mucho remilgamiento (449) que, aunque

(443) *Pero al año, y no, cabal*, mais un an ne s'était pas encore écoulé.
(444) *Ardia en pleitos*, se brûlait en procès.
(445) *Azuzar*, lancer les chiens.
(446) *Tocar* suivi de *dar*, signifie *être fait pour*.
(447) *Salir así*, résulter.
(448) *Ahorcar el oficio*, mot à mot, pendre le métier, quitter le métier.
(449) *Con mucho remilgamiento*, d'un air hypocrite.

cuanto habia dicho era verdad, lo mejor era no pleitear y componerse; pues aunque nadie tenia mas interes que él en que cada cual siguiese su justicia, puesto no comia de otra cosa, ni tenia otros mayorazgos, era amante de la paz (450) del pueblo mas que de todos los caudales del mundo. Con este artificio, despues de haber irritado las partes echaba su cuerpo fuera (451), y cobraba nombre (452) de hombre desinteresado. En habiendo alguna quimerilla (453) en el pueblo, por pequeña que fuera (454), especialmente si habia habido paliza (455) con algun rasguño y efusion de sangre, al punto (456) buscaba á los alcaldes, y se entorchaba (457) con ellos; y en tono de amistad y confianza, les persuadia á que levantasen un auto (458) de oficio, intimándoles con que hoy ó mañana (459) vendria una residencia (460), y no faltaria alguno que les quisiese mal y los acusase de parciales ú omisos (461), y á

(450) *Ser amante de la paz*, être amant de la paix, aimer la paix.
(451) *Echar el cuerpo fuera*, se mettre à couvert.
(452) *Cobrar nombre*, acquérir la renommée. de.
(453) *Quimera*, dispute, *illa*, petite, sans importance.
(454) *Por*, devant un adjectif, et *de que*, signifient quelque; exemple: *por grande que sea*, quelque, grand *que ce soit*.
(455) *Paliza*, bataille à coups de bâton.
(456) *Al punto*, à l'instant.
(457) *Entorcharse*, se faufiler, s'accrocher.
(458) *Levantar un auto*, en termes de chicane, *instrumenter, dresser un procès-verbal*.
(459) *Hoy ó mañana*, un jour ou l'autre.
(460) *Residencia*, résidence, tribunal, juge, commissaire.
(461) *Omiso*, négligent.

buen librar (462) caeria sobre ellos una multa que les levantase tanta roncha (463). Despues de haber hecho el auto de oficio, arrestado los de la riña y borroneado (464) mucho papel en declaraciones, cargos y descargos; cuando ya tenia pretexto para estafar bien á las dos partes, solicitaba él mismo, por bajo de cuerda, que se compusiesen; y cargando bien las costas, porque á nadie se las perdonaba, á un tiempo llenaba el bolsillo y era aplaudido entre los *inocentes* con el glorioso nombre de *pacificador*.

LECTURE LVII.

CONTINUATION DU MÊME SUJET.

Era el tal escribano muy franco en dar testimonio (465), aun de lo que no habia visto; y para quitar todo escrúpulo á los que podian reparar en semejante maldad, les decia con una bondad que encantaba : que un hombre de bien se habia de fiar de otro hombre de bien mas que de sí mismo : que habia de dar mas crédito á los ojos agenos que á los suyos propios, porque estos podrian alucinarle y engañarle; pero los de los otros, no era razon, ni

---

(462) *A buen librar*, en se tirant bien d'affaire, pour le moins.

(463) *Roncha*, ampoule que produit la piqûre d'un insecte. *Levantar tanta roncha*, est une expression espagnole assez triviale, qui signifie *faire beaucoup de mal*.

(464) *Borronear*, barbouiller du papier.

(465) *Franco en dar testimonio*, facile à donner acte, c'est-à-dire à instrumenter, à vendre du papier timbré.

buena crianza, ni aun conciencia el presumirlo: y finalmente, que esto se estaba palpando á cada instante en el uso de los anteojos, siendo así que no son ojos los anteojos, y que así como el que lleva anteojos, ni mas ni ménos puede y debe dar testimonio todo hombre honrado de lo que otro hombre honrado ha visto, cuando asegura haberlo visto, y que pasó la cosa ni mas ni ménos que él la cuenta. Y á la réplica que le podian hacer, que él no sabia si era ó no hombre honrado el que pedia el testimonio (466), salia al encuentro (467) diciendo: que mil veces habia oido decir á los abogados ser principio, en derecho, que á ninguno se debe tener por malo hasta que se pruebe que lo es, y que en caso de duda se debe presumir lo mejor..... En virtud de esta misma docilidad, era bizarro (468) en dar testimonio, no solo de lo que nunca habia visto, sino que con bondadoso corazon, no se podia nunca negar á darle de lo contrario de lo que habia palpado; porque decia que era enemiguísimo de descontentar á nadie. Solo era muy reservado en dar testimonio cuando sospechaba que podia perjudicar á alguna parte predilecta suya; bien entendido que su predileccion se fundaba siempre en un honrado procedimiento de expresiones prácticas (469) no de las mas ordinarias.

(466) *Testimonio* (d'un notaire), attestation, procès-verbal.
(467) *Salir al encuentro* (dans une discussion), riposter.
(468) *Bizarro*, généreux, vaillant.
(469) *Expresiones prácticas*, cadeau.

LECTURE LVIII.

CONTINUATION DU MÊME SUJET.

Cuando se hallaba en este caso, decia con grande compostura, que no podia tomar testimonio ninguno sin que lo mandase la señora Justicia; y si le decian que estaba obligado á hacerlo en virtud de su mismo oficio, por cuanto (470) todo fiel cristiano tenia derecho á que se le diese testimonio de lo que habia visto ú oido, respondia él, con mucha gravedad : que eso era ignorar las nuevas pragmáticas sanciones que habian salido (471) sobre el oficio de escribano; y los pobres patanes (472), al oir el nombre de *pragmática sancion*, quedaban tamañitos (473), pareciéndoles que debia ser alguna excomunion del Padre Santo de Roma, para que los escribanos no se metiesen en cumplir su obligacion sin licencia de los alcaldes. Este habia sido el ejemplarisimo escribano que habia dejado por su principal testamentario al licenciado Flechilla, dando órden para que se le predicase sermon de honras (474) corriente (475), como era uso en aquella tierra.

EL PADRE ISLA. *Fray Gerundio de Campazas.*

(470) *Por cuanto*, vu que.
(471) *Salir*, en parlant d'un livre, d'une ordonnance ou d'un arrêté, signifie publier, paraître.
(472) *Patan*, manant.
(473) *Tamañitos*, tout petits, ébahis.
(474) *Sermon de honras*, oraison funèbre.
(475) *Corriente*, de rigueur.

LECTURE LIX.

EL PREDICADOR EVAPORADO.

Hallábase el padre predicador mayor en lo mas florido de la edad, esto es, en los treinta y tres años cabales. Su estatura procerosa (476), robusta y corpulenta; sus miembros bien repartidos, y asaz (477) simétricos y proporcionados; muy derecho de andadura, algo salido de panza, cuellierguido (478), su cerquillo (479) copetudo (480) y estudiosamente (481) arremolinado (482); hábitos siempre limpios y muy prolijos de pliegues, zapato ajustado, y sobre todo, su solideo de seda hecho de aguja (483) con muchas y muy graciosas labores (484), elevándose en el centro una borlita muy airosa (485); obra toda de ciertas beatas que se desvivian por su padre predicador (486). En conclusion (487), él era mozo

(476) *Procerosa*, haute.
(477) *Asaz* (vieilli), assez.
(478) *Cuellierguido*, le cou droit, raide; composé de *cuello*, cou, et de *erguido*, redressé, raide, bouffi de vanité.
(479) *Cerquillo*, espèce de couronne de cheveux qu'ont les moines.
(480) *Copetudo*, redressé comme un toupet.
(481) *Estudiosamente*, coquettement, avec étude.
(482) *Arremolinado*, mis en spirale; les cheveux rebroussés.
(483) *Hecho de aguja*, fait à l'aiguille, tricoté.
(484) *Labores*, dessins.
(485) *Airoso*, gracieux.
(486) *Desvivirse*, pour quelqu'un, se *dévivre* pour quelqu'un, raffoler de quelqu'un.
(487) *En conclusion*, finalement.

galan, y juntándose á todo esto una voz clara y sonora, algo de cezeo (488), gracia especial para contar algun cuentecillo, talento conocido para remedar, despejo en las acciones, popularidad en los modales, boato (489) en el estilo, y osadía en los pensamientos, sin olvidarse jamas de sembrar los sermones de chistes, gracias y refranes, y frases de chimenea (490), encajadas con gran donosura, no solo se arrastraba los concursos (491), sino que se llevaba de calles (492) los estrados.

LECTURE LX.

CONTINUATION DU MÊME SUJET.

Era de aquellos cultísimos predicadores, que jamas citaban á los santos padres, ni aun á los sagrados evangelistas por sus propios nombres, pareciéndole esto vulgaridad (493). A san Mateo le llamaba, *el Angel historiador* : á san Márcos, *el Evangélico toro* : á san Lúcas, *el mas divino Pincel* : á san Juan, *el Aguila de Patmos* : á san Gerónimo, *la Púrpura de Belen* : á san Ambrosio, *el*

---

(488) *Cezeo*, défaut de langue.
(489) *Boato*, pompeux, boursouflé.
(490) *Frases de chimenea*, phrases de cheminée, banalités, trivialités.
(491) *Arrastrarse un concurso*. attirer, entrainer une grande affluence.
(492) *Llevarse de calles*, faire fureur.
(493) *Vulgaridad* (vulgarité), chose vulgaire, trivia-

Panal de los doctores : á san Gregorio, *la Alegórica tiara.* Pensar que al acabar de proponer el tema de un sermon para citar el evangelio y el capítulo de donde le tomaba, habia de decir sencilla y naturalmente : *Joannes capite decimo tertio; Matthæi capite decimo quarto,* eso era cuento (494), y le parecia que bastaria eso para que le tuviesen por un predicador sabatino (495); ya se sabia que siempre decia: *Ex evangelica lectione Matthæi, vel Joannis capite quarto decimo* : y otras veces para que saliese mas ruidosa la citacion : *Quar-u-to decimo ex-capite.* Pues ¡qué! dejar de meter los dos dedos de la mano derecha con garbosa pulidez (496) entre el cuello y la capilla, en ademan de quien desahoga el pescuezo, haciendo un par de movimientos dengosos (497) con la cabeza, miéntras estaba proponiendo el tema : y al acabar de proponerle, dar dos ó tres brinquitos disimulados : y, como para limpiar (498) el pecho, hinchar los carrillos, y mirando con desden á una y otra parte del auditorio, romper en cierto ruido gutural, entre estornudo y relincho; esto, afeitarse siempre que habia de predicar, igualar el cerquillo, levantar el copete, y luego que hecha, ó no hecha, una breve oracion, se ponia de pié en el púlpito, sacar con airoso ademan de la manga izquierda un pañuelo de seda de á vara y de color vivo, tremolarle, sonarse las narices con estrépito, aunque no

(494) *Eso era cuento,* c'était une folie, une absurdité.
(495) *Sabatino,* de samedi, très-ordinaire.
(496) *Con garbosa pulidez*, avec une gracieuse délicatesse.
(497) *Dengosos,* en dandinant la tête.
(498) *Limpiar,* nettoyer, dégorger

saliese de ellas mas que aire, volverle á meter en la manga á compas y con armonía, mirar á todo el concurso (499) con despejo, entre ceñudo y desdeñoso (500), y dar principio con : *Sea ante todo bendito, alabado y glorificado.*:... concluyendo con lo otro de *en el primitivo instantáneo ser de su animacion;* no dejara de hacerlo el padre predicador mayor en todos sus sermones, aunque el mismo san Pablo le predicara, que todos ellos eran, por lo ménos, otras tantas evidencias de que no habia en su cabeza ni migaja de juicio, ni asomo de sindérisis, ni gota de ingenio, ni sombra de meollo (501), ni pizca de entendimiento.   P. ISLA.
El famoso predicador Fray Gerundio.

LECTURE LXI.

EL HUERTO DE LA DELEITACION (l'*Eden*).

Primeramente en aquel lugar nunca habia noch que todo era dia claro, y parecia el sol siete tanto (502) resplandeciente sin obstáculo é impedimento de nubes. E (503) era la calor tan temprada (504), que agradaba todos los sentidos y los ale-

(499) *Concurso*, société.
(500) *Entre ceñudo y desdeñoso*, moitié grave, moitié dédaigneux.
(501) *Meollo*, bon sens.
(502) *Siete tanto*, sept fois.
(503) *E*, conjonction ancienne, qui a été remplacée par y.
(504) *Temprada* (vieilli), pour *templada*, tempérée.

graba con una muy temprada é muy suave manera; que cuasi era admirable que como la claridad fuese tanta (505), non oviese (506) calor excesivo ni dañoso frio; ántes era el medio poseido (507). É lo mismo los árboles de aquella huerta eran tan fructíferos (508), tan odoríferos y tan fermosos (509); é las frutas tan deleitables é tan suaves al gusto, que daban refeccion é deleitacion á ambas las fuerzas, intelectiva é sensitiva (510). Todas las yerbas disformes é nocivas eran de allí desterradas, é eran plantadas las fermosas (511) é odoríferas sin comparacion alguna; é de aquellas era lleno todo el vergel. Todos los animales nocivos, é feroces, é disformes eran arredrados (512) de allí; sino unas aves, las cuales eran citaristas (513), é sus voces fenchian (514)

(505) *Como la claridad* FUESE *tanta.* Vieille expression qu'on rend aujourd'hui par *la claridad* SIENDO *tanta.*

(506) *Non oviese*, très-ancien; pour *no hubiese.*

(507) *Era el medio poseido,* pour *se gozaba de un calor tolerable.*

(508) *Fructífero,* qui porte beaucoup de fruits.

(509) *Fermosos* (très-ancien); pour *hermosas.* Anciennement les Espagnols écrivaient *fecho* pour *hecho, facer* pour *hacer, ferir* pour *herir;* depuis longtemps le *h* a remplacé le *f* surtout depuis les derniers temps des Maures : le *f* dans ces mots appartenait aux Goths; les Espagnols l'ont changé pour le *h* des Arabes.

(510) *Fuerzas intelectiva y sensitiva,* les forces de l'intelligence et des sens, le corps et l'esprit.

(511) Voyez note 509.

(512) *Arredrar,* chasser, écarter.

(513) *Citarista,* chantant comme une lyre.

(514) *Fenchian,* pour *henchian,* remplissaient. Voyez note 509.

aquel lugar de angélica melodía é cántares muy dulces. En medio de la huerta estaba el árbol de la vida é de la ciencia del bien é del mal. Al pié dél manaba una fuente por caños de plata muy fina, é el lugar do (515) caia todo era perlas, zafires, rubies é balajes. É el árbol tenia fruta de quitar la fambre (516) por siempre. É el agua tenia virtud de quitar la sed perdurable (517), é aun daba perpetua é bien aventurada vida. É en aquel lugar no habia enfermedad, ni corrupcion, ni muerte, ni tristeza, ni desfallecimiento alguno; mas era allí la vida, la salud, la alegría, la abundancia, y el complimiento de los bienes sin mengua, é sin fallecimientos, é sin humana miseria. No era allí la persecucion enemiga de las envidiosas y ponzoñosas lenguas : no la hostil persecucion de las opiniones vanas : no la infernal discordia é fraterna zizaña : no la insaciable avaricia : no la menospreciada pobreza : no la ignorancia, é imbecilidad de la infancia é puericia : no la temeraria orgullía (518) de la juventud : no la esperanza vana : no la tristeza del miedo : non (519) cosa que no fuese afable, fermosa, licita, honesta, justa, provechosa é buena. Todo era concordia visceral (520) é caritativa : todo benivo-

---

(515) *Do* poétique; pour *donde*, où.
(516) *De quitar*, pour *que quitaba*, qui ôtait.
(517) *Perdurable*, éternel.
(518) *Orgullía* (vieilli), pour *orgullo*, orgueil.
(519) *Non*, pour *no*, non.
(520) *Visceral*, qui appartient aux viscères; de cœur. L'auteur emploie ici le mot *visceral*, qu'il fait dériver de *viscère*. On sait que le cœur est un *viscère*, ou organe essentiel de la vie.

lencia é amistad sin simulacion (521), donde todas las cosas proceden que han de ser virtuosas, é loables, é bien ordenadas.

ALFONSO DE LA TORRE. *Vision deleitosa.*

LECTURE LXII.

HEROISMO DE GUZMAN EL BUENO[*].

Entre los personages malvados que produjo el siglo, y los hubo muy malos, debe distinguirse el infante don Juan, uno de los hermanos del rey: inquieto, turbulento, sin lealtad y sin constancia, habia abandonado su padre por su hermano, y despues á su hermano por su padre. En el reinado de Sancho fué siempre uno de los atizadores de la discordia, sin que el rigor pudiese escarmentarle, ni contenerle el favor. A cualquier soplo de esperanza, por vaga y vana que fuese, mudaba de senda y de partido, no reparando jamas en los medios de conseguir sus fines, por justos (522) y atroces que fuesen : ambicioso sin capacidad, faccioso sin valor (523), y digno siempre del odio y del desprecio de todos los partidos. Acababa el rey su hermano de darle libertad de la prision, á que le condenó en Alfaro cuando la muerte del señor de Vizcaya, cuyo

---

[*] Le fait rapporté dans ce morceau eut lieu vers la fin du treizième siècle sous le règne de don Sancho IV, dit le Brave, peu de temps après la guerre civile que ce roi suscita contre son père Alfonse le Sage.

(521) *Simulacion* (vieilli), pour *dissimulacion.*
(522) Voyez note 454.
(523) *Valor*, courage.

cómplice habia sido. Ni el juramento que entónces hizo de mantenerse fiel, ni la autoridad y consideracion que le dieron en el gobierno pudieron sosegarle. Alborotóse de nuevo, y no pudiendo mantenerse en Castilla, se huyó á Portugal, de donde aquel rey le mandó salir por respeto á don Sancho. De allí se embarcó y llegó á Tanger, y ofreció sus servicios al rey de Marruecos, Aben Jacob, que pensaba entónces en hacer guerra al rey de Castilla. Recibióle el moro con todo honor y cortesía, y le envió, en compañía de su primo Amir, al frente de cinco mil ginetes, con los cuales pasaron el estrecho, y se pusieron sobre Tarifa.

Tentaron primero la lealtad del alcaide (524) ofreciéndole un tesoro, si les entregaba la plaza; mas tan vil propuesta (525) fué deshechada con indignacion. Atacáronla despues con todos los artificios bélicos que el ánimo y la animosidad les sugierieron; mas fueron animosamente rechazados. Dejan pasar algunos dias, y manifestando á Guzman el desemparo en que le dejan los suyos, y los socorros y abundancia que pueden venir á ellos, le proponen, que pues habia hecho desprecio de las riquezas que le daban, si él partia con ellos el tesoro de la plaza descercarian la fortaleza. « Los buenos caballeros, respondió Guzman, ni venden ni compran la victoria. » Furiosos los moros se aprestan de nuevo al asalto, cuando el inicuo infante acude á otro medio mas poderoso para vencer la constancia del caudillo.

(524) *Alcaide*, gouverneur militaire d'une place forte.
(525) *Propuesta*, proposition.

LECTURE LXIII.

CONTINUATION DU MÊME SUJET.

Tenia el infante en su poder al hijo mayor de don Guzman, que sus padres le habian confiado anteriormente para que le llevase á la corte de Portugal, con cuyo rey tenian deudo (526). En vez de dejarle allí, le llevó al Africa, y le trajo á España consigo; y entónces le creyó instrumento seguro para el logro de sus fines. Sacóle maniatado (527) de la tienda donde le tenia, y se le presentó al padre, intimándole que si no rendia la plaza, le matarian á su vista. No era esta la primera vez que el infante usaba de tan abominable recurso. Ya en los tiempos de su padre, para arrancar de su obediencia á Zamora, habia cogido un hijo de la alcaidesa del alcázar, y presentándosele con la misma intencion, habia conseguido que se rindiese. Pero en esta ocasion, su barbarie era sin comparacion mas horrible, *pues con* (528) la humanidad y la justicia, violaba á un tiempo la amistad, el honor y la confianza. Al ver al hijo, al oir sus gemidos, y al escuchar las palabras del asesino, las lágrimas vinieron á los ojos del padre; pero la fe jurada al rey, la salud de la patria, la indignacion producida por aquella

---

(526) *Deudo*, parenté.
(527) *Maniatado*, les mains liées; composé de *mano*, main, et de *atado*, attaché, lié.
(528) *Pues con*... car, en même temps que...

conducta tan execrable, luchan contra la naturaleza y vencen, mostrándose el héroe entero contra la iniquidad de los hombres y el rigor de la fortuna.

LECTURE LXIV.

CONTINUATION DU MÊME SUJET.

« No engendré yo hijo, prorumpió, para que fuese
» contra mi tierra; ántes engendré hijo á mi patria
» para que fuese contra los enemigos de ella. Si don
» Juan le diese muerte, á mí dará gloria, y á mi
» hijo verdadera gloria, y á él eterna infamia en el
» mundo, y condenacion eterna despues de muerto.
» Y para que vean cuan léjos estoy de rendir la
» plaza y faltar á mi deber, allá va mi cuchillo, si
» acaso les falta arma para completar su atrocidad. »
Dicho esto, sacó el cuchillo que llevaba á la cintura, le arrojó al campo y se retiró al castillo.

Sentóse á comer con su esposa, reprimiendo el dolor en el pecho, para que no saliese al rostro. Entre tanto el infante desesperado y rabioso hizo degollar la víctima, á cuyo sacrificio los cristianos que estaban en el muro prorumpieron en alaridos. Salió al ruido Guzman, y cierto de donde nacia, volvió á la mesa diciendo : « Cuidé (529) que los enemigos entraban en Tarifa. » De allí á poco (530), los moros, desconfiados de vencer su constancia, y temiendo el socorro que ya venia de Sevilla á los sitiados,

(529) *Cuidé* (vieilli), pour *temi*, je craignais.
(530) *De allí á poco*, peu de temps après.

levantaron el cerco (531) que habia durado seis meses, y se volvieron á Africa sin mas fruto que la ignominia y el horror que su execrable accion merecia.

MANUEL JOSÉ QUINTANA.
Vida de Españoles célebres.

LECTURE LXV.

ESPEDICION DE CATALANES Y ARAGONESES.

Mi intento es de escribir la memorable espedicion y jornada que los Catalanes y Aragoneses hicieron á las provincias de levante, cuando su fortuna y valor (532) andaban compitiendo en el aumento de su poder y estimacion. Llamados por Andrónico Paleólogo, emperador de los griegos, en socorro y defensa de su imperio y casa, fueron favorecidos y estimados de él, en tanto que las armas de los turcos le tuvieron cuasi oprimido, y temió su perdicion y ruina; pero despues que por el esfuerzo de los nuestros quedó libre de ellas, maltratados y perseguidos con gran crueldad y fiereza (533) bárbara; de que nació la obligacion natural de mirar por su defensa y conservacion, y la causa de volver sus fuerzas invencibles contra los mismos griegos; cuyas fuerzas fueron tan formidables que causaron temor y asombro á las mayores príncipes del

(531) *Cerco*, cercle (vieilli); pour *sitio*, siége.
(532) Voyez note 523.
(533) *Fiereza* (vieilli), cruauté.

Asia y Europa, perdicion y total ruina de muchas naciones y provincias, y admiracion al mundo.

LECTURE LXVI.

CONTINUATION DU MÊME SUJET.

Obra sera esta, aun que pequeña por el descuido de los antiguos, largos en hazañas y cortos en escribillas (534), llena de varios y estraños sucesos: de guerras continuas en regiones remotas y apartadas con varios pueblos y gentes belicosas; de sangrientas batallas, victorias no esperadas : de peligrosas conquistas, acabadas con dichoso fin por tan pocos y divididos Catalanes y Aragoneses, que al principio fueron burla (535) de aquellas naciones, y despues instrumentos de los grandes castigos que Dios hizo en ellas. Vencidos los turcos en el primer aumento de su grandeza otomana, desposeidos de grandes y ricas provincias del Asia menor, y á viva fuerza y rigor de nuestras espadas, encerrados en lo mas áspero y desierto de los montes de Armenia : despues, vueltas las armas contra los griegos, en cuyo favor pasaron los nuestros, se libraron de una afrentosa muerte, y vengaron agravios que no se pudieran disimular sin gran mengua de su estimacion y afrenta de su nombre : ganaron por fuerza muchos pueblos (536) y ciudades, desbarataron y rompieron poderosos ejércitos, vencieron y mataron en

(534) Voyez note 144.
(335) *Ser burla*, être le sujet du mépris.
(536) *Pueblos*, villages, villes.

campo (537) reyes y príncipes; *hubo* (538) grandes provincias destruidas, y *fueron* muertos sus caudillos, ó desterrados sus moradores; *hubo* venganzas merecidas mas que lícitas; Tracia, Macedonia, Tesalia y Beocia *fueron* penetradas (539) y pisadas (540) á pesar de todos los príncipes y fuerzas del Oriente, y últimamente *fué* muerto á sus manos el duque de Atenas con toda la nobleza de sus vasallos, y á pesar de los socorros de franceses y griegos, ocupado el estado, y en él fundado otro señorío.

En todos estos sucesos no faltaron traiciones, crueldades, robos, violencias, sediciones; pestilencia comun, no solo de un ejército colectivo y débil por el corto poder de la suprema cabeza, pero de grandes y poderosas monarquías. Si como vencieron los catalanes á sus enemigos, vencieran su ambicion y codicia, no excediendo los límites de lo justo, y se conservaran unidos, dilataran (541) sus armas hasta los últimos fines del Oriente, y vieran Palestina y Jerusalen segunda vez las banderas cruzadas; porque su valor y disciplina militar, su constancia en las adversidades, sufrimiento en los trabajos, seguridad en los peligros, presteza en las ejecuciones y otras virtudes militares, las tuvieron en su-

(537) *Matar en campo*, tuer sur le champ de bataille.
(538) *Hubo*, il y eut, est sous-entendu dans le texte; je l'ai mis pour rendre le sens plus clair. Il en est de même de tous les mots soulignés de ce morceau.
(539) *Penetradas*, pénétrées, pour *l'invadidas*, envahies.
(540) *Pisadas*, foulées aux pieds.
(541) *Dilatar*, dilater, retarder, étendre.

mo grado en tanto que la ira no las pervertió. Pero el mismo poder que Dios les entregó para castigar y oprimir á tantas naciones, quiso que fuese el instrumento de su propio castigo, con la soberbia de los buenos sucesos, y desvanecidos con su prosperidad, llegaron á dividirse en la competencia (542) del gobierno, y divididos á matarse; con que se encendió una guerra civil tan terrible y cruel, que causó sin comparacion, mayores daños y muertes que las que tuvieron con los extraños.

FRANCISCO DE MONCADA.

LECTURE LXVII.

INTRODUCCION DE LA GUERRA DE GRANADA.

Bien sé que muchas cosas de las que escribiere parecerán á algunos livianas (543) y menudas (544) para historia, comparadas á las grandes que de España se hallan escritas. Guerras largas y de varios sucesos: tomas y desolaciones de ciudades populosas: reyes vencidos y presos: discordia entre padres y (545) hijos, hermanos y hermanas, suegros

---

(542) *Competencia*, concurrence.

(543) *Livianas*, légères, peu importantes. Les poumons s'appellent *livianos* en espagnol; c'est sans doute parce que ces organes sont très-légers qu'on appelle les choses légères, *livianas*, tant au physique qu'au moral.

(544) *Menudas*, insignifiantes.

(545) *Y*, et; suivant les règles de la grammaire de l'Académie espagnole, l'*y* conjonction se change en *é* devant un mot qui commence par *i* ou par *hi*.

y yernos, desposeidos y restituidos, y otra vez desposeidos, muertos á hierro : acabados linajes : mudadas sucesiones de reinos : libre y extendido campo, y ancha salida para escritores. Yo escogí camino mas estrecho, trabajoso, estéril y sin gloria (546), pero provechoso y de fruto para los que adelante vinieren; comienzos bajos : rebelion de salteadores : juntas de esclavos, tumulto de villanos : competencias, odios, ambiciones y pretensiones : delacion de provisiones (547) : falta de dineros : inconvenientes, ó no creidos ó tenidos en poco : remision y flojedad (548) en ánimos acostumbrados á entender, proveer y disimular mayores casos (549). Y así no será cuidado perdido considerar de cuan livianos (550) principios y causas particulares se viene á colmo de grandes trabajos, dificultades y daños públicos, y cuasi fuera de remedio. Veráse una guerra, al parecer tenida en poco (551) y liviana dentro de casa, mas fuera, estimada de gran coyuntura : (552) que en cuanto duró, tuvo atentos y no sin esperanza los ánimos de los príncipes amigos y enemigos, léjos y

(546) *Mas estrecho, trabajoso, estéril y sin gloria*, plus étroit, *plus stérile et moins* glorieux.
(547) *Dilacion de provisiones*, négligence dans les approvisionements.
(548) *Remision y flojedad*, délais et faiblesses.
(549) *A entender, proveer y disimular mayores casos*, connaitre de plus grandes affaires, y pourvoir, et les cacher.
(550) Voyez note 543.
(551) *Tener en poco*, mépriser.
(552) *Estimada de grande coyuntura*, considérée comme d'une grande importance.

cerca : primero cubierta y sobresanada (553), y al fin descubierta, parte con el miedo y la industria, y parte criada (554) con arte y ambicion.

LECTURE LXVIII.

CONTINUATION DU MÊME SUJET.

La gente que dije, pocos á pocos junta, representada en forma de ejércitos : necesitada España á mover sus fuerzas para atajar el fuego; el rey salir de su reposo y acercarse á ella (555) : encomendar la empresa á don Juan de Austria su hermano, hijo del emperador don Cárlos, á quien la obligacion de las victorias del padre moviese á dar cuenta de sí como nos muestra el suceso. En fin, pelearse cada dia con enemigos, *sufrir* (556) frio, calor, hambre, falta de municiones y de aparejos en todas partes; daños nuevos, muertes á la continua, hasta que vimos á los enemigos, nacion belicosa, entera, armada y confiada en el sitio (557), en el favor de los bárbaros y turcos, vencida, rendida, sacada de su tierra y desposeida de sus casas y bienes : presos y atados hombres y mugeres; niños cautivos vendidos en al-

(553) *Sobresanar*, guérir une blessure, cacher une chose, étouffer une révolte, une révolution.
(554) *Criar*, élever, nourrir une personne ou un animal, alimenter une guerre.
(555) *Acercarse á ella*, s'approcher d'elle, s'en mêler.
(556) *Sufrir*, souffrir, est sous-entendu dans le texte.
(557) *Sitio*, localité.

moneda (558), ó llevados á habitar tierras léjos de las suyas; cautiverio y transmigracion (559) no menor que las que de otras gentes se leen por las historias. Victoria dudosa y de sucesos tan peligrosos, que alguna vez se tuvo duda si éramos nosotros ó los enemigos á quien Dios queria castigar, hasta que el fin de ella descubrió que nosotros éramos los amenazados y ellos los castigados. Agradezcan y acepten esta mi voluntad, libre y léjos de todas las cosas de odio ó de amor, los que quisieren tomar ejemplo ó escarmiento; que esto solo pretendo por remuneracion de mi trabajo, sin que de mi nombre quede otra memoria.

DIEGO HURTADO DE MENDOZA.

Hist. de la guer contra los moriscos de Granada.

LECTURE LXIX.

VENIDA DE OSIRIS A ESPAÑA: GUERRA CONTRA GERION.

Este Osiris Dionisio fué mucho mas aventajado (560) que todos; y allende (561) de su gran esfuerzo (562) mostrábase tan enemigo de los malhechores y tiranos, que donde quiera los buscaba con extraña solicitud..... Sabiendo pues Gerion la llegada de este capitan egipciano con ejércitos victoriosos y valientes, y la voluntad que traia de le

(558) *Almoneda*, vente publique.
(559) *Transmigracion*, émigration.
(560) *Aventajado*, le meilleur, excellent.
(561) *Allende*, vieilli; pour *ademas*, outre.
(562) *Esfuerzo*, courage : vieilli.

destruir si pudiese, comenzó tambien él á juntar á
sus aficionados (563) y parientes para le resistir ó
matar. Poco despues, buscándose los unos á los
otros, acompañados de cuanta pujanza (564) po-
seian, vinieron á se topar (565) en el campo de los
españoles tartesíos, moradores cercanos á la boca
del estrecho que hace nuestra mar, entre las tierras
africanas y españolas, junto con la villa de Tarifa;
desde la cual, discurriendo (566) los años y siglos,
creció tanto su generacion, que bastaron á tomar
aquellas marinas comarcas.

Llegadas aquí las compañías de los dos príncipes
Osiris y Gerion, ordenadas sus hazes (567) en el
concierto que pudo saber y tener un tiempo tan
inocente, rompieron su batalla valerosamente, la
cual fué cruelísima, reñida con demasiadas bravezas (568); y así, pasada mucha terribilidad (569) y
fiereza (570) de ambas partes, Gerion y todo lo
principal de sus valedores quedaron allí sin remedio vencidos, muertos y destrozados. Esta se certi-
fica ser la primera batalla campal ó rencuentro poderoso de guerra que sepamos de las Españas. En-
grandecenla muy mucho (571) los autores peregri-

(563) *Aficionados*, amis, partisans.
(564) *Pujanza*, force: vieilli.
(565) *Se topar*, pour *hallarse*, se trouver.
(566) *Discurrir*, parcourir.
(567) *Hazes*, escadrons, légions, troupes.
(568) *Bravezas*, preuves de courage, cruautés.
(569) *Terribilidad*, vieilli; chose terrible.
(570) *Fiereza*, férocité.
(571) *Muy mucho*, expression vieillie; pour *mucho*, beaucoup.

nos (572), por haber acontecido dentro (573) de tiempos antiquísimos, tanto que nuestros poetas la llaman *batalla de los dioses* contra *los gigantes*, á causa, segun confiesan las historias, que este Gerion fué gigante, y que su vencedor Osiris, fué reverenciado como dios despues de muerto, mayormente (574) por las tierras egipcianas donde tuvo señorío : porque tal era la costumbre de los venerables antiguos, reputar y tener por dioses á las personas perfectamente virtuosas, y no ménos á quien procurase provechos universales y comunes por todos, cual (575) Osiris y cuantos (576) le seguian á la contínua (577) procuraban; y tambien á quien sacase nuevas invenciones (578), ingenios ó herramientas, ó destrezas ayudadoras (579) á negociar y hacer obras artificiales (580) con ménos dificultad

(572) *Peregrinos*, de mérite, bons.
(573) *Dentro*, pour *en*, dans.
(574) *Mayormente*, pour *principalmente*, surtout, principalement.
(575) *Cual*, tel que; dans les phrases comparatives.
(576) *Cuantos*, suivi immédiatement d'un des pronoms personnels à l'accusatif, signifie tous ceux que, tous ceux qui; *cuantos*, dans ce cas, s'accorde toujours en genre et en nombre avec le sujet ou avec le régime de la proposition.
(577) *A la continua*, vieille expression; pour *continuamente*, continuellement.
(578) *Sacar nuevas invenciones*. inventer.
(579) *Sacar ingenios ó destrezas ayudadoras*, faire des perfectionnements qui aident, qui facilitent.
(580) *Obras artificiales*, des œuvres d'art, des ouvrages manuels.

en esta vida mortal donde por diversos caminos todos trabajamos.

Cosa prolija seria contar la continua peregrinacion y conquistas deste singular Osiris, por diversas partes del mundo. Caminaba con ejército muy pujante, sin pretender otra cosa mas de castigar tiranos, quitar forzadores ó ladrones y destruir todo género de maldad, en que venció batallas terribles, y dió fin á hazañas (581) mucho (582) valerosas. Nunca rehusó trabajos ni fatigas, cuantos en tal caso le pudiesen recrecer (583) : donde se muestra claro que bien así como los malos se huelgan (584) con el mal, así tambien los virtuosos toman extremado placer en las obras de bondad, las cuales aunque difíciles de conseguir, tienen consigo tanto bien, que sin adherente ninguno son ellas mesmas galardon suficiente de su trabajo, como se vió por aquella batalla de Gerion, en que seyendo (585) totalmente deshecho, muerta su persona, destruida su potencia, llevó pago bastante de su perversidad, y Osiris alcanzó gloria perpetua de tan señalado vencimiento. Mas el tal Osiris, *que ni por aquello cupo* (586) jamas en su pensamiento de-

(581) *Dar fin á hazañas*, accomplir des hauts faits.
(582) *Mucho*, vieilli dans le sens de *muy*; traduisez *très*.
(583) *Recrecer*, arriver.
(584) *Holgarse*, se plaire; *holgar*, se reposer.
(585) *Seyendo*, vieilli; pour *siendo*, étant.
(586) *Que ni por aquello cupo*, chez qui, nonobstant, il n'eut.

masía (587) ni soberbia (588), mostróse clemente, gracioso y magnífico.

FLOLIAN DE OCAMPO.
Crónica general de España.

LECTURE LXX.

ESTADO DE ESPAÑA AL ADVENIMIENTO DE DON RODRIGO.

Tal era el estado de las cosas de España á la sazon ue don Rodrigo, excluidos los hijos de Witiza, se encargó del reino de los Godos por voto, como muchos sienten, de los grandes, que ni las voluntades se podian soldar (589) por estar entre sí diferentes con las parcialidades y bandos, ni tenian fuerzas bastantes para contrastar á los enemigos.

Hallábanse faltos de amigos que los socorriesen; y ellos por sí mismos tenian los cuerpos flacos, y los ánimos afeminados á causa de la soltura (590) de su vida y costumbres.

Todo era convites, manjares delicados y vinos, con que tenian estragadas las fuerzas, y con las deshonestidades de todo perdidas: y, á ejemplo de los principales, los mas del pueblo hacian (591)

(587) *Demasia*, excès.
(588) *Soberbia*, la superbe, l'orgueil avoué, vanité excessive.
(589) *Soldar*, souder, accorder, se mettre d'accord.
(590) *Soltura*, relâchement de mœurs.
(591) *Hacer vida*, mener une vie.

una vida torpe (592) y infame. Eran muy á propósito para levantar bullicios; para hacer fieros y desgarros; pero muy inhábiles para acudir á las armas y venir á las puñadas (593) con los enemigos.

Finalmente, el imperio y señorío ganado por el valor y esfuerzo, se perdió por la abundancia y deleites que de ordinario la acompañan.

Todo aquel vigor y esfuerzo con que tan grandes cosas en guerra y en paz se acabaron (594), los vicios le apagaron, y juntamente desbarataron toda la disciplina militar; de suerte que no se pudiera hallar cosa en aquel tiempo mas estragada que las costumbres de España, ni gente mas curiosa en buscar todo género de regalo.

LECTURE LXXI.

CONTINUATION DU MÊME SUJET.

Paréceme á mí que por esos tiempos el reino y nacion de los godos era grandemente miserable; pues como quier (595) que por su esfuerzo (596) hubiesen paseado gran parte de la redondez del mundo, y ganado grandes victorias, y con ellas gran renombre y riquezas; con todo eso, no faltaron quienes por satisfacer á sus antojos y pasiones

---

(592) *Torpe*, ignoble.
(593) *Venir á las puñadas*, vieille expression; mot à mot, *venir aux coups de poings*, venir aux mains.
(594) *Acabar*, finir, terminer, accomplir.
(595) *Como quier*, pour *como quiera*, quoique.
(596) *Esfuerzo*, courage.

en corazones endurecidos, pretendiesen destruirlo todo. Tan grande era la dolencia y peste que estaba apoderada de los Godos.

Tenia el nuevo rey partes (597) aventajadas (598) y prendas de cuerpo y alma que daban (599) claras virtudes : el cuerpo endurecido con los trabajos, acostumbrado al hambre, al frio y calor, y falta de sueño. Era de corazon osado para acometer cualquiera hazaña : grande su liberalidad y extraordinaria su destreza para granjear las voluntades, tratar y llevar á cabo negocios dificultosos.

Tal era ántes que le entregasen el gobernalle (600); mas luego que le hicieron rey, se trocó y afeó todas las sobredichas virtudes con no menores vicios. En los que mas señaló, fué en la memoria de las injurias, la soltura en las deshonestidades, y la imprudencia en todo lo que emprendia. Finalmente, fué mas semejante á Witiza, que á su padre ni á sus abuelos. MARIANA. *Hist. gen. de España.*

LECTURE LXXII.

LOS ESPAÑOLES ANTIGNOS Y LOS DEL SIGLO XVI.

Groseras y sin polizía (601) ni crianza (602) fue-

(597) *Partes*, des qualités.
(598) *Aventajadas*, bonnes.
(599) *Daban*, pour *mostraban*.
(600) *Gobernalle*, mot très-ancien pour *timon*, gouvernail.
(601) *Polizía*, vieilli; manières, politesse.
(602) *Crianza*, éducation.

ron antiguamente las costumbres de los españoles : sus ingenios, mas de fieras que de hombres : en guardar secreto se señalaron extraordinariamente : no eran parte (603) los tormentos, por (604) rigurosos que fuesen, para hacérsele quebrantar (605). Sus ánimos, inquietos y bulliciosos; la ligereza de los cuerpos extraordinaria (606), *eran* dados á religiones falsas y culto de los dioses; aborrecedores (607) del estudio de las ciencias, bien que de grandes ingenios : lo cual, transferidos en otras provincias mostraron bastantemente, que (608) ni en la claridad del entendimiento, ni en excelencia de memoria, ni aun en la elocuencia y hermosura de las palabras, daban ventaja (609) á ninguna otra nacion. En la guerra fueron mas valientes contra los enemigos que astutos y sagaces. El arreo (610) de que usaban *era* (611) simple y grosero; el mantenimiento (612) mas en cantidad que regalado y esquisito; bebian de ordinario agua, vino poco; contra los

───────

(603) *Ser parte para*, suffire à...
(604) Voyez note 454.
(605) *Quebrantar*, affaiblir, trahir.
(606) *Eran* est sous-entendu dans le texte. *Ser dados á*, être adonné à.
(607) *Aborrecedor*, de *aborrecer*, contempteur.
(608) *Que*, car.
(609) *Dar ventaja*, le céder.
(610) *Arreo*, équipement.
(611) *Era*, ainsi que tous les mots soulignés qui se trouvent dans ce morceau, sont sous-entendus dans le texte.
(612) *Mantenimiento*, nourriture, aliment; de *mantener*, maintenir, nourrir, alimenter.

malhechores eran rigurosos, con los extranjeros benignos y amorosos (613). Esto fué antiguamente, porque en este tiempo mucho se han acrecentado así los vicios como las virtudes. Los estudios de sabiduría florecen cuanto (614) en cualquier parte del mundo: en ninguna provincia hay mayores ni mas ciertos premios para la virtud; en ninguna nacion tienen la carrera mas abierta y patente el valor y doctrina para adelantarse. En lo que mas se señalan los españoles de hoy, es en la constancia de la religion y creencia antigua: con tanta mayor gloria, que en las naciones comarcanas (615), en el mismo tiempo todos los ritos y ceremonias se alteraron con opiniones nuevas y extravagantes. Dentro de España florece el consejo, fuera las armas. Sosegadas las guerras domésticas, y echados los moros de España, han peregrinado por gran parte del mundo con fortaleza increible. Los cuerpos de los españoles son por naturaleza sufridos (616) de trabajos y de hambre; virtudes con que han vencido todas las dificultades que han sido en ocasiones (617) muy grandes por mar y por tierra. Verdad es que en nuestra edad se ablandan (618) los naturales y enflaquezen con la abundancia de deleites, y con el aparejo que hay de todo gusto y regalo de todas maneras en

(613) *Amoroso*, aimant, bon, bienveillant.
(614) *Cuanto*, autant que.
(615) *Comarcanas*, voisines; de *comarca*, frontière, lisière, voisinage.
(616) *Sufridos*, patients.
(617) *En ocasiones*, quelquefois.
(618) *Ablandarse*, mollir, se radoucir, s'humaniser.

el vestido y comida, y en todo lo demas (619). El trato y comunicacion de las otras naciones que acuden á la fama de nuestras riquezas, y traen que son á propósito (620) para enflaquecer á los naturales con su regalo y blandura (621), son ocasion deste daño. Con esto, debilitadas las fuerzas, y estragadas (622) con las costumbres extranjeras, demas desto por la disimulacion de los príncipes, y por la licencia y libertad (623) del vulgo, muchos viven desenfrenados, sin poner fin ni tasa (624) ni á la lujuria, ni á los gastos, ni á los arreos ni galas. Por donde como dando vuelta la fortuna (625), desde el lugar mas do (626) estaba, parece á los prudentes y avisados que (mal pecado) (627) nos amenazan graves daños y desventuras, principalmente por el grande odio que nos tienen las otras naciones; cierto compañero (628), sin duda, de la grandeza y de los imperios, pero ocasionado en parte de la aspereza

---

(619) *Lo demas*, le reste.
(620) *A propósito para*, bonnes à.
(621) *Blandura*, relâchement de mœurs.
(622) *Estragar*, épuiser.
(623) *Por la licencia y libertad*, à cause du licencieux libertinage.
(624) *Fin ni tasa*, sans bornes.
(625) *Dando vuelta la fortuna*, la fortune changeant.
(626) *Do*, poétique *donde*, où.
(627) *Mal pecado*, par malheur, malheureusement.
(628) *Compañero*, compagnon se rapporte à *odio*, haine, que l'auteur a personnifiée. *Cierto compañero, sin duda de la grandeza*: résultat de l'envie que portent les autres nations à la grandeur des empires.....

6

de las condiciones (629) de los nuestros, y de la arrogancia y severidad de algunos que gobiernan.

MARIANA. *Hist. gen. de España.*

LECTURE LXXI.

DON PELAYO A LOS ASTURIANOS.

Conviene usar de presteza y de valor, para que los que tenemos la justicia de nuestra parte, sobrepujemos (630) á los contrarios en esfuerzo. Con corazones atrevidos, avivemos la esperanza de recobrar la libertad, y engendrémosla en los ánimos (631) de nuestros hermanos. El ejército de los enemigos está derramado por muchas partes, y la fuerza de su campo (632) está embarazada en Francia. Acudamos pues, con esfuerzo y corazon, que (633) esta es buena ocasion para pelear por la antigua gloria de la guerra, los altares y religion; por los hijos, mujeres, parientes y aliados, que están puestos en indigna y gravísima servidumbre. Pesada cosa es relatar sus ultrajes, nuestras miserias y peligros; y cosa muy vana encarecellas con palabras, derramar lágrimas, despedir suspiros Lo que hace al caso (634) es aplicar algun remedio á la enfermedad, dar mues-

(629) *Condicion,* condition, caractère.
(630) *Sobrepujar,* vaincre, surpasser.
(631) *Animo,* courage, esprit.
(632) *Campo,* champ; pour *ejército,* armée.
(633) *Que,* car.
(634) *Hacer al caso,* convenir.

tra (635) de vuestra nobleza; y acordaos que sois nacidos de la noblísima sangre de los Godos. La prosperidad y regalos nos enflaquecieron y hicieron caer en tantos males; las adversidades y trabajos nos aviven y nos despierten. ¡O grande y entrañable dolor (636), fortuna trabajosa y áspera, que vosotros mismos seais despojados de vuestras vidas y haciendas! todo lo cual es forzoso que padezcan los vencidos.

LECTURE LXXII.

CONTINUATION DU MÊME SUJET.

¿Poneis la confianza en la fortaleza y aspereza de esta comarca (637)? A los cobardes y ociosos ninguna cosa puede asegurar; y cuando los enemigos no nos acometiesen, ¿como podrá esta tierra estéril y menguada (638) de todo, sustentar tanta gente como se ha acogido (639) á las montañas? Pero os debeis acordar de los tiempos pasados y de los trances variables de las guerras, por donde podeis entender (640) que no vencen los muchos, sino los esforzados. Estoy determinado, con vuestra

(635) *Dar muestra*, donner un échantillon, montrer.
(636) *Entrañable dolor*, douleur qui déchire les entrailles.
(637) *Comarca*, pays, environs, position.
(638) *Menguada*, pauvre.
(639) *Acojerse*, s'abriter, se mettre à couvert, accourir.
(640) *Por donde podeis entender*, ce qui a dû vous apprendre.

ayuda, de acometer esta empresa y peligro, bien que muy grande, por el bien comun de muy buena gana (641); y en tanto que yo viviere, mostrarme enemigo, no mas á estos bárbaros que á cualquiera de los nuestros que rehusare tomar las armas y ayudarnos en esta guerra sagrada, y no se determinare de vencer ó morir como bueno (642), ántes que sufrir vida tan miserable, tan extrema (643) afrenta y desventura. La grandeza de los castigos hará entender á los cobardes, que no son los enemigos los que mas deben temer.

MARIANA. Hist. gen. de España.

LECTURE LXXIII.

RETRATO DE LOS HIPÓCRITAS.

Iban encontrando (644) algunos que en el hábito parecian monjes, y por defuera lo que se veia, de piel de oveja; mas por de dentro, lo que no se parecia, era de lobos rapaces. Notó (645) Critilo que todos llevaban capa y buena. Es instituto, dijo uno; no se puede deponer jamas, ni hacer cosa que no sea con capa de santidad (646). Con capa de necesidad

(641) *De buena gana*, volontiers, de bon cœur.
(642) *Como bueno*, en bon soldat, en brave.
(643) *Extrema*, grande.
(644) *Iban encontrando*, ils rencontraient de temps à autre.
(645) *Notar*, remarquer.
(646) *Con capa de santidad*, avec manteau de sainteté; sous le manteau de la vertu.

hay quien se regala y está bien gordo ; con capa de justicia, es el juez un sanguinario ; con capa de zelo, todo lo malea (647) un envidioso; con capa de galantería, anda la otra libertada (648). ¿Quién es aquella que pasa con capa de agradecimiento? ¿Quién ha de ser (649) sino la *Simonia*; y aquella otra, la *Usura* aplicada? Con capa (650) de servir á la república y al bien público, se cubre la *Ambicion*. ¿Quién será aquel que toma el manto para ir al sermon ó á visitar el santuario? Parece el *Festejo*.... Él es. ¡O maldito sacrílego! con capa de ayuno, ahorra la *Avaricia*; con capa de gravedad, nos quiere desmentir la ignorancia. Estos son los milagros que obra cada dia Hpocrinda (651), haciendo que los vicios pasen por virtudes, y que los malos sean tenidos por buenos, y aun mejores que los buenos, y todo con capa de virtud.

No ves aquel bendito que metido va en la suya, pues no piensa en sus bienes sino en los agenos. No se le ve la cara, á nadie mira al rostro, y á todos quita el sombrero ; descalzo anda por no incomodar, tan enemigo es (652) de buscar ruido. Hace una vida (653) extravagante ; toda la noche vela, nunca reposa, no tiene cosa ni casa suya ; así es duen-

---

(647) *Malear*, pervertir; de *malo*, mauvais.
(648) *Anda la otra libertada*, se livre telle femme au libertinage.
(649) *Quién ha de ser sino?* qui peut-il être, si ce n'est?...
(650) *Con capa*, sous prétexte.
(651) *Hipocrinda*, l'hypocrisie.
(652) *Ser enemigo de...* ne pas aimer le...
(653) *Hacer vida*, mener une vie.

de (654) de todas las agenas, y sin saber cómo ni por dónde, se entra en todas y se hace dueño de ellas. Es tan caritativo que á todos ayuda... á gastar. Este tal, con tantas prendas no suyas, mas me huele á ladron que á monje. ¡Qué lucido está aquel otro! Es honra de la penitencia; es tan bueno que no puede tenerse en pié, ni acierta á dar (655) un paso, porque no anda muy derecho (656); sabed que es hombre muy mortificado; nadie le ha visto comer jamas porque á nadie convida, y no obstante tanta austeridad para consigo (657) es muy suave; suave de dia, y suave de noche. Mas ¿como está tan lucido (658)? Ahí verás la buena conciencia. Tiene buche; no se ahoga con poco ni se ahita con cosillas; engorda con la merced de Dios, y así todos le echan bendiciones (659).

GRACIAN. *El Criticon.*

(654) *Ser duende de una casa*, se trouver dans une maison sans savoir comment ni pourquoi.

(655) *No acertar á dar un paso,* ne pas savoir faire un pas.

(656) *Andar derecho,* marcher droit, au figuré; *no andar muy derecho,* mener une conduite irrégulière, blâmable, peu édifiante.

(657) *Consigo,* avec soi-même.
(658) *Estar lucido,* prospérer.
(659) *Echar bendiciones,* bénir.

LECTURE LXXIV.

CONTINUATION DU MÊME SUJET.

Tambien hay soldados cofrades de la Aparieucia (660) tan buenos cristianos que ni aun al enemigo quieren hacer mala cara, y por eso, no le ven. ¿Ves aquel? pues en dando un *Santiago* (661), se mete á peregrino. En su vida se sabe que haya hecho mal á nadie. No temas que beba él de la sangre de su contrario; el dia de la muestra (662) es soldado, y hermitaño el de la batalla. Es de tan sano corazon que siempre le hallarán en el cuartel de la salud (663). No es nada vanaglorioso, y así suele decir que mas quiere escudo que armas (664).

Aquel otro es tenido por un pozo de sabiduría mas

---

(660) *Soldados cofrades de la apariencia*, des soldats poltrons, mais assez adroits pour passer pour braves.

(661) *Dar un Santiago*, pousser un cri de guerre. *Santiago*, saint Jacques, est le patron des soldats espagnols depuis que le roi Ramiro Ier battit les Maures à la bataille de Covadonga en invoquant saint Jacques, qui, selon la légende, apparut à cheval armé de toutes pièces, et mit en fuite les légions maures.

(662) *De la muestra*, de la revue, de la parade.

(663) *El cuartel de la salud*, le quartier de la santé, l'hôpital, l'arrière-garde, la réserve.

(664) *Mas quiere escudo que armas*, il aime mieux les écus que les armes. L'auteur joue avec le mot *escudo* qui signifie écu et bouclier.

honda que profunda (665), y él dice que en esto esta su gozo, y que mas valen tontos que testa (666); por lo que no se cansa en estudiar; su mayor concepto dice ser el que dél se tiene (667); y aun todos los agenos los vende por suyos, que para eso compra libros.

Mira bien, repara en aquel ministro de justicia. ¡Qué justiciero se muestra! ¡qué zeloso! No hay alcalde Ronquillo (668) rancio ni fresco Quiñones que le llegue (669); con nadie se ahorra (670), y con todos se viste; á todos les va quitando las ocasiones del mal (671) para quedarse con ellas; siempre va en busca de ruindades (672), y con este título (673), entra en todas las casas ruines libremente;

(665) *Mas honda que profunda*, plus cachée que profonde. *Hondo* signifie profond, caché, obscur.

(666) *Mas valen tontos que testa*, mieux vaut avoir affaire à des imbéciles, que d'avoir du talent.

(667) *Concepto*, signifie phrase spirituelle, trait d'esprit, ou bien opinion qu'on a de quelqu'un. *Su mayor concepto es el que de él se tiene*, son plus grand esprit est la bonne opinion qu'on a de lui.

(688) *Alcalde Ronquillo*. L'alcalde Ronquillo était un alcade très-juste, ce qui, étant très-rare en Espagne, est devenu proverbial. *Alcalde Ronquillo*, signifie juge incorruptible.

(669) *Quiñones*, autre juge, dont la probité est devenue proverbiale. *Llegarse*, à quelqu'un, signifie lui être comparé, pouvoir lui être comparé.

(670) *Ahorrarse con alguno*, épargner quelqu'un.

(671) *Ir quitando las ocasiones del mal*, voler tout le monde sous prétexte d'enlever à chacun l'occasion de pécher en lui enlevant les richesses.

(672) *Ruindades*, bassesses.

(673) *Con este título*, sous ce prétexte.

desarma á los valientes, y hace en su casa una armería; destierra á los ladrones por quedar él solo; siempre va repitiendo justicia (674), pero no por su casa.

Veis allí á un hombre mas liviano que un bofe (675), y que parece en lo exterior mas grave que un presidente... Cada dia acontece salir de aquí un sujeto amoldado en esta oficina (676), instruido en esta escuela en competencia (677) de otro de aquella de arriba (678), de la verdadera virtud, pretendiendo ambos (679) una dignidad, y parecer este mil veces mejor, hallar mas favor, tener mas amigos, y quedarse el otro corrido (680), y aun cansado, porque los mas (681) en el mundo no examinan lo que cada uno es, sino lo que parece; y creedme, que de

(674) *Siempre va repitiendo justicia*, il a toujours le mot justice à la bouche.

(675) *Mas liviano que un bofe*, plus léger qu'un poumon.

(676) *Oficina*, laboratoire.

(677) *En competencia*, en concurrence.

(678) *De aquella de arriba*, de celle d'en haut, c'est-à-dire que chaque jour se lève un hypocrite pour faire la concurrence à un homme vertueux. La *oficina*, ou laboratoire, c'est le monde, *la de ariba*, celle d'en haut, c'est-à-dire le laboratoire d'en haut, c'est le ciel. Ainsi, la phrase de l'auteur, *cada dia sale de aqui un sugeto amoldado en esta oficina instruido en esta escuela en competencia de otro de la de arriba*, doit se traduire par : le monde produit chaque jour un sujet formé à ses ruses qu'il oppose à un être vraiment vertueux, formé par le ciel à toutes les vertus.

(679) *Ambos*, tous deux.

(680) *Y quedarse el otro corrido*, et que l'autre reste confus.

(681) *Los mas*, la plupart.

6.

léjos tanto brilla un claveque (682) como un diamante : pocos conocen las finas virtudes y saben distinguirlas de las falsas.

LECTURE LXXV.

CONTINUATION DU MÊME SUJET.

¿Cómo es eso? dijo Andrenio, que queria aprender este arte de parecer y como se hacen estos milagros.

Yo os lo diré. Aquí tenemos variedad de formas (683) para amoldar á cualquier sujeto por incapaz (684) que sea, y ajustarle (685) de piés á cabeza. Si pretende alguna dignidad, le hacemos luego cargado de espaldas (686), si casamiento, que ande luego mas derecho que un huso, y aunque sea un chisgarabis (687), le hacemos que muestre autoridad, que ande á espacio (688), hable pausado, arquee las cejas para gesto de ministro ó de ministero (689), y para subir alto que hable bajo. Poné-

(682) *Claveque*, pierre fausse imitant le diamant, strass.
(683) *Formas*, moules.
(684) Voyez note 454.
(685) *Ajustar*, marchander, équiper, déguiser, arranger, parer.
(686) *Cargado de espaldas*, qui a le dos bombé. *Hacer cargado de espaldas á alguno*, courber la tête de quelqu'un.
(687) *Chisgarabis*, petit et diforme.
(688) *A espacio*, pour *despacio*, lentement.
(689) *Para gusto de ministro ó de ministerio*, propre à plaire aux personnes dont il peut avoir besoin, flatteur.

mosle anteojos, aunque vea mas que un lince, que *los anteojos* autorizan grandemente (690), y mas cuando los desenvaina, y se los calza en una gran nariz. A mas de esto tenemos muchas maneras (691) de tintes, que de la noche á la mañana transfiguran á las personas de cuervo en cisne callado: y si hablare que sea palabras confitadas; si tiene piel de víbora le damos un baño (692) de paloma, de modo que no muestre la hiel aunque la tenga, ni se enoje jamas, pues se pierde en un instante de cólera cuanto se ha ganado de crédito de juicio en toda la vida: ménos muestra la liviandad ni en el dicho ni en el hecho (693). Aquí está todo en el bien parecer, que ya en el mundo no se atiende á lo que son las cosas, sino á lo que parecen. Cobrad opinion (694) y conservadla; eso es saber, pero no es cosa difícil, pues los mas viven de crédito; no os metais en estudiar, pero alabaos con arte: todo médico y letrado han de ser de ostentacion (695). Mucho vale el pico (696), que hasta un papagallo, porque lo tiene, halla lugar en los palacios y ocupa el mejor balcon. Mirad que os digo, que si sabeis vivir, os sabreis acomo-

(690) *Autorizar*, donner de l'autorité.
(691) *Muchas maneras*, différentes sortes.
(692) *Si tiene piel de víbora, le damos un baño...* s'il a une peau (l'air) d'une vipère, nous lui donnons un bain (l'apparence d'une).
(693) *Ni en el dicho, ni en el hecho*, ni par ses paroles, ni par ses actions.
(694) *Cobrar opinion*, acquérir bonne réputation.
(695) *Ser de ostentacion*, payer de mine.
(696) *El pico*, le bec; traduisez: *le babil*.

dar (697), sin trabajo ninguno, sin que os cueste cosa (698), sin sudar, ni reventaros de sacar persona (699), por poco que parezcais que podeis ladearos (700) con los mas verdaderos virtuosos, con el hombre mas de bien: y sino tomad ejemplo en la gente de autoridad y experiencia, y vereis lo que han aprovechado con mis reglas y cuan grande predicamento (701) están hoy en el mundo ocupando los mayores puestos... Trataba (702) ya Andrenio de tomar el hábito de una buena capa para toda libertad y profesar de hipócrita, cuando volviéndose al consejero, le preguntó: Dime por tu vida, larga sino buena, ¿con esta virtud fingida, podremos conseguir la felicidad verdadera? ¡O pobre de mí! le respondió Cristilo, en eso hay mucho que decir. ...

GRACIAN. El Criticon.

LECTURE LXXVI.

LEYES DE LA REINA VEJEZIA.

A nuestros muy amados señores y hombres buenos, á los beneméritos de la vida y despreciadores de la muerte, ordenamos, mandamos y encargamos:

(697) *Acomodar*, se placer à l'aise, faire son chemin dans le monde.
(698) *Cosa*, précédé d'une négation signifie : rien.
(699) *Sacar persona*, rendre une personne capable de...
(700) *Ladearse con*, hanter être l'égal de...
(701) *Predicamento*, utilité.
(702) *Tratar de*, penser, songer à...

Primeramente: Que no solo puedan sino que deban decir las verdades, sin escrúpulo de necedades: que si la verdad tiene muchos enemigos, tambien ellos muchos años y poca vida que perder. Al contrario, se les prohiben severamente las lisonjas activas y pasivas, esto es, que ni las digan ni las escuchen, porque desdice mucho de su entereza un tan civil artificio (703) de engañar, y una tan vulgar simplicidad de ser engañado.

Item: Que den consejos por oficio como maestros de prudencia, catedráticos (704) de experiencia; y esto sin aguardar á que se los pidan, que ya no lo practica la necia presuncion. Pero atento á (705) que suelen ser estériles las palabras sin las obras, se les amonesta que procedan de modo que siempre precedan los ejemplos á los consejos.

Darán su voto en todo, aunque no les sea demandado, que monta mas el de un solo viejo chapado (706), que los de cien mozos caprichosos...

Alabarán siempre lo pasado, que de verdad lo bueno fué, y lo malo es: el bien se acaba, y el mal dura.

Podrán ser malcontentadizos (707), por cuanto (708) conocen lo bueno y se les debe lo mejor.

Dáseles licencia para gritar y reñir, porque se ha

(703) *Civil artificio*, ruse commune.
(704) *Catedráticos*, professeurs; de *cátedra*, chaire.
(705) *Atento á*, considérant que...
(706) *Chapado*, fort, ferme.
(707) *Malcontentadizos*, difficiles à contenter; de *contentar* contenter.
(708) *Por cuanto*, parce que...

advertido (709) que luego (710) anda perdida una casa en donde no hay un viejo que riña, y una suegra que gruña.

Cuiden de no ser muy liberales, atendiendo á que no les falte la hacienda y les sobre la vida...

No darán cuenta á nadie de lo que hacen, ni tendrán que pedir consejo, sino para aprobacion.

LECTURE LXXVII.

CONTINUATION DU MÊME SUJET.

Podrán tambien quitarse los años, ya (711) por los que les impondrán, ya por los que ellos en su juventud se pusieron...

Tendrán licencia para no sufrir y quejarse con razon, viéndose mal servidos de criados perezosos, enemigos suyos dos veces, por amos y por viejos (712); que todos vuelven la espalda al sol que se pone (713) y los ojos hácia el que sale. Sobre todo viéndose odiados de ingratos yernos y de nueras viejas, haránse estimar y escuchar diciendo : Oid, mozos, á un viejo, que cuando era mozo, los viejos le escuchaban.

Intimamos á los viejos por fuerza, á los podridos

---

(709) *Advertir*, remarquer.
(710) *Luego*, bientôt.
(711) *Ya*, soit.
(712) *Por amos y por viejos*, parce qu'ils sont maîtres et parce qu'ils sont vieux.
(713) *Ponerse el sol*, se coucher, le soleil.

y no maduros, á los caducos y no ancianos, á los que en muchos años han vivido poco : primeramente, que entiendan y se lo persuadan que realmente están viejos, sino en la madurez en la caducquez (714); sino en la ciencia en la impertinencia; sino en prendas (715), en achaques (716).

Item mas. Que así como á los jóvenes se les prohibe casarse hasta cierta edad, así tambien á los viejos desde tal edad en adelante : y esto en pena de la vida, si con mujer moza; si con hermosa, en costa de la hacienda y de la honra.

Que no puedan enamorarse, y mucho ménos darlo á entender; ni asentar plaza de galanes (717) en pena de la risa de todos. Podrán empero pasear los cementerios, donde envió á uno cierta dama, como apalabrado con la muerte...

No vistan de gala los que huelen á mortaja, y entiendan que el traje que para un jóven seria decente, para ellos es gaitería (718).

GRACIAN. *El Criticon*.

LECTURE LXXVIII.

CONTINUATION DU MÊME SUJET.

Que no quieran ser ahora enfadosos (719) los

(714) *Caduquez*, caducité.
(715) *Prendas*, qualités.
(716) *Achaques*, infirmités de la vieillesse.
(717) *Asentar plaza de galanes*, afficher la galanterie de jeunes gens.
(718) *Gaitería*, arlequinade.
(719) *Enfadosos*, ennuyeux, sévères.

que en algun tiempo fueron muy desenfadados (720); ni como el lobo, prediquen ayuno despues de hartos. Sobre todo, no sean avaros y miserables, viviendo pobres para morir ricos; y se persuadan que es una necia crueldad contra sí mismos, tratarse ellos mal, par aque se regalen sus ingratos herederos; vistiéndose de ropas viejas, para guardarles á ellos las nuevas en las arcas.

Los condenamos cada dia á nuevos achaques (721) con retencion de los que ya tienen. Que sean sus ayes (722) ecos de sus pasados gustos, que si aquellos dieron al quitar (723) estos al durar, y así como los placeres fueron bienes muebles serán los pesares males fijos (724).

Que vayan de continuo (725) cabeceando (726), no tanto por negar sus años, cuanto por señar (727) la muerte:... y adviertan que viven afianzados, no para gozar del mundo, sino para poblar las sepulturas.

Que anden llorando por fuerza (728) los que vi-

---

(720) *Desenfadados*, libres, libertins, d'une conduite, de mœurs relâchées, par trop indulgents pour eux-mêmes.

(721) Voyez note 716.

(722) *Ayes*, plaintes.

(723) *Dar al*, s'obstiner à, sonner l'heure de...

(724) *Fijos*, fixes, immeubles.

(725) *De continuo*, continuellement.

(726) *Cabecear*, branler la tête.

(727) *Señar*, vieilli; pour *hacer señas á...* faire des signes, appeler.

(728) *Llorar por fuerza*. L'auteur fait allusion aux larmes involontaires, à la sécretion qui coule des yeux des vieillards

vieron muy de grado (729), y sean Heráclitos en la vejez los que Demócritos en la mocedad.

Que lleven en paciencia (730) el burlarse de ellos y de sus cosas los jóvenes, llamándolas caduqueces (731), manías y vejeces, por cuanto (732) de ellos mismos lo aprendieron y desquitan (733) á los pasados. Ni se espanten de verse tratados como niños los que jamás acabaron de ser hombres, ni se quejen de que no hagan caso de ellos sus propios hijos de los que no supieron hacer casa.

Que los que tienen ya un pié en la sepultura, no tengan el otro en los verdes prados de sus gustos; ni sean verdes (734) en la condicion los que tan verdes en la complexion, y en todo caso eviten de parecer pisaverdes (735) los amarillos (736) y pisasecos (737). Impónenseles todas estas obligaciones y otras muchas mas, acompañadas de maldiciones de sus familiares, y dobladas de sus nueras.

GRACIAN. *El Criticon.*

(729) *De grado*, de bon gré.
(730) *Llevar en paciencia*, souffrir patiemment.
(731) *Caduqueces*, des manies de vieillard.
(732) *Por cuanto*, vu que.
(733) *Desquitar*, acquitter, venger.
(734) *Ni sean verdes*, ni soient verts... ni n'aient une trop verte vieillesse, trop peu grave.
(735) *Pisaverdes*, fats, petits-maitres.
(736) *Amarillos*, les jaunes, ceux que la vieillesse a jaunis.
(737) *Pisasecos*, desséchés par la vieillesse.

LECTURE LXXIX.

REFORMA DE PROVERBIOS.

Mandamos que ningun cuerdo (738) en adelante diga : *Quien tiene enemigos no duerma;* ántes lo contrario, que se recoja temprano á su casa, se acueste luego y duerma : que se levante tarde, y no salga de casa hasta salido el sol.

Item. Que nunca mas se diga : *Quien no sabe de abuelo no sabe de bueno;* ántes bien, *no sabe de malo;* pues no sabe que fué un sombrero un carnicero, ó peor aun.

Item. Que nadie diga : *Los casamientos y las riñas de priesa;* por cuanto (739) no hay cosa que se haya de tomar mas despacio que el irse á matar ó á casar.

Que por ningun pretexto se diga : *Voz del pueblo, voz del cielo.* Dígase, *voz del pueblo, voz de la ignorancia;* puesto que de ordinario, por la boca del vulgo suelen hablar todos los diablos.

Que ninguno se atreva á decir en adelante : *No me den consejos, sino dineros;* que el buen consejo es dinero y vale un tesoro ; y al que no tenga buen consejo no le bastará una India ni aun dos.

Item. No se diga : *Honra y provecho no caben en*

---

(738) *Cuerdo*, homme sensé, de bon sens.
(739) Voyez note 708.

un saco; puesto que hoy, quien no tiene no es tenido (740).

Item. No se diga : *Ande yo caliente, riase la gente;* las mujeres solas podrán decir cuando van muy escotadas (741), *ándeme yo fria, mas que todo el mundo se ria.*

Mándase enmendar el de : *Bien haya quien á los suyos se parece* (742), que no se ha de estender á los hijos y nietos de alguaciles, escribanos, alcabaleros (743), farsantes venteros y *altra simile canalla.*

Item. Declárase ocioso el : *Cobra buena fama, y échate á dormir;* pues ya ántes de cobrarla, se echan á dormir todos.

Extínguese el : *Quien no sabe pedir, no sabe vivir* (744); pues el pedir es morir para los hombres de bien; dígase : *quien no sabe sufrir, no sabe vivir.*

GRACIAN. *El Criticon.*

(740) *Ser tenido,* être considéré.
(741) *Escotadas,* décolletées.
(742) *Bien haya quien á los suyos se parece;* béni soit qui ressemble aux siens, à ses parents.
(743) *Alcabaleros,* receveurs des contributions, fermiers généraux.
(744) *Quien no sabe pedir no sabe vivir,* qui ne sait pas demander, ne sait pas vivre.

LECTURE LXXX.

CONSEJOS DEL MORO BENHAATIN A PEDRO EL CRUEL, TOCANTE AL GOBIERNO DE SU REINO.

(*Style très-ancien.*)

Dad á las cosas sus pertenencias (745), é en comunal guisa (746) asosegad (747) los corazones espantados de vos, é dad á gustar á gentes pan de paz é de sosiego, é apoderallos é enseñoreallos en sus algos (748), é en sus villas, é en sus fijos (749), que asaz (750) pasaron por ellos premias (751) é afincamientos (752) en cosas que non ovistes (753) dello sinon complir (754) voluntat (755). É todas las cosas porque vos aborrecieron sean tiradas con (756) las

---

(745) *Pertenencias*, ce qui appartient.
(746) *Guisa*, manière.
(747) *Asosegar*, tranquilliser.
(748) *Apoderallos y enseñoreallos en sus algos*, rendez les maîtres, et seigneurs de leurs biens.
(749) *Fijos*, pour *hijos*. Voyez note 509.
(750) *Asaz*, assez.
(741) *Premia*, oppression.
(752) *Afincamiento*, violence, passe droit, vexation, humiliation.
(753) *Ovistes*, pour *hubisteis*, vous eûtes.
(754) *Complir*, pour *cumplir*, accomplir.
(755) *Voluntat*, pour *voluntad*.
(756) *Tiradas con*, remplacées par.

sus contrarias (757), é mostralles arrepentimiento de todo lo pasado: é honrad á los grandes; é guardadvos de las sangres é de los algos (758) de vuestros súbditos, sinon con derecho de justicia: é alegrad el rostro, é abrid la mano, é cobraredes la bienquerencia (759). Non aventajedes (760) á los que non tovieron (761) con vos en vuestros menesteres, sobre los que tovieron con vos á la dicha porque la envidia non haya logar (762). É dad los oficios á los que les pertenecen, puesto que no (763) los querades (764) bien; é non los dedes (765) á los que non son pertenecientes á ellos puesto que (766) los bien querades: é bien podedes facer (767) otros bienes á los que bien queredes. Guardadvos de los honrados que enfambrezistes (768), é de los de pequeño es-

(757) *Las sus contrarias*, celles qui leur sont contraires.
(758) *Guardaos de las sangres et de los algos*, gardez-vous de verser le sang ou de prendre le bien.
(759) *Bienquerencia*, amour.
(760) *Aventajedes*, pour *aventajeis*, avantagez.
(761) *Tovieron*, pour *tuvieron*, eurent, tinrent.
(762) *Logar*, pour *lugar*, lieu.
(763) *Puesto que*, malgré.
(764) *Querades*, pour *querais*.... Anciennement les Espagnols terminaient toutes les deuxièmes personnes du pluriel des verbes en *des*, au lieu de les terminer en *is*, comme aujourd'hui.
(765) Voyez note 764.
(766) Voyez note 763.
(767) Voyez note 509.
(768) *Enfambrecer*, affamer, de *fambre*, *hambre*, faim. Voyez pour le *f* changé en *h*, note 509.

tado (769) que fartastes (770). É reparad en el reyno lo que se destruyó, porque (771) olviden las gentes los yerros, é quiten de los corazones lo que vos ensañaron é afincaron (772). É advenidvos (773) con vuestros comarcanos en tal sazon como agora estades; ca (774) las llagas son aun frescas, é con esto faredes (775) muro sin costa entre vos é vuestros enemigos...

Castilla es follada (776) é despreciada de gentes extrañas, é muchos de los grandes de vuestro regno (777) son finados (778) en las guerras, é los algos (779) fallescidos (780): é tal facienda (781) menester ha gran remedio, é non ha otro remedio, salvo el conorte (782) é el sosiego, é cobrir (783) lo que se descubrió de la vergüenza. Ca, dijo un sabidor con-

(769) *Los de pequeño estado*, les gens de rien.

(770) *Fartar;* pour *hartar*, rassasier, combler.

(771) *Porque*, afin que.

(772) *Ensañaron é afincaron*, ce qui vous rendit cruel et injuste. *Ensañar*, rendre cruel, *afincar*, offenser, blesser, vexer.

(773) *Advenir*, vieilli; pour *avenir*, s'accorder, être bien avec.

(774) *Ca*, vieilli; pour *pues*, car.

(775) Voyez notes 509 et 764.

(776) *Follar*, détruire, dévaster, ruiner.

(777) *Regno*, pour, *reino*, royaume.

(778) *Finar*, mourir; *finados*, morts.

(779) *Algos*, biens.

(780) *Fallescer*, perdre, détériorer, ruiner.

(781) *Facienda*, chose, bien, propriété.

(782) *Conorte*, ordre.

(783) *Cobrir* pour *cubrir*, couvrir, cacher.

sejando (784) al honrado: que olvide los yerros que le son fechos (785). É dijo otro sabidor (786) : si oviese entre mí é las gentes un cabello, non se cortaria; ca cuando ellos tirasen yo aflojaria, é cuando ellos aflojasen yo tiraria. É recibid siempre los disculpamientos (787) de los vuestros, puesto que (788) sepades que son mentirosos, ca mejor es, que descobrir las verdades.

PEDRO LOPEZ DE AYALA
Crónica del rey don Pedro.

LECTURE LXXXI.

CONTINUATION DU MÊME SUJET.

É siempre gradesced (789) á los que bien facen (790), puesto que (891) á vos non fagan menester, sinon se excusarán de vos servir á la hora de vuestro menester... É el tener las gentes en poco (792) es locura manifiesta, que en los homes (793) hay muchos de malos saberes, (794) é de malos come-

---

(784) *Consejar, aconsejar*, conseiller.
(785) Voyez note 509.
(786) *Sabidor*, sage.
(787) *Disculpamiento*, excuse.
(788) Voyez note 763.
(789) *Gradescer, agradecer*, être reconnaissant de.
(790) Voyez note 509.
(797) Voyez note 763.
(792) *Tener en poco*, mépriser.
(793) *Home*: hombre.
(794) *De malos saberes*, dont le savoir est nuisible.

dimientos (795); é el verter las sangres sin merecimiento, é la muerte de los profetas fizieron muchos males en este mundo....

Sabed, que la humildanza (896) de los homes que es por fuerza (797), non es durable, é la que es por voluntad é por grado (798) es propia é durable; é cuando se dañan sus voluntades, muévense los corazones, é los ojos, é las lenguas, é las manos. É puesto que (799) vos non temades de sus juntamientos (800), debedes vos temer de sus maldiciones, é de pensamientos de sus corazones; ca, cuando se juntan las voluntades de los corazones sobre qualquiera cosa, son oidas en los cielos, como se probó é se prueba, cuando se detienen las aguas en los grandes menesteres. É magüer (801) non temades de lo uno nin de lo otro, debedes temer de la vuestra nombradía (802) en la vida é en la muerte; ca, la buena nombradía es vida segunda; é muchos de los buenos religiosos aborrecieron la vida é amaron la muerte...

(795) *É de malos comedimientos*, et dont les actions sont mauvaises.
(796) *Humildanza, humildad*, humilité.
(797) *Que es por fuerza*, forcée.
(798) *Por grado*, de bon gré.
(799) *Puesto que*, quoique.
(800) *Juntamientos*, rassemblements.
(801) *Magüer*, quoique.
(802) *De la vuestra nombradía*, pour votre renommée.

LECTURE LXXX.

CONTINUATION DU MÊME SUJET.

La manera (803) del rey con sus gentes, es semejada (804) al pastor con su ganado. Sabida cosa es el uso del pastor con su ganado, é la gran piedad que ha con él, que anda á le buscar la mejor agua, é el buen pasto, é la gran guarda que le face de contrarios, como de lobos : trasquilarle de lana des que apesga (805), é ordeñar la leche en manera que non faga daño á la ubre, nin apoque sus carnes, nin fambriente (806) sus fijos. É dijo un home á su vecino : Fulano, tu cordero llevaba el lobo, é fuí en pos (807) dél. ¿A do está? É él le dijo : Dególlele é comíle. É él díjole : Tú é el lobo uno sodes (808). É si el pastor que usa desta guisa con el ganado, lleva mala vida, ó deja de ser pastor, ¡cuánto mas debe ser el rey con sus súbditos é naturales!

É la otra ocasion del dañamiento (809) del rey, es que quiere complir su talante (810) é tal como este, fácese siervo puesto que sea rey, é apodérase

---

(803) *La manera*, la position.
(804) *Semejar*, comparer.
(805) *Apesgar*, surcharger, peser trop.
(806) *Fambrientar*, affamer.
(807) *Ir en pos*, suivre.
(808) *Sodes*, sois, vous êtes.
(809) *Dañar* nuire : *dañamiento*, mal qu'on fait.
(810) *Talante*, volonté.

sobre él su apetito, é de su voluntad fácele su cautivo é siervo, é tira dél su nobleza é su propiedad; é tírale el escripto que ha de su mejoría sobre las bestias (811). É es fea cosa el que quiere que sean los homes sus captivos, é fácese el captivo del que non debe... Otra ocasion del dañamiento del rey, es la crueldad é la mengua (812) de piedad; é el rey que dellas usa rescrescerá (813) entre él é los suyos gran escándalo, é fuirán dél como el ganado de los lobos, por natura é por aborrencia; é excusarán el su provecho, é buscarán manera para ello...

Don Pedro lopez de Ayala.
Crónica del rey don Pedro.

LECTURE LXXXI.

ESCENA IV DEL 1ᵉʳ ACTO DEL SÍ DE LAS NIÑAS.

DOÑA IRENE, DON DIEGO.

Irene. Es muy gitana (814) y muy mona (815).

Diego. Tiene un donaire natural que arrebata.

---

(811) *El escripto que ha de mejoría sobre las bestias*, le titre qu'il a d'amélioration sur les bêtes,..... la noblesse qui le distingue de la brute.

(812) *Mengua*, manque.

(813) *Rescrescer*, faire naître.

(814) *Gitana*, gracieuse comme une gitane.

(815) *Mona*, adroite comme un singe, gracieuse.

Irene. ¿Qué quiere Vm? (816) Criada (817) sin artificio ni embelecos (818) de mundo, contenta otra vez al lado de su madre, y mucho mas de considerar tan inmediata su colocacion (819); no es maravilla que cuanto hace y dice sea una gracia, y maxime (820) á los ojos de Vm., que tanto se ha empeñado en favorecerla.

Diego. Quisiera solo que se esplicase libremente acerca de nuestra proyectada union y.....

Irene. Oiria Vm. lo mismo que he dicho ya.

Diego. Sí, no lo dudo; pero el saber que merezco alguna inclinacion, oyéndoselo decir con aquella boquita (821) tan graciosa que tiene, seria para mí una satisfaccion imponderable.

Irene. No tenga Vm. sobre este particular la mas leve desconfianza; pero hágase Vm. cargo de que á una niña no le es lícito decir con ingenuidad lo que siente. Mal pareceria, señor don Diego, que una doncella de vergüenza (822), y criada como Dios manda, se atreviese á decirle á un hombre: Yo le quiero á Vm. (823).

(816) *Vm.* est l'abréviation de *vuestra merced*, vous. Aujourd'hui on écrit *V.* qui est à la fois l'abréviation de *vuestra merced*; de *Usía*, votre seigneurie; et de *Vuescelencia*, votre excellence.

(817) *Criada*, élevée, nourrie; servante.
(818) *Embelecos*, grimaces.
(819) *Colocacion*, placement, établissement, mariage.
(820) *Maxime*, surtout.
(821) *Boquita*, petite et jolie bouche.
(822) *Doncella de vergüenza*, demoiselle modeste.
(823) *Le quiero á Vm.* je vous aime.

Diego. Bien, si fuere un hombre á quien hallara por casualidad en la calle, y le espetara (824) este favor de buenas á primeras (825), cierto que la doncella haria muy mal; pero á un hombre con quien ha de casarse dentro de pocos dias, ya pudiera decir alguna cosa que.... Ademas que hay ciertos modos de esplicarse...

Irene. Conmigo usa de mas franqueza. A cada instante hablamos de Vm. y en todo manifiesta el particular cariño que á Vm. tiene. ¿Con qué juicio hablaba ayer noche despues que Vm. se fué á recoger! (826) No sé lo que hubiera dado porque hubiese Vm. podido oirla.

Diego. ¿Y qué? ¿hablaba de mí?

Irene. ¡Y qué bien piensa acerca de lo preferible que es para una criatura (827) de sus años un marido de cierta edad, esperimentado, maduro y de conducta!

Diego. ¡Calle! ¿Eso decia?

Irene. No, eso lo decia yo, y me escuchaba con una atencion, como si fuera una mujer de cuarenta años. ¡Buenas cosas le dije!

Diego. Cierto que es un dolor el ver rodeados de hijos á muchos que carecen de esperiencia y de la virtud necesaria para dirigir su educacion.

Irene. Lo que sé decir á Vm. es, que aun no

---

(824) *Espetar,* dire de prime abord, dire crûment.
(825) *De buenas á primeras,* sans autre prélude, de prime abord.
(826) *Irse á recoger,* se retirer, aller se coucher.
(827) *Criatura,* enfant, jeune homme ou jeune fille.

habia cumplido los diez y nueve (828) cuando me
casé de primeras nupcias con mi difunto don Epifanio, que esté en el cielo : y era un hombre que,
mejorando lo presente (829), no es posible hallarse de mas respeto, mas caballeroso, y al mismo
tiempo mas divertido y decidor (830). Pues ya
tenia los cincuenta y seis muy largos de talle (832)
cuando se casó conmigo.

LECTURE LXXXII.

CONTINUATION DU MÊME SUJET.

Diego. Buena edad : no era niño. Pero....
Irene. Pues á eso voy..... ni se podia convenirme' entónces un boquirrubio (833) con la cascos
á la gineta (834). No, señor.... y no es decir tampoco que estuviese achacoso (835) ni quebrantado
de salud (836) : nada de eso. Sanito estaba, gracias

---

(828) *Años,* ans, sous-entendu.
(829) *Mejorando lo presente,* formule de politesse qui répond à *sans vous offenser.*
(830) *Decidor,* discur, spirituel.
(832) *Largos de talle,* longs de taille ; en parlant des années, bien sonnées.
(833) *Boquirrubio,* jeune muscadin à la moustache blondine ; composé de *boca,* bouche, et de *rubio,* blond.
(834) *Con los cascos á la gineta,* écervelé ; *cascos* signifie tête, *á la gineta,* légère.
(835) *Estar achacoso,* être infirme, être cassé ; de *achaque,* infirmité de la vieillesse.
(836) *Quebrantado de salud,* maladif.

á Dios, como una manzana : ni en su vida conoció otro mal, sino una especie de alferecía (837) que le amagaba de cuando en cuando; pero luego que nos casamos dió en darle (838) tan á menudo y tan recio, que á los siete meses (839) me hallé viuda, y en cinta de una criatura que nació despues, y que al cabo y al fin se murió de alfombrilla (840).

Diego. ¡Oiga! mire Vm. si dejó sucesion el señor don Epifanio.

Irene. Sí, señor : ¿ pues, porqué no?

Diego. Lo digo porque luego saltan con (841)....
Bien que si uno hubiera de hacer caso.... Y ¿ fué niño, ó niña?

Irene. Un niño muy hermoso. Como una plata, era el angelito.

Diego. Cierto que es consuelo tener así una criatura, y....

Irene. ¡Ay, señor! dan malos ratos; pero ¿qué importa? Es mucho gusto, mucho.

Diego. Yo lo creo.

Irene. Sí, señor.

Diego. Ya se ve (842) que será una delicia, y....

Irene. ¿ Pues no ha de ser? (843)

(837) *Alferecía,* épilepsie.
(838) *Dió en darle,* s'obstina à le prendre.
(839) *A los siete meses,* sept mois après.
(840) *Alfombrilla,* rougeole maligne.
(841) *Saltár con,* dire tout de suite que...
(842) *Ya se ve,* certainement.
(843) ¿ *Pues no lo ha de ser?* sans doute.

Diego. Un embeleso (844) el verlos juguetear, y reir, y acariciarlos, y merecer sus fiestecillas (845) inocentes.

Irene. ¡Hijos de mi vida! veinte y dos he tenido en los tres matrimonios que llevo hasta ahora, de los cuales solo esta niña me ha venido á quedar; pero le aseguro á Vm. que......

Don Leandro Fernandez de Moratin.
En el Si de las niñas.

LECTURE LXXXIII.

EL CABALLERO DE INDUSTRIA.

Has de saber que en la corte hay siempre el mas necio, el mas rico y el mas pobre; y los extremos de todos las cosas. La corte disimula (846) los malos y esconde á los buenos, y en ella hay unos géneros de gentes, como yo, á quienes no se conoce raiz ni mueble, ni otra cosa de la cual desciendan los tales. Entre nosotros nos diferenciamos (847) con diferentes nombres: los unos nos llamamos caballeros *hebenes* (848), otros *hueros* (849), *chanflones* (850), *chirles* (851), traspilla-

---

(844) *Embeleso,* charme, chose charmante.
(845) *Fiestecillas,* petites caresses.
(846) *Disimular,* dissimuler, cacher.
(847) *Diferenciarse,* se distinguer.
(848) *Heben,* futile, léger, écervelé.
(849) *Huero,* vide de bons sens.
(850) *Chanflon,* mal bâti, contrefait, grossier.
(851) *Chirle,* bruyant.

dos (852). Es nuestra abogada la Industria. Pasamos mas de una vez los estómagos de vacio (853), que (854) es gran trabajo traer la comida en manos agenas (855). Somos sustos de los banquetes, polilla de los bodegones, y convidados por fuerza: sustentámonos del aire y andamos contentos (856). Somos gente que comemos un puerro, y representamos un capon. Entrará uno en nuestras casas á visitarnos, y hallará nuestros aposentos llenos de huesos de carnero y aves, y mondaduras de frutas: la puerta embarazada con plumas y pellejos de gazapos: todo lo cual cogemos de parte dé noche (857) por el pueblo para honrarnos con ello de dia. Reñimos (858) en entrando el huésped (859). ¿Es posible que no he de ser yo poderoso para (860) que barra esa moza (861)? Perdone vuesa merced, que han comido aquí algunos amigos, y estos criados.......... etc. Quien no nos conoce, cree que es así, y pasa por convite (862). ¿Pues

(852) *Traspillado*, amaigri par la faim, affamé, dans la débine.
(853) *De vacio*, à vide.
(854) *Que*, car.
(855) *Traer la comida en manos agenas*, apporter le manger dans les mains d'autrui, vivre au jour le jour.
(856) *Andar contento*, vivre content.
(857) *De parte de noche*, pendant la nuit.
(858) *Reñimos*, nous grondons.
(859) *En entrando el huésped*, dès que notre hôte paraît.
(860) *Ser poderoso para*, pouvoir obtenir.
(861) *Moza*, servante.
(862) *Pasa por convite*, on croit que nous avons eu du monde invité.

qué diré del modo de comer en casas agenas? En hablando á uno media vez (863), sabemos su casa, y, siempre á hora de mascar, le decimos que nos llevan sus amores (864).

LECTURE LXXXIV.

CONTINUATION DU MÊME SUJET.

Si nos preguntan si hemos comido, si ellos no han empezado, decimos que no; si nos convidan, no esperamos al segundo convite, porque de estas aguardadas (865) nos han sucedido (866) grandes vigilias. Si ha empezado á comer, decimos que sí, y aunque parta muy bien el ave (867), pan ó carne, ó lo que fuere, para tomar ocasion de engullir algun bocado decimos : Ahora déjeme vuestra merced servirle de maestresala (868), que solia, Dios le tenga en el cielo (y nombramos un señor muerto, duque ó conde), gustar mas de verme partir (869) que de comer. Diciendo esto, tomamos el cuchillo, y partimos bocaditos (870), y al cabo (871) decimos : ¡O qué bien huele! Cierto

---

(863) *Hablar á uno media vez*, connaître à peine quelqu'un.
(864) *Nos llevan sus amores*, nous les aimons beaucoup.
(865) *De estas aguardadas*, d'attendre.
(866) *Sucedido*, résulté, arrivé.
(867) *Partir el ave*, découper la volaille.
(868) *Maestresala*, maître d'hôtel, maître de cérémonies.
(879) *Partir*, découper, couper la volaille.
(870) *Bocaditos*, de petits morceaux.
(871) *Al cabo*, à la fin.

que haria agravio á la guisandera (872) en no probarlo (873). ¡Qué buena mano tiene! Y diciendo y haciendo, va (874) en prueba el medio plato; el nabo por ser (875) nabo, el tocino por ser tocino, y todo por lo que es. Cuando esto nos falta, tenemos cita con la melopia (876) de algun convento; pero no la tomamos en público, sino en secreto, haciendo creer á los frailes que es mas devocion que necesidad (877).

LECTURE LXXXV.

CONTINUATION DU MÊME SUJET.

Es de ver (878) uno de nosotros en una casa de juego, con el cuidado que sirve y despabila las velas. ¡Cómo mete naipes (879), y solemniza las cosas del que gana (880)! todo por un triste de barato (881). Tenemos de memoria, toda la ropería

(872) *Guisandera*, cuisinière; de *guisar*, cuisiner.
(873) *Probar*, goûter.
(874) *Va*, passe, nous avalons.
(875) *Por ser*, parce qu'il est.
(876) *Melopia*, la soupe que les moines distribuent aux mendiants à la porte des couvents.
(877) *Que es mas devocion que necesidad*, que c'est plutôt par dévotion que par besoin.
(878) *Es de ver*, il fait beau voir.
(879) *Meter naipes*, flater celui qui tient les cartes, seconder celui qui triche.
(880) *Solemnizar las cosas del que gana*, flatter, cajoler celui qui gagne.
(881) *De barato*. Il est une habitude dans les maisons de jeu-

vieja (882), para lo que toca á vestirnos, y como en algunas casas hay hora señalada para la oracion, la tenemos nosotros para remendarnos. Como tenemos por enemigo declarado al sol, por cuanto (883) nos descubre los remiendos, puntadas y trapos, nos ponemos abiertas las piernas de mañana (884) á sus rayos, y en la sombra del suelo, vemos las que hacen los andrajos y hilarachas (885) de las entrepiernas, y con unas tijeras, les hacemos la barba á las calzas (886). Como se gastan mucho las entrepiernas, es de ver (887) como quitamos cuchilladas (888) de atras, para poblar las delanteras (889); por eso solemos traer la trasera en puras bayetas (890) : mas sábelo solo la capa y guardámonos de dias de aire, de ir á caballo, y de subir por escaleras claras. Estudiamos posturas contra la luz, y en los dias claros andamos las piernas muy juntas y hacemos reverencias con los

---

d'Espagne, qui consiste à donner quelques sous aux parasites qui veulent les bons coups du sort : on appelle cela *dar el barato*, donner le bon marché; en France cela s'appelle *donner le denier au diable*.

(882) *La ropería vieja*, les magasins de vieux habits de hasard.

(883) *Por cuanto*, parce que.

(884) *De mañana*, de bon matin.

(885) *Hilarachas*, de la charpie.

(886) *Calzas*, culottes.

(887) Voyez note 878.

(888) *Cuchilladas*, des morceax d'étoffes.

(889) *Delanteras*, le devant.

(890) *En puras bayetas*, sans rien que la doublúre.

tobillos (891); porque si abren las rodillas se ve el ventanaje (892).

LECTURE LXXXVI.

CONTINUATION DU MÊME SUJET.

No hay cosa nuestra que no haya sido otra cosa, y que no tenga su historia. Verbi gracia (893): bien vé vuesa merced esta ropilla, pues primero fué gregüescos (894), nieta de una capa y biznieta (895) de un capuz; ahora solo le queda salir á soletas (896). Los escarpines (897) primero son pañizuelos (898), habiendo sido toallas, y ántes camisas, hijas de sábanas, y despues los aprovecharemos para papel (899); y en el papel escribimos, y despues hacemos polvos para resucitar los zapatos, que ya incurables, los he visto yo revivir con semejantes medicamentos. Pues, ¿qué diré del modo con que de noche huimos de las luces, porque no se vean los herreruelos calvos, y la s-

(891) *Hacer la reverencia con los tobillos*, faire la révérence avec les chevilles, ne pas saluer.
(892) *Ventanaje*, les fenêtres, les trous.
(893) *Verbi gracia*, par exemple.
(894) *Gregüescos*, espèce de culottes, *grégues*.
(895) *Biznieto*, arrière petit-fils.
(896) *Salir á soletas*, devenir semelle de bas.
(897) *Escarpines*, morceau de toile qu'on portait dessous les bas en Espagne.
(898) *Pañizuelo*, mouchoir.
(899) *Para papel*, pour faire du papier.

ropillas lampiñas (900); no hay mas pelo en ellas que en un guijarro, que es Dios servido (901) de dárnosle en la barba y quitárnosle en la capa. Para no gastar en barberos, aguardamos siempre que otro de los nuestros tenga pelambre (902), y entónces nos rapamos el uno al otro, conforme lo del Evangelio : *Ayudaos como buenos hermanos.*

LECTURE LXXXVII.

CONTINUATION DU MÊME SUJET.

Tenemos cuenta de no andar (903) los unos por las casas de los otros; pues si alguno de los nuestros va á casa que frecuentamos andan los estómagos en zelos (904). Vamos poco á caballo, mas sí en coche, las mas veces (905) en la arquilla ó en la trasera (906); pero si alguna vez vamos dentro, es un gusto vernos sacar una vara (907) de puescuezo, y hacer cortesías desde la puertecilla á todo el mundo, para que nos vean, y hablar á los conocidos, aunque miren á otra

(900) *Lampiñas*, sans barbe, sans poil, râpées.
(901) *Ser Dios servido*, plaire à Dieu.
(902) *Pelambre*, besoin d'être pelés ou râpés; de *pelar*, peler, faire le poil, raser, et de *hambre* : faim d'être pelé.
(903) *Tener cuenta*, avoir soin ; *andar*, marcher ; *andar por*, rôder, hanter.
(904) *Andar en zelos*, devenir, être jaloux.
(905) *Las mas veces*, souvent.
(506) *En la arquilla ó en la trasera*, sur le siége, à côté du cocher, ou derrière comme un laquais.
(907) *Vara*, mesure qui fait soixante-dix-huit centimètres environ.

parte. Si nos come (908) delante de alguna dama, tenemos traza para rascarnos en público sin que se vea:
si es en el muslo, contamos que vimos á un soldado
atravesado desde tal parte, y señalamos con las manos aquella que nos comen, rascándonos en vez (909)
de enseñarla; si es en la iglesia, y come el pecho,
nos damos *sanctus* (910), aunque sea en el *introibo*.
En la calle, arrimamos la espalda en una esquina,
y como si nos empinásemos (911) para ver alguna
cosa, nos rascamos contra la pared.

LECTURE LXXXVIII.

CONTINUATION DU MÊME SUJET.

¿Qué diré del mentir? Jamas se halla la verdad en nuestra boca : encajamos condes y duques en las conversaciones, unos como amigos,
otros por deudos (912); y advertimos (913) que
los tales señores esten muertos ó muy léjos. Lo
que mas es de notar (914), es que nunca nos
enamoramos sino de *pane lucrando*, pues veda

---

(908) *Si nos come*, si la vermine nous mord.
(909) *En vez*, au lieu.
(910) *Darse un sanctus*, se frapper la poitrine au *sanctus*.
(911) *Empinarse*, se redresser comme un pin, se redresser
sur la pointe des pieds.
(912) *Deudo*, parent.
(913) *Advertimos*, nous avons soin.
(914) *Ser de notar*, être digne de remarque.

la órden las damas melindrosas (915) por lindas que sean; y así siempre andamos enamorando bodegoneras por la vida, huéspedes (916) por posada, y la abridora de cuellos (917) por el que uno lleva. Quien vea estas botas mias, ¿cómo pensará que andan caballeras (918) en las piernas en pelo, sin medias ni otra cosa? Y quien viere este cuello, ¿porqué ha de pensar que no tengo camisa? Pues todo esto le puede faltar á un *caballero*, señor licenciado; pero cuello abierto y almidonado, no: porque es grande ornato de la persona, y despues de haberle de una parte á otra, es de sustento (919), porque se ceba el hombre en el almidon, chupándole con destreza. En fin, señor licenciado, un *caballero* de nosotros ha de tener mas faltas que un mal escrito, y con esto vive en la corte. Ya (920) se ve en prosperidad y con dineros, ya en el hospital; pero por fin se vive, y el que sabe bandearse (921) es rey, con poco que tenga (922).

FRANCISCO QUEVEDO. *Vida del Gran Tacaño*.

(915) *Melindrosas*, recherchées, coquettes, difficiles, précieuses, prétentieuses.
(916). *Huésped*, hôte, maître d'un hôtel garni.
(917) *Abridora de cuellos*, repasseuse de fraises; de *abrir*, repasser, lisser: aujourd'hui on dirait *aplanchadora*, de *planchar*.
(918) *Andar caballero*, aller à cheval.
(919) *Sustento*, nourriture.
(920) *Ya*, soit qu'il...
(921) *Bandearse*, se tirer d'affaire.
(922) *Con poco que tenga*, quelque peu qu'il ait.

LECTURE LXXXIX.

EL PEDAGOGO AVARIENTO.

Habia en Segovia un licenciado cabra, que tenia por oficio criar (923) hijos de caballeros, y envió allá el suyo mi amo, y á mí para que le acompañase y sirviese. Entramos primer domingo despues de cuaresma en poder de la hambre viva, porque tal laceria (824) no admitia encarecimiento. Él era un clérigo cerbatana (925), largo (926) solo en el talle, una cabeza pequeña, pelo bermejo; no hay mas que decir (927) á quien sabe aquel refran : *ni gato ni perro de aquella color;* los ojos avecindados en (928) el cogote, que parecia que miraba por cuébanos (929), tan hundidos y tan oscuros que pudieran servir para tiendas de mercaderes (930). La nariz entre Roma

(923) *Criar,* nourrir, élever.
(924) *Laceria,* ladrerie, avarice, misère, sordide mesquinerie.
(925) *Cerbatana,* maigre et long, un vrai tuyau à paroles.
(926) *Largo,* long, généreux. C'est à cause de cette double signification que l'auteur joue avec ce mot.
(927) *No haber mas que decir,* être tout ce que l'on peut dire.
(328) *Avecindar,* demeurer tout près, être voisin.
(929) *Mirar por cuébanos,* regarder comme du fond d'une hotte.
(930) *Que pudieran servir para tiendas de mercaderes,* qui pourraient servir de boutique à un marchand. L'auteur tire cette comparaison de l'habitude qu'ont les marchands espa-

y Francia (931), porque se la habian comido unas bubas de resfriado y no de vicio por costar este dinero. Las barbas descoloridas de miedo de la boca vecina, que de pura hambre (932), parecia que amenazaba comérselas; los dientes le faltaban no sé cuantos, y pienso que por holgazanes y vagamundos se los habian desterrado. El gaznate largo como avestruz, con una nuez (933) tan salida que parecia se iba á buscar de comer, forzada de la necesidad; los brazos secos, las manos como un manojo de sarmientos cada una.

LECTURE XC.

CONTINUATION DU MÊME SUJET.

Mirado de medio abajo, parecia tenedor ó compas, con dos piernas largas y flacas. Su andar muy despacio; si se descomponia, sonaban los huesos como tablillas de san Lázaro. La habla ética, la barba grande, que nunca se la cortaba por no gastar : y él decia que era tanto el asco que le daba el

---

gnols d'avoir des magasins avec un faux jour pour mieux tromper les chalans.

(931) *Entre Roma y Francia*, entre Rome et France. *Romo*, signifie *camard*; et l'on suppose en Espagne que le caractère distinctif des nez français, c'est d'être courbés. L'auteur a donc voulu dire : le *nez camard*, et courbé comme le bec d'un perroquet.

(932) *De pura hambre*, se trouvant très-affamée.

(933) *Nuez*, noix, la luette du cou.

ver las manos del barbero por su cara, que ántes se dejara matar, que tal permitiese. Tenia un bonete, los dias de sol, ratonado (934) con mil gateras (935) y guarniciones de grasa; era de cosa que fué paño con fondos de caspa. La sotana, segun decian algunos, era milagrosa, porque no se sabia de qué color era. Unos viéndola sin pelo, la tenian por de cuero de rana; otros decian que era ilusion; desde cerca parecia negra, y desde léjos entre azul (936); llevábala sin ceñidor, no traia cuello ni puños (937); parecia con los cabellos largos, y la sotana mísera, lacayuelo (938) de la muerte. Cada zapato podia ser tumba de un filisteo. Pues ¿su aposento? ni aun arañas habia en él: conjuraba los ratones, de miedo que le royesen algunos mendrugos de pan que guardaba. La cama tenia en el suelo, y dormia siempre de un lado, por no gastar las sábanas; al fin él era archipobre y protomiseria.

FRANCISCO QUEVEDO. *Vida del Gran Tacaño.*

(934) *Ratonado*, rongé par les rats.
(935) *Gatera*, trou au-bas des portes par où passent les chats, chattière.
(936) *Entre azul*, bleuâtre.
(937) *Puño*, poing, manchette.
(938) *Lacayuelo*, mauvais, ignoble laquais; composé de *lacayo*, laquais, et de *uelo*, particule diminutive qui dénote le mépris.

LECTURE XCI.

EL HIDALGO MONTAÑES.

Yo iba caballero en un rucio de la Mancha (939), y bien deseoso de no topar (940) á nadie, cuando desde léjos ví venir á un hidalgo bien portante (941), con su capa puesta, espada ceñida, calzas (942) atacadas (943), y botas, y al parecer bien puesto : el cuello abierto (944) y el sombrero de lado. Sospeché que era algun caballero que dejaba atras su coche, y así emparejando (945) le saludé. Miróme y díjome :

— Irá vuesa merced, señor licenciado (946), en ese borrico (947) con harto (948) mas descanso que yo con todo mi aparato.

Yo que entendí que por aparato señalaba el coche y criados que sin duda dejaba atras, dije :

(939) *Rucio de la Mancha,* un bel âne.
(940) *Topar,* vieilli ; pour *encontrarse,* rencontrer.
(941) *Bien portante,* de bonne mine.
(942) *Calzas,* hauts-de-chausses.
(943 *Atacadas,* lacées.
(944) *Abierto,* fraîchement repassé.
(945) *Emparejar,* se joindre à quelqu'un.
(946) *Licenciado,* licencié. On appelait ainsi par politesse tous les étudiants espagnols, de même qu'en France on appelle *colonel,* un lieutenant colonel, etc.
(947 *En ese borrico,* sur cet âne. Remarquez qu'en espagnol on dit *sentarse en la silla,* s'asseoir dans la chaise, et non *sobre la silla,* sur la chaise.
(948) *Harto,* assez, beaucoup.

— En verdad, señor, que lo tengo por mas apacible (949) caminar que en el coche, porque vuesa merced vendrá en el que trae detras, y deben incomodarle los vuelcos que da (950).

— ¿Cuál coche? dijo él muy alborotado (951). Y al volver atras con la fuerza que hizo, se le cayeron las calzas, porque se le rompió una agujeta que traia, la cual era tan sola, que tras (952) verme tan muerto de risa de verle, me pidió una prestada. Yo que ví que de la camisa no se le veia sino una ceja, le dije:

— Por Dios, señor, que si vuesa merced no aguarda á sus criados, yo no puedo socorrerle, pues vengo atacado únicamente (953).

— Si hace vuestra merced burla, dijo él, con las chacondas en la mano, vaya (954), porque no entiendo eso (955) de los criados. Y aclarándose tanto en materia de ser pobre, me confesó á media legua que anduvimos, que si no le hacia merced de dejarle subir en el borrico un rato, no le era posible pasar (956) á la corte, por ir causado de caminar con las bragas (957) en los puños. Movido á compasion me apeé; y como él no podia soltar las calzas, hú-

---

(949) *Tener por apacible,* avoir pour agréable.
(950) *Dar vuelcos,* en parlant d'une voiture, cahoter.
(951) *Alborotado,* alarmé.
(952) *Tras,* outre; *tras,* suivi d'un verbe, signifie toujours outre, en outre.
(953) *Unicamente,* avec une seule aiguillette.
(954) *Vaya,* soit.
(955) *Eso,* ce que vous dites.
(956) *Pasar,* se rendre.
(957) *Bragas,* braies, culottes anciennes.

bele yo de subir; y espantóme lo que descubrí, al ver que debajo de la capa traia calzones de carne pura. Él que sintió lo que yo habia visto, como discreto (958) se previno diciendo :

LECTURE XCII.

CONTINUATION DU MÊME SUJET.

—¡ Señor licenciado! no es oro todo lo que reluce. Pues aun no ha visto nada vuesa merced, que (959) hay tanto que ver en mí como tengo, porque nada cubro. Véme aquí vuesa merced un hidalgo hecho y derecho (960), de casa y solar (961) montañes, que si como sustento la nobleza, me sustentare ella, no hubiera mas que pedir; pero ya (962), señor licenciado, sin pan y carne no se sustenta buena sangre, y por la misericordia de Dios, todos la tienen muy colorada (963), y no puede ser hidalgo el que nada tiene. Ya he caido en la cuenta de ejecutorias (964), despues que hallándome en ayunas un dia, no quisieron dar sobre ella en un bodegon dos tajadas. ¿Pues decir que no tienen letras de

(958) *Como discreto*, en homme d'esprit.
(959) *Que*, car.
(960) *Hecho y derecho*, accompli.
(961) *De casa y solar*, de vieille souche.
(962) *Pero ya*, mais aujourd'hui.
(963) *Colorado*, rouge.
(964) *Caer en la cuenta*, apprécier à sa juste valeur.

oro (965)? Pero mas valiera el oro en monedas que no en letras, y con todo hay muy pocas letras con oro (966). He venido hasta mi sepultura por no tener sobre que caer muerto, que la hacienda de mi padre Toribio Rodriguez Vallejo Gomez de Ampuero (que todos estos nombres traia) se perdió en una fianza : solo el *don* me queda por vender (967), y soy tan desgraciado que no hallo nadie con necesidad de él...

Preguntéle como se llamaba, á dónde iba, y á qué; él me respondió :

— Llámome don Toribio Vallejo Gomez de Ampuero y Jordan.

Tras esto dijo que iba á la corte, porque un mayorazgo raido (968) como él en un pueblo corto, olia mal á dos dias (969), y no se podia sustentar, y que por eso se iba á la patria comun, á donde caben todos, y á donde hay mesas francas para estómagos aventureros : y nunca, añadió, cuando entro en la corte me faltan cien reales en la bolsa, cama, de comer, y cosas vedadas; porque la industria en la corte es piedra filosofal que vuelve en oro cuanto toca.

FRANCISCO QUEVEDO. *Vida del Gran Tacaño*.

(965) *Pues decir que no tienen letras de oro?* Et ne pensez pas qu'elles ne sont pas écrites en lettres d'or.
(966) *Hay muy pocas letras con oro.* Par *lettres* l'auteur entend lettres de noblesse, titres nobiliaires.
(967) *Por vender*, à vendre.
(968) *Raido*, qui montre la corde.
(969) *A dos dias*, deux jours après.

LECTURE XCIII.

LA NOVIA SOBERBIA DOMADA.

El casamiento se fizo (970) é levaron (971) la novia á casa de su marido, é los moros han por costumbre que adoban (972) de cenar á los novios, é pónenles la mesa, é déjanlos su casa fasta (973) en otro dia, y ficiéronle así aquellos; pero estaban los padres y las madres y parientes del novio é de la novia con gran rezelo, cuidando (974) que otro dia (975) fallarian (976) al novio muerto, ó muy mal trecho (977). É luego que ellos fincaron (978) solos en casa, asentáronse á la mesa, y ántes que ella (979) uyase (980) á decir cosa (981), cató (982) el novio en derredor de la mesa, é vió un su alano (983), é díjole ya cuanto bravamente (984): Ala-

(970) *Se fizo*, pour *se hizo*.
(971) *Levaron*, pour *llevaron*.
(972) *Adobar*, pour *preparar, guisar*.
(073) *Fasta*, pour *hasta*.
(974) *Cuidar*, pour *temer*.
(975) *Otro dia*, le lendemain.
(976) *Fallar*, pour *hallar*.
(977) *Mal trecho*, pour *maltratado*.
(978) *Fincar*, pour *quedar*.
(979) *Ella (la novia)*.
(980) *Uyase*, pour *pensát*.
(981) *Cosa*, pour *algo*.
(982) *Catar*, pour *ver*.
(983) *Alan*, pour *perro*.
(984) *Ya cuanto bravamente*, pour *muy enfadado*.

no, dadnos agua á las manos (985). El perro no lo fizo (986); y él se comenzó á ensañar (987), é díjole mas bravamente (988) que le diese agua á las manos; y el perro non lo fizo.

LECTURE XCIV.

CONTINUATION DU MÊME SUJET.

Y despues que vió que non lo facia, levantóse muy sañudo (989) de la mesa, é metió mano á la espada, é enderezó (990) al alano, é cortóle la cabeza, é las piernas, é los brazos, é fízolo todo piezas (991), y ensangrentó toda la casa é la mesa. É ansí, mucho (992) sañudo y ensangrentado tornóse (993) á sentar á la mesa, é cató al derredor (994), é vió un blanquete (995), é mandó que le diese agua á las manos; é porque non lo fizo, díjole: ¿Cómo ¡falso traidor! non oiste lo que fize (996) al alano, porque non quiso facer lo que

(985) *Dar agua á las manos*, pour *dar agua para lavar las manos*.
(986) *Fizo*, pour *hizo*.
(987) *Ensañar*, pour *encolerizar*.
(988) *Bravamente*, pour *enfadado*.
(989) *Sañudo*, pour *colérico*.
(990) *Enderezó*, pour *se fué*.
(991) *Facer piezas*, pour *despedazar*.
(992) *Mucho*, pour *muy*.
(993) *Tornóse*, pour *se volvió*.
(994) *Derredor*, pour *rededor*.
(995) *Blanquete*, pour *gato*.
(996) *Fize*, pour *hice*.

mandé? Yo prometo, que si un punto mas porfias conmigo, que eso mismo faré (997) á tí que al alano; é porque non lo fizo, levantóse é tomóle por las piernas, é dió con él á la pared (998) é fízole mas de cien pedazos, mostrando muy mayor (999) saña, que contra el alano.

LECTURE XCV.

CONTINUATION DU MÊME SUJET.

Y ansí bravo é sañudo, faciendo malos continentes (1000) tornóse á sentar á la mesa, é cató á todas partes: é la muger que le vió esto facer, tuvo (1001) que estaba loco, é fuera de seso (1002), é non decia nada. É desde que ovo catado (1003) á toda parte, vió á su caballo que estaba en casa; él non habia mas que aquel, é díjole bravamente que le diese agua á las manos, y el caballo non lo fizo; é desque (1004) vió que non lo fizo, díjole: ¡Cómo, don caballo! ¿cuidades (1005) que porque non he otro caballo, que por eso vos dejaré, si non ficiéredes (1006) lo

(997) *Faré*, pour *haré*.
(998) *A la pared*, pour *en la pared*.
(999) *Muy*, pour *mucho*.
(1000) *Continentes*, pour *rostro airado*.
(1001) *Tuvo*, pour *pensó*.
(1002) *Fuera de seso*, hors de cervelle, égaré, insensé.
(1003) *Catado*, pour *mirado*.
(1004) *Desque*, pour *así que*.
(1005) *Cuidades*, pour *pensades*, *pensais*.
(1006) *Ficiéredes*, pour *hicieredes*, *hiciereis*.

8

que vos mandare? Tan mala muerte vos daré como á los otros: é non ha (1007) cosa viva en el mundo que non faga (1008) lo que yo mandare, que eso mismo non le faga. El caballo estuvo quedo, é desque él vió que non facia (1009) su mandado, fué á él, é cortóle la cabeza, é con la mayor saña (1010) que podia mostrar, despedazábalo todo. É cuando la muger vió que matara (1011) el caballo non habiendo otro, é que decia que esto faria (1012) á cualquier cosa que su mandado no fiziese (1013), tuvo (1014) que esto ya non se facia (1015) por juego: ovo (1016) tan gran miedo, que non sabia si era muerta ó viva.

LECTURE XCVI.

CONTINUATION DU MÊME SUJET.

Y él ansí bravo é sañudo, tornóse á la mesa jurando que, si mil caballos, é hombres, é mugeres él oviese (1017) en casa, que le saliesen de manda-

(1007) *Ha*, pour *hay*.
(1008) *Faga*, pour *haga*.
(1009) *Facia*, pour *hacia*.
(1010) *Saña*, pour *ira*.
(1011) *Matara*, pour *mataba*.
(1012) *Faria*, pour *haria*.
(1013) *Fiziese*, pour *hiciese*.
(1014) *Tuvo*, pour *pensó*.
(1015) Voyez note 1009.
(1016) *Ovo*, pour *tuvo*.
(1017) *Oviese*, pour *tuviese*.

do (1018), que todos serian muertos; y asentóse, é
cató á toda parte, teniendo la espada ensangrentada
en el regazo (1019). É desque (1020) cató á una
parte y otra é non vió cosa viva, volvió los ojos
contra su muger muy bravamente, é díjole con gran
saña, teniendo la espada sacada (1021) en la mano :
Levantadvos (1022), é dadme agua á las manos. E
la muger que non esperaba otra cosa sinon que la des-
pedazaria toda, levantóse muy apriesa, é dióle agua
á las manos. Él dijo : ¡ Ay, cómo agradezco (1023) à
Dios porque fizisteis lo que mandé! ca de otra g
sa (1024) por el pesar que estos locos non ficieron (1025), eso oviera (1026) yo fecho á vos que à
ellos. É despues mandóle que le diese de comer, é
ella fízolo : é con tal son lo decia, que ella cuidaba (1027) que la cabeza era ida por el polvo. É ansi
pasó el fecho (1028) entre ellos aquella noche : é
nunca fabló (1029) ella, mas facia todo lo que el
mandaba; é desque ovieron (1030) dormido una

(1018) *Saliesen de mandado*, pour *no le obedecieran*
(1019) *En el regazo*, sur les genoux.
(1020) Voyez note 1004.
(1021) *Sacada*, pour *desnuda*.
(1022) *Levantadvos*, pour *levantaos*.
(1023) *Agradecer*, être reconnaissant.
(1024) *Guisa*, pour *modo*.
(1025) *Ficieron*, pour *hicieron*.
(1026) *Oviera*, pour *hubiera*.
(1027) *Cuidaba* pour *pensaba*.
(1028) *Fecho*, pour *hecho*.
(1029) *Fabló*, pour *habló*.
(1030) *Ovieron*, pour *hubieron*.

pieza (1031) dijo él á ella : Con esta saña que
ove (1032) esta noche, no pude dormir; catad (1033)
que no me despierte nadie, é tenedme bien adobado (1034) de comer.

LECTURE XCVII.

CONTINUATION DU MÊME SUJET.

É cuando fué gran mañana, los padres é las
madres é los parientes allegáronse (1035) á la
puerta; é cuando non fablaba ninguno, cuida-
ron (1036) que el novio estaba muerto ó feri-
do (1037), é desque vieron entre las puertas á la
novia é non al novio, cuidáronlo (1038) mas. É
cuando la novia los vió á la puerta, llegó muy á
paso (1039) é con gran miedo, é comenzóles luego á
decir : Traidores, ¿qué facedes (1040)? ¿Cómo
osades llegar á la mi puerta, sin fablar (1041)? Ca-
llad, sino tambien vosotros como yo, todos somos
muertos. É cuando todos esto oyeron, fueron muy

(1031) *Pieza*, pour *rato*.
(1032) *Ove*, pour *tuve*.
(1033) *Catad*, pour *tened cuidado*.
(1034) *Adobado*, pour *guisado*.
(1035) *Allegar*, pour *llegar*.
(1036) *Cuidar*, pour *temer*.
(1037) *Férir*, pour *herir*.
(1038) Voyez note 1036.
(1039) *Muy á paso*, pour *muy despacio*.
(1040) *¿Qué facedes?* pour *¿qué hacéis?*
(1041) *Fablar*, pour *hablar*.

maravillados; é desque sopieron (1042) como pasaron las cosas aquella noche, preciaron (1043) mucho al mancebo (1044) porque ansí supiera (1045) facer lo que le cumplia (1046), é castigara (1047) tambien su casa. É de aquel dia en adelante, fué aquella muger mucho bien mandada (1048), é ovieron (1049) muy buena vida. É dende á pocos dias (1050) su suegro quiso facer ansí como fizo su yerno, é por aquella manera mató un caballo, é díjole la muger : A fe don Fulano, tarde vos acordades que ya nos conocemos.

EL INFANTE DON JUAN MANUEL.
En el Conde de Lucanor.

(1042) *Sopieron*, pour *supieron*.
(1043) *Preciar*, pour *apreciar*.
(1044) *Mancebo*, pour *marido*.
(1045) *Supiera*, pour *sabia*.
(1046) *Lo que le cumplia*, pour *lo que convenia*.
(1047) *Castigara*, pour *castigaba*.
(1048) *Bien mandada*, pour *obediente*.
(1049) *Ovieron*, pour *pasaron*.
(1050) *Dende á pocos dias*, pour *pocos dias despues*.

EJERCICIOS

PARA LA APPLICACION DE LO YA APRENDIDO EN LAS LECTURAS PRECEDENTES.

EJERCICIO PRIMERO.

CARTA DEL PADRE DE ISLA A UN AMIGO SUYO.

Querido amigo, ¡qué sobrehumana fuerza es esta! ¡Qué alma ha jamas sido capaz de tan heróicas acciones! ¡Temes, te persuades que estoy necesitado, y quieres partir conmigo lo poco que te queda! Mereces que te erijan estatuas : y si fuera este el tiempo de la gentilidad, te adorarian como al dios de la amistad. Yo no puedo esplicarte mi reconocimiento á la piedad que usas conmigo. Es cosa deplorable el verse en estado de necesitarla : pero ¡cuan dulce y consolante es encontrar almas tan tiernas y tan grandes como la tuya, que lo compadezcan! Todos mi infortunios, todos mis males son nada, en comparacion de la satisfaccion que me causa tu humanidad y afecto. ¡Ya sé, sí, ya sé que tu corazon ejercita su beneficencia, no para recibir el ligero tributo del reconocimiento, sino para satisfacer su noble inclinacion. Pero ¿como quieres que deje de ser reconocido á san singulares beneficios, como recibo de tu generosa amistad? Eso no puede ser, amigo; con que permitirás que, obedeciendo á la voz imperiosa de mi corazon, te diga que mi gratitud será indeleble, y que mi afecto para tí tendrá un siempre por término de su duracion.

Envíame solo la mitad de lo que me ofreces, y sobrará para hacer de muy pobre, muy rico á tu fino amigo.

ISLA.

EJERCICIO II.

OTRA.

A otro amigo, hablándole de la ciudad de Bolonia.

Amigo y señor, estoy vivo, robusto, alegre, flaco y viejo. Voy á entrar en los setenta años. No me morí á tres jornadas de Turin, llamado del rey de Cerdeña, segun dijeron en Bilbao, no sé para qué. Nada tengo y nada me falta, porque estoy mas contento con mi nada, que cuando me sobraba todo. He tenido gran consuelo en saber de vuestras mercedes dos, ó de vuestra merced uno. Este pais no puede ser mas delicioso, ni la ciudad mas magnífica, ni la gente noble mas tratable. Limpieza, policia y cultura: espresiones, cuantas vuestra merced quisiere; mas no se hable de otra cosa. Los templos y edificios soberbios, palacios suntuosos, muebles especiales, calles espaciosas, carrozas, tabernáculos, caballos frisones (salvo que son de azabache), mugeres polifemas, literatos á pasto, academias como paja, plaza abundantísima, comercio grande y bullicioso, hombres que corren, damas que vuelan, y frailes que bailan. Este es el pueblo en donde vivo, las campañas, jardines, palacios, casinas, bosques, huertas, arroyos, rios, pozos, fuentes; y en una misma pieza, viña, monte, tierra y huerta. Los caminos públicos como las calles de los jardines reales de Aranjuez y San Ildefonso: los alimentos de bella apariencia, pero de poca sustancia. El vino es la mitad agua, pero sabe á vino. Las damas mas damas lo beben como allá se bebe la orchata. Puede hacer hidrópicos, pero no borrachos; hablo del vino venal. Está vuestra mercen obedecido en la descripcion que me pide de esta region, y lo estará siempre en todo lo que dependiere de mí. Lo mismo digo al otro vuestra merced, porque de entrambos soy uno, y lo rubrico.

ISLA.

EJERCICIO III.

CARTA DE SAN JUAN DE AVILA A SU DISCÍPULO SAN JUAN DE DIOS.

Vuestra carta recibí, y no quiero que digais que no os conozco por hijo, porque si por ruin decis que no lo mereceis, por la misma causa yo no merecería ser padre; y así, mal podré despreciaros á vos, siendo yo mas digno de ser despreciado. Mas, pues nuestro Señor uos tiene por suyos, aunque somos tan flacos, razon es que aprendamos á ser mi-

S.

sericordiosos unos de otros, y llevarnos con caridad como él lo hace con nosotros.

Yo, hermano, tengo mucho deseo que vos deis buena cuenta de lo que nuestro Señor os encomendó, porque el buen siervo y leal ha de ganar cinco talentos con los cinco que le dieron, para que oiga de a boca de nuestro Señor: *Gózate, siervo fiel y bueno, que en pocas cosas que te encomendé fuiste fiel; yo te pondré sobre mucho.* Y de tal manera tened cuenta con lo que os encomendaron que no olvideis á vos mismo, sino que entendais que el mas encomendado vos sois: porque poco aprovechará que á todos saqueis el pié del lodo, si vos quedais en él. Y por eso torno á encargaros guardeis mucho de tratar con mujeres, porque ya sabeis que el lazo que el diablo arma para que caigan los que sirven á Dios, ellas son. Ya sabeis que David pecó por ver una, y su hijo Salomon pecó por muchas; perdió tanto el seso que puso ídolos en el templo del Señor. Y pues nosotros somos muy mas flacos que ellos, temamos de caer, escarmentemos en ajenas cabezas, y no os engañeis con decir: quiero las aprovechar, que debajo de los buenos deseos están los peligros, cuando no hay prudencia; y no quiere Dios que con daño de mi alma yo procure el bien ajeno.

EJERCICIO IV.

ELOGIO DE CÁRLOS III.

El elogio de Cárlos III, pronunciado en esta morada del patriotismo, no debe ser una ofrenda de la adulacion, sino un tributo del reconocimiento. Si la tímida antigüedad inventó los panegíricos de los soberanos, no para celebrar á los que profesaban la virtud, sino para acallar á los que la perseguian, nosotros hemos mejorado esta institucion, convirtiéndola á la alabanza de aquellos buenos príncipes, cuyas virtudes han tenido por objeto el bien de los hombres que gobernaron.

Así es, que miéntras la elocuencia, instigada por el temor, se desentona en otras partes para divinizar á los opresores de los pueblos; aquí, libre y desinteresada, se consagrará perpetuamente á la recomendacion de las benéficas virtudes, en que su alivio y su felicidad están cifrados. Tal es, señores, la obligacion que nos impone nuestro instituto; y mi lengua, consagrada tanto tiempo ha, á un ministerio de verdad y justicia, no tendrá que profanarle por la primera vez, para decir las alabanzas de Cárlos III. Considerándole como padre de sus vasallos, solo ensalzaré aquellas providencias suyas, que le han dado un derecho mas cierto á tan glorioso título, y entónces este elogio modesto como su virtud, y sencillo como su carácter, sonará en vuestro oido á la manera de aquellos himnos, con que la inocencia de los antiguos pueblos ofrecia sus loores á la divinidad, tanto mas agradables, cuanto eran mas sinceros, y cantados sin otro entusiasmo que el de la gratitud. ¡Ah! cuando los soberanos no han sentido en su pecho el placer de la beneficencia; cuando no han oido en la boca de sus pueblos las bendiciones del reconocimiento, ¿de qué les servirá esta gloria vana y estéril que buscan con tanto afan para saciar su ambicion, y contentar el orgullo de las naciones? Tambien España pudiera sacar de sus anales los títulos pomposos en que se cifra este funesto esplendor.

EJERCICIO V.

CONTINUACION DEL MISMO ASUNTO.

Pudiera presentar sus banderas llevadas á las últimas regiones del ocaso, para medir con la del mundo la estension de su imperio: sus naves cruzando desde el Mediterráneo al mar Pacífico, y rodeando las primeras la tierra para circunscribir todos los límites de la ambicion humana: sus doctores defendiendo la Iglesia, sus leyes ilustrando la Europa, y sus artistas compitiendo con los mas célebres de la antigüedad. Pudiera en fin, amontonar ejemplos de heroicidad y patriotismo, de valor y constancia, de prudencia y sabiduría. Pero con tantos y tan gloriosos timbres, ¿qué bienes puede presentar añadidos á la suma de su felicidad? Si los hombres se han asociado, si han reconocido una soberanía, si le han sacrificado sus derechos mas preciosos; lo han hecho sin duda para asegurar aquellos bienes á cuya posesion los arrastraba el voto general de la naturaleza. ¡O príncipes! vosotros fuisteis colocados por el Omnipotente en medio de las naciones, para atraer á ellas la abundancia y la prosperidad. Ved aquí vuestra primera obligacion. Guardaos de atender á los que os distraen de su cumplimiento, cerrad cuidadosamente el oido á las sugestiones de la lisonja, y los encantos de nuestra propia vanidad, y no os dejeis deslumbrar del esplendor que continuamente os rodea, ni del aparato del poder depositado en vuestras manos. Miéntras los pueblos afligidos levantan á vosotros sus brazos, la posteridad os mira desde léjos, observa vuestra conducta, escribe en sus memoriales vuestras acciones, y reserva vuestros nombres para la alabanza, el olvido ó la execracion de los siglos venideros.

Don Melchior Gaspar de Jovellanos.

EJERCICIO VI.

ELOGIO DEL MARQUES DE SANTA CRUZ.

Breve, muy breve, un momento es la aparicion del hombre en la tierra: su duracion es la de un relámpago que brilla y ya pasó, cuando alzamos la vista para mirarle: sus fuerzas son flacas: instables y aéreos sus propósitos: sus obras montoncillos deleznables de arena; sus grandezas, polvo, nada. Sin embargo de esta miseria y de esta caducidad, que en todo y por todas partes la rodea (¿lo creeríamos, si la esperiencia continua no nos diese los testimonios mas evidentes de ello?), la desmedida arrogancia de sus pensamientos; el desenfreno temerario de sus deseos, ni caben en la inmensidad del espacio, ni en la eternidad del tiempo. Los mas señoreados por la sed terrible de gloria, por la sangrienta pasion de dominar, por la rabiosa locura de ensalzarse sobre su especie, por todos los delirios de un amor propio tiránicamente esclusivo, emplean este soplo de vida en afligir á sus hermanos, en hacerles una guerra perpetua, en alterar la paz de las naciones, y en agobiar el mundo con el insoportable peso de su existencia desastrada. Y cuando despues de haber corrido entre amarguras y remordimientos el cortísimo espacio que separa su cuna de su féretro, llegan al término de su carrera; sus semejantes, ó no vuelven los ojos para mirar su sepulcro, ó si lo hacen, es para que retiemble con las maldiciones que les arranca la memoria de las maldades que allí se encierran.

EJERCICIO VII.

CONTINUACION DEL MISMO ASUNTO.

Los héroes mismos, aquellos invencibles conquistadores, á cuya fama parece que viene estrecho el ámbito de la tierra y de los siglos, ¿no se han inmortalizado como las erupciones de los volcanes, que duran eternas en los anales de la historia por la enormidad de los estragos que ocasionaron? Y la muerte de los Gengis y de los Timures, ¿no es para la humanidad una época tan dichosamente memorable, como aquella en que, cesando el diluvio, empezó la tierra á salir de las aguas que la anegaron? El hombre de bien, el que dedicándose al ejercicio de la beneficencia, fué protector, amigo, hermano de los hombres; este sí que es amado en vida con el amor mas verdadero y mas tierno, y llorado en la muerte por tantos como libraban en él su fortuna y la de sus familias desamparadas. Estas lágrimas dolorosas, estos suspiros acongojados, que del fondo de los corazones vuelan en pos de la pompa fúnebre del bueno, y acompañan noche y dia la soledad de su sepulcro, son monumentos mas gloriosos mil veces, que los mausoleos de mármoles y bronces, que las pirámides colosales, que tal vez levantó la mano envilecida de la adulacion, para inmortalizar magníficamente la depravacion y la ignominia del género humano. Y si al amor de la virtud hermanaron estos varones de paz la aficion á las letras, son mas y mas dignos de vivir en la memoria de la posteridad, y de que la verdad pronuncie su elogio en el templo de las Musas, para ejemplo de los que profesan su culto, y para desahogo del sentimiento que causa una pérdida tan irreparable.

EJERCICIO VIII.

CONTINUACION DEL MISMO ASUNTO.

¿Hay por ventura otro medio de vengarnos de la muerte salvando de su olvido las reliquias de los virtuosos, que el de entregar sus virtudes á la elocuencia y la historia, para que, sobre los hombros del tiempo levanten en su honor un monumento que sirva de leccion y de consuelo á las generaciones venideras? Los que pasen despues por el campo de la vida cuando revolviendo las ruinas de lo pasado, vean estos recuerdos preciosos, no podrán ménos de entrar dentro de sí mismos, é inflamados en una emulacion generosa, pagarán á la virtud su tributo de admiracion, de amor y de respeto. En sus almas enternecidas, se moverán afectos semejantes á los que siente el viajero solitario, que pasando por los despoblados escombros donde yace la Grecia, encuentra sepultado entre cenagosas inmundicias, uno de aquellos modelos, en que las artes humanas compiten con la naturaleza. Le ve, suspende su camino, se sienta á contemplarle despacio; y en tanto que sus ojos atónitos no se hartan de admirarle, su corazon se penetra de una tierna melancolía, las lágrimas se desprenden involuntariamente de sus ojos, caen y riegan los destrozados portentos de los Fidias y de los Praxiteles.

Venid, señores, venid y regad con lágrimas los restos de un hombre de bien, oid lo único que nos queda de un amante de las Musas, de un compañero y director nuestro, del Escelentísimo Señor D. José Joaquin de Bazan y Silva: oid sus virtudes, y vereis cual ha de ser la conducta de aquellos que, consagrándose al estudio de las ciencias y de las letras, deben dar mejores ejemplos, por lo mismo que se aventajan en instruccion y talento.

NICASIO ALVAREZ DE CIENFUEGOS.

EJERCICIO IX.

EL SEÑOR BENÉFICO.

¡Quién pudiera trasladaros de repente en medio de sus estados, y presentaros á cada paso un testimonio de su caridad! Allí resonaran continuamente las alabanzas que mereció su beneficencia.

Bienhechor le aclaman los ancianos y los niños; bienhechor las hijas y las madres; bienhechor las esposas y las doncellas, los campos y las poblaciones, los templos, los edificios públicos y las casas particulares; pues todo está sembrado de sus beneficios, y de todas partes se elevan hácia el cielo sus bendiciones.

Venid, señores, venid conmigo, llegad á aquellos robustos labradores, que tal vez oyeron á sus padres hablar de un tiempo en que el atraso de un dia les ocasionó un año de miseria, y en una mala cosecha lloraban la ruina entera de su desgraciada familia. Llegad y nombradles al marques de Santa Cruz, y os contarán que desde que entró á gobernar sus pueblos, se acabaron para ellos los malos temporales y los temores. Si alguna calamidad les imposibilitaba para pagarle sus rentas, no por eso desmayaban, pues sabian que su compasivo señor cargaba con sus calamidades perdonándoles sus atrasos.

Si carecian de grano que afianzase en la siembra la esperanza del año, los graneros del marques, abiertos á todas horas, eran el tesoro de los pobres y el remedio de los necesitados. ¿Arruinaban las lluvias ó el peso de los años alguna habitacion? Al instante aparecia la mano providencial del marques, y las reparaba ó las edificaba de nuevo. ¿Se moria alguno de los pacíficos animales que, partiendo con el hombre las labores, le ayudan á desentrañar los tesoros de la tierra? Al punto acudia el marques de Santa Cruz, y dándoles otros en lugar de los perdidos, enjugaba sus lágrimas, y con la salud de una familia conservaba la esperanza de muchas generaciones.

Las enfermedades se quebrantaban contra el escudo de su beneficencia, perdiendo las amarguras del ánimo con que afligen á los que se hallan imposibilitados para sustentar á la menesterosa familia que rodea su lecho doloroso. Franqueaba el marques todos los medicamentos, ocurria constantemente á todas las necesidades, desterraba todos los temores, y solo tenian que atender los enfermos á recobrar la salud y á prolongar con su vida el agradecimiento de su alma. Y si la muerte triunfando de todos los remedios y cuidados, arrebataba por fin su víctima; si las esposas lloraban el desamparo de la viudez en medio de los huerfanitos, que asidos de sus maternales ropas, se cubrian con ellas los rostros y las bañaban con ardientes lágrimas, consolaba el marques á los que la muerte habia privado de protector, y protegiendo á la triste viuda y á sus tiernos hijuelos, servíales de padre representando así á Dios sobre la tierra.

EJERCICIO X.

CONTINUACION DEL MISMO ASUNTO.

Llorad huérfanos y viudas, llorad hermanos y madres ancianas, la pérdida de vuestro amor, pero no la pérdida de vuestro bienestar, porque miéntras viva el marques de Santa Cruz, no carecerán de amparo las viudas, ni de sombra paternal los huérfanos. Llevad, madres solícitas, llevad vuestros hijos á esas escuelas, á esos templos de educacion que para ellos erigió vuestro señor en cada villa de su marquesado, para desterrar de ellas la ignorancia y la ociosidad, orígen de tantos vicios. En ellas aprenderán los niños á ser hombres, y las virtudes que constituyen á un buen ciudadano; en ellas se instruirán las niñas en las labores y virtudes propias de su sexo, siendo por este medio los unos, honra y gloria de la nacion y de sus familias, las otras honor y delicias de sus esposos, ornamento de la sociedad y felicidad de sus hijos. Y si la emulacion es la que ha de animarlos al trabajo, y despertar en ellos la noble ambicion de aventajarse en el bien, el marques ha establecido premios anuales de vestidos completos, para que aquellos que venciendo en pública palestra á sus competidores, se manifiesten dignos del laurel de la victoria. ¡Qué esfuerzos de aplicacion no harán estos atletas para merecer el honor del triunfo! ¡Cuántos adelantamientos producirá esta competencia generosa! ¡y cuánta gloria recogerán los vencedores para sí mismos y para sus deudos! Toda la familia se junta despues de la lid en casa de los premiados, y sentada alrededor de ellos, los admira embebecida en tanto que las madres orgullosas cuentan las hazañas de sus hijos en medio de las aclamaciones de los sencillos oyentes. Se miran atónitos, los afectos crecen, pasan rápidamente de unos á otros, la imaginacion se inflama, los ánimos se enajenan, y entre las lágrimas involuntarias que derraman todos, levántase de repente un anciano respetable por sus canas, el abuelo del laureado, y estrechándole en sus trémulos brazos, le presenta á la asamblea vaticinando mayores triunfos para aquel niño que empezó la carrera de su vida con tan faustos agüeros: « No lo verán mis ojos, esclama enternecido; pero este nietecillo será dechado de aplicacion y de honradez, y hará famoso el lugar en que nació y el nombre de sus padres, el mio, el de todos vosotros. ¿No es verdad? responde, recreo de mi vejez, ¿no es verdad que no saldrán fallidos mis pronósticos? Levanta, hijo mio, levanta al cielo tus manecitas inocentes, pidiendo que colme á nuestro bienhechor de prosperidades y que le conceda tanta felicidad como nos procura á nosotros; pide al Criador del cielo y de la tierra, que compadecido de nosotros, prolongue su vida al par de nuestros deseos, y si para conservársela fuere necesario que otro perezca, llévese de la tierra á este inútil anciano. » Y cada cual enternecido bendice al marques de Santa Cruz, cuyo nombre vuela de lengua en lengua, y cuyo amor se graba profundamente en todos los corazones.

NICASIO ALVAREZ DE CIENFUEGOS.
Elogio del marques de Santa Cruz.

EJERCICIO XI.

FR. LUIS DE GRANADA.

Fué el V. Fr. Luis colocado á la cabeza de los españoles elocuentes del siglo XVI, y como tal debe tambien venerarle el presente. Es en la clase de los místicos lo que el célebre Bosuet entre los oradores: un solo primor de estos grandes escritores borra veinte defectos. Jamas autor ninguno ascético ha hablado de Dios con tanta dignidad y alteza como Granada, quien parece descubre á sus lectores las entrañas de la divinidad, y la secreta profundidad de sus designios, y el insondable piélago de sus perfecciones. El Altísimo anda en sus discursos como anda en el universo, dando á todas sus partes, vida y movimiento. Cuando se coloca entre Dios y el hombre, esto es, cuando pinta nuestra fragilidad y miseria, en contraposicion de su omnipotencia y misericordia; cuando encarece su infinito amor, y nuestra ingratitud y rebeldía, es grande, es sublime, es incomparable. ¿Quién ha hablado con mas energía que él de las vanidades del mundo, y de las amarguras del moribundo; de la fealdad del pecado, y de la hermosura de la virtud; de la brevedad y miseria de esta vida mortal, y de los deleites eternos de la celestial bienaventuranza? Al paso que muestra la pompa de la lengua castellana, ¡cómo esfuerza el tono de la verdad, y de sus profundos sentimientos! No solo vemos un estilo claro, terso, lleno y numeroso, sino tambien locuciones de dulcísma elegancia, imágenes magníficas y sublimes, y una diccion siempre pura, castiza y escogida. Su elocuencia es muy parecida á la del Crisóstomo: en ambos se advierte la misma facilidad, la misma claridad, y la misma riqueza y abundancia de espresiones.

EJERCICIO XII.

CONTINUACION DEL MISMO ASUNTO.

Fr. Luis, en sus primeros años, aprendió el arte de la retórica, estudiando sus principios con gran aprovechamiento, pues no dejó orador de la antigüedad cuyo espíritu no bebiese, especialmente el de Ciceron, que se acomodaba mas á su genio. Armado de todos los preceptos del arte, y de los mejores ejemplos del bien decir, trazó sus doctrinas en las mismas obras de los santos padres, y en las santas Escrituras, en que fué muy consumado. Los saludables sermones que predicó, por desgracia nuestra no se escribieron, pues solo la fama de ellos es la que llegó hasta nosotros. Se infiere de sus escritos, cual seria la elocuencia de su predicacion, animada con la voz y el fervor de sus afectos. Predicaba solo lo que sentia, sino lo mismo que practicaba, ejercitando todas las virtudes que ensalzaba, para poder mejor reprender los vicios en los demas: irresistible argumento, predicar con el ejemplo de su vida irreprensible; y victoria cierta de la elocuencia del púlpito, cuando los sermones van acompañados con santas costumbres del orador. Aunque la lengua castellana lucia su singular riqueza, dulzura y gravedad ántes que Granada la ennobleciese consagrándola á los celestiales objetos de sus ascéticos discursos y santas meditaciones de la moral cristiana, ¿cuánta abundancia, energía y majestad no adquirió de su fecunda y valiente pluma? Las innumerables frases delicadas, armoniosas, magníficas y sublimes que resplandecen esparcidas en sus obras, podrian formar un florilegio de buen gusto y de grandilocuencia.

CAPMANY.

EJERCICIO XIII.

EXHORTACION AL EJERCICIO DE LA ELOCUENCIA.

Si hubo tiempo en que se haya escrito en España con algun acierto, como ciertamente lo ha habido, ninguno mas á propósito que el que hoy logramos, para poder escribir con la mayor perfeccion. España, siempre fecundísima de los mayores talentos, los produce hoy iguales á los mayores del mundo. La que dió maestro á Roma, cuando fué mas sabia y elocuente, los pudiera hoy dar á todo el orbe, si sus ingenios se instruyesen y cultivasen debidamente. Con razon me duelo de que en el arte del decir no procuremos, no solo igualar, sino tambien esceder á las demas naciones; y mas siendo tan notoria la ventaja que nuestro lenguaje hace á los estraños. Tenemos una lengua espresiva, en estremo grave, majestuosa, suavísima y sumamente copiosa. Fuera de todo esto, llegaron ya las ciencias en Europa á mayor auje que nunca. Todas tuvieron sus veces: todas nos dejaron sus ideas en varios siglos, para que fuese el nuestro mas sabio. El que medió entre Orfeo y Pitágoras fué poético; entre Pitágoras y Alejandro, filosófico; entre Alejandro y Augusto, oratorio; entre Augusto y Constantino, jurídico; entre Constantino, san Bernardo, y Leon X, escolástico; entre Leon X y nosotros, físico y crítico: de suerte que en nuestra edad se manifiesta la naturaleza y la antigüedad.

EJERCICIO XIV.

CONTINUACION DEL MISMO ASUNTO.

Siendo pues ciertísimo que la fuente del escribir es el saber, para escribir ¿qué tiempo hay mas á propósito que este en que mejor se puede saber? ¿Pues qué embarazo hay que nos impida adelantar el paso hácia la verdadera elocuencia? Ea, procuremos lograrla, así por la propia estimacion, como por no pasar por la ignominia de ser inferiores en tan escelente calidad á las naciones estrañas. Cierta es la competencia con las mas cultas de Europa. Superiores son nuestras armas, quiero decir, nuestra lengua, si la manejamos tambien como nuestros mayores la espada. No es muy incierta la esperanza de conseguir la victoria como á la diligencia de los estraños corresponda la nuestra. Fué elocuentísima

Atenas: quiso competirla Roma; pero no la pudo igualar, así porque no fué tan sabia, como porque la lengua no era tan espresiva y copiosa. La nuestra lleva una gran ventaja á las europeas todas. ¿Qué falta pues, sino superar á los estraños; ó á lo ménos igualarlos en el saber y uso?

EJERCICIO XV.

CONTINUACION DEL MISMO ASUNTO.

Esto se podrá conseguir, si parte del tiempo que se gasta en espinosas cuestiones, que ántes lastiman que mejoran el entendimiento humano, honestamente se emplea en mas fructuosos asuntos: si solamente se imitan á los que supieron hablar: si se procura imitar con intencion de vencer, como con grande acierto imitó Platon á Cratilo y Arquitas; Ciceron á Craso y Antonio: si se procura, digo, imitar fijando mas la mente en la perfeccion universal que quiere el arte, que en la particular observacion del artificio de alguno: de suerte que el orador no haga lo que el ignorante zapatero, que por diestro que sea, no sabe trabajar sin horma; sino lo que el ingeniosímo Zeuxis, que habiendo de pintar la imágen de la bellísima Helena, no quiso escoger por ejemplar una sola niña, aunque muy hermosa; sino que fecundando su idea con la hermosura de cinco las mas bellas vírgenes, que en la sazon habia en la ciudad de Croton, logró ser émulo de la naturaleza misma, con tanta gloria suya, que me persuado que casi hubiera habido tanto número de Paris, cuantos fueron á ver aquella segunda Helena, á no robar sus potencias un tan estraño prodigio. Así pues, el que desee formar se una perfectísima idea de la verdadera elocuencia, con juicio atienda á la invencion de Gracian, agudeza de Vieira, erudicion de Vanegas, juicio de Saavedra, discrecion de Solis, decoro de Cervántes, pureza de Quevedo, facilidad de Granada, número de Hortensio, hermosura de Manero; y así en otros muchos considere bien las perfecciones que en sus obras brillan mas, y tenga bien entendido, que la composicion simétrica de todas ellas es la idea única de la verdadera elocuencia. Aspiremos pues á esta; anhelemos á ella. Está España infamada de poco elocuente. Vindicad su honra, Españoles : generosísimos espíritus, vindicad la vuestra.

Gregorio Mayans y Siscar.

EJERCICIO XVI.

EL GRAN CAPITAN DE VUELTA A ITALIA.

El ánimo del rey no se aquietaba, sino sacaba al gran capitan de Italia; negóse á las sugestiones que hicieron los Venecianos y el papa, para que se le dejase por general de sus armas en la guerra que iban á hacerse, y para satisfacerle de esta repulsa, que le cerraba el sendero de nuevas glorias, le volvió á prometer el maestrazgo de Santiago luego que estuviere en España. Llegado el tiempo de la partida, se detuvo Gonzalo algunos dias y convocó á sus acreedores, á quienes satisfizo enteramente todos sus créditos: hizo que se portasen sus amigos del mismo modo, dando él de lo suyo á los que no tenian para cumplir: y arreglada su casa y su séquito, que por la calidad de las personas y trato que él les hacia era superior al de la casa real, dió luego á la vela para seguir á Fernando, sentido y llorado amargamente por todas las clases del reino, de los principales personajes y de las damas, que salieron á despedirse de él hasta el muelle; y le vieron embarcar con lágrimas de ternura y de admiracion; como si al salir él de aquella capital, faltaran á la vez su seguridad y su ornamento.

Alcanzó al rey católico en Génova, y asistió á las visitas que tuvo con Luis XII en Saona. Los dos príncipes, que hasta entónces habian dado á la Europa el espectáculo del rencor, de la venganza y de la mala fe, lo dieron entónces de confianza, de estimacion y de amistad; contienda harto mas gloriosa que la primera, si estas muestras en los políticos no fueran tan engañosas.

Lucieron á porfía los cortesanos de una y otra nacion su lujo ostentoso y bizarría; pero quien se llevó tras sí todos los ojos y todo el aplauso fué el gran capitan; y la majestad de los monarcas se vió deslucida delante de los rayos de su gloria. «Los franceses mismos, dice Guicciardini, que vencidos y rotos tantas veces por él, debian odiarle, no cesaban de contemplarle con admiracion, y no se cansaban de tributarle honores.»

EJERCICIO XVII.

CONTINUACION DEL MISMO ASUNTO.

Los que se habian hallado en Nápoles, contaban á los otros, ya la celeridad y astucia increible con que asaltó de improviso á los barones alojados en Laino: ya la constancia y sufrimiento con que se sostuvo en Barleta, sitiado al mismo tiempo por los franceses, por el hambre y por la peste: ya la eficacia con que ataba las voluntades de los hombres, y con la cual les sostuvo tanto tiempo sin dineros: el valor con que, inferior en gente, combatió en Ciriñola.

La admiracion que causaban estos recuerdos se aumentaba con la majestad de su porte, con la magnificencia de su semblante, con la gravedad de sus palabras, y con la gracia de sus modales. Mas nadie le honró tanto como el rey Luis; pues le hizo sentarse á su mesa, y cenar con él y con Fernando; suplicándole contase sus diversas y gloriosas espediciones, llamando mil veces dichoso al rey católico por tener tal general; y en fin quitándose del cuello una riquísima cadena que llevaba, y poniéndosela á Gonzalo con sus reales manos. Este fué empero el último dia sereno que amaneció para el gran capitan; pues el resto de su carrera, todo fué desabrimientos, desaires y amarguras. Desembarcó en Valencia poco despues, y habiendo descansado algunos dias de la fatiga de la navegacion, se dirigió á Búrgos, en donde la corte se hallaba.

EJERCICIO XVIII.

CONTINUACION DEL MISMO ASUNTO.

Su comitiva era inmensa; seguíanle gran número de oficiales españoles é italianos distinguidos, que no querian separarse de él; y á esto se añadia la muchedumbre de amigos, deudos y curiosos que de toda España corrian á verle y admirarle. Ni las posadas ni los pueblos eran bastantes á alojarlos.

La pompa de su séquito era tambien otro espectáculo para los asombrados Españoles; los oficiales y soldados veteranos que le acompañaban, se ostentaban vestidos de púrpura y seda la mas rica, adornados con las mas esquisitas pieles, brillando el oro y las piedras en las cadenas y joyeles que traian al cuello y en las penachudas celadas que les cubrian las cabezas. El pueblo deslumbrado con tan magnífico aparato compuesto de todos los despojos de la Italia y de la Francia, le aplaudia y le apellidaba *Grande;* pero los mas prudentes y recatados que sabian el humor triste y encogido de Fernando, conocian cuanto habia de ofenderle aquella ostentacion de poderío. Entre estos últimos, el conde de Ureña dijo con mucha gracia, que aquella nave tan cargada necesitaba de mucho fondo para caminar, y que pronto se encallaria en algun bajío.

Llegó por fin á Búrgos, en donde, para honrarle, salió toda la corte á recibirle por mandado del rey. Los oficiales y soldados se presentaron delante, y Gonzalo los seguia; á quien, como se inclinase para

besar la mano al rey, le dijo este cortesmente :
« Veo, Gonzalo, que habeis hoy querido dar á los
« vuestros la ventaja de precedencia, en cambio de
« las veces que la tomasteis para vos en las batallas. »

Hizo Gonzalo pocos dias despues su pleito homenaje de obedecer á Fernando como regente de Castilla, hasta la mayor edad de Cárlos su nieto, y este fué el último punto de su buena armonía con él. Desairado en la corte, no admitido en los consejos, desesperado de conseguir el maestrazgo que con tanta solemnidad se le habia ofrecido, su disgusto transpiraba, y todos los buenos españoles le acompañaban en él.

QUINTANA. *Vida del Gran Capitan.*

EJERCICIO XIX.

GARCILASO DE LA VEGA.

¡Cosa verdaderamente estraña, por no decir admirable! Un jóven que muere á la edad de treinta y tres años, entregado á la carrera de las armas, sin estudios conocidos, con solo su particular talento auxiliado de su aplicacion y buen gusto, saca de repente á nuestra poesía de su infancia, la encamina felizmente por las huellas de los antiguos, y de los mas célebres modernos que entónces se conocian, y rivalizando á veces con ellos, la engalana con errores y sentimientos propios, y la hace hablar un lenguaje puro, armonioso, dulce y elegante. Su genio mas delicado y tierno que fuerte y elevado, se inclinó de preferencia á las imágenes dulces del campo, y á los sentimientos propios de la égloga y de la elegía. Tenia una fantasía viva y amena, un modo de pensar decoroso y noble, una sensibilidad esquisita: y este feliz natural ayudado del estudio de los antiguos y de la comunicacion con los italianos, produjo aquellas composiciones, que aunque tan pocas, se conciliaron al instante una estimacion y un respeto que los tiempos siguientes no han dejado de confirmar. Desearan algunos que se hubiese abandonado mas á sus propias ideas y sentimientos; que estudiando igualmente á los antiguos, no se dejase llevar tanto del gusto de traducirlos, y que no abandonase las imágenes y afectos que su escelente talento le sugeria, por las imágines y afectos ajenos: que ya que en la mayor parte es un modelo de elegancia y de cultura, hubiera hecho desaparecer algunos rastros que tiene de la dureza y desaliño antiguo: por último quisieran que la disposicion de sus églogas tuviese mas unidad, y hubiese mas conexion entre las personas y objetos que intervienen en ellas. Pero estos defectos no pueden contrapesar las muchas bellezas que aquellas poesías contienen; y el privilegio concedido á todos los que abren una nueva carrera, el poder errar sin que su gloria padezca.

EJERCICIO XX.

CONTINUACION DEL MISMO ASUNTO.

Garcilaso es el primero que dió á nuestra poesía alas, gentileza y gracia, y para esto se necesitaban mas talento y mas fuerza, sin comparacion alguna, que para evitar las faltas en que la necesidad, su juventud, y la flaqueza indispensable en la naturaleza humana, le hicieron caer. A las prendas sobresalientes que tiene como poeta se añade la de ser el escritor castellano, que manejó en aquel tiempo la lengua con mas propiedad y acierto. Muchas voces y frases de sus contemporáneos, muchas de otros autores posteriores han envejecido y ya desaparecido; el lenguaje de Garcilaso al contrario, si se esceptúan algunos *italianismos* que su continuo trato con aquella nacion le hizo contraer, está vivo y floreciente aun, y apénas hay modo de decir suyo, que no se pueda usar oportunamente hoy dia. Tantas especies de mérito reunidas en un hombre solo, escitaron la admiracion de su siglo, que le dió al instante el título de *Príncipe de los poetas castellanos*. Los estranjeros le llaman el *Petrarca español*. Tres escritores célebres le han ilustrado y comentado, infinitas veces se ha impreso, y todos los partidos y sectas poéticas le han respetado. Sus bellos pasajes corren de boca en boca por todos los que gustan de pasatiempos tiernos y de imágenes apacibles; y si no es el mas grande poeta castellano, es el mas clásico á lo ménos; el que se ha conciliado mas aplauso y mas voces, aquel cuya reputacion se ha mantenido mas intacta, y que probablemente no perecerá miéntras haya lengua y poesía castellana.

QUINTANA. *Ibidem.*

EJERCICIO XXI.

GRANDEZA Y DECADENCIA DE ESPAÑA.

España es pais por todo, y tambien los españoles. España produce todas las materias necesarias para la vida, no solo las de primera necesidad, sino aún las útiles y de delicia; España es, entre los descubiertos, el único reino que pudiera vivir con solos sus frutos, sin mendigar género alguno estranjero: pan, vino, legumbres, aceites, agrios, frutas, miel, cera, pescados, carnes, aves, caza, lana, seda, linos, cáñamos, y minerales de todas especies. Estas son sus mas abundantes producciones; y se hallan debajo de un clima sano, delicioso, de aguas muy saludables, y de rios en gran número, y rodeados de dos mares. España tiene en sus dominios todas las materias simples, que necesitan sacar de nosotros las fábricas estranjeras; á ninguna nacion le sucede otro tanto. Y á España no le falta, en fin, ni ha faltado nunca, mas que ser conocida. El cielo hizo mucho por ella; nosotros lo deshacemos: á Dios le debe infinito; á nosotros muy poco.

EJERCICIO XXII.

CONTINUACION DEL MISMO ASUNTO.

Doscientos años hace que comenzaron Flamencos, Ingleses y Franceses á aprender de nosotros el arte de

9.

las fábricas, á sacarlas, tomarlas y llevarlas de España á sus paises; y esta fué la época en que dió principio nuestra decadencia. En el siglo diez y seis daban nuestras fábricas la ley en las tres partes del mundo. En todas ellas tenian factorías nuestros comerciantes españoles. El increible número de telares que contaba España, es cosa repetida en muchos escritos antiguos y modernos. Pero lo mas notable es, que con todo el esmero de su esquisita aplicacion, aun no han llegado estas industriosas naciones á dar á los bordados, telas de seda, tisúes, y tejidos de oro y plata, aquella perfeccion, permanencia, solidez y hermosura, que despues de doscientos años todavía se admira hoy en los nuestros. Los ornamentos de altar que Felipe II donó á la sacristía del Escorial, fabricados en Sevilla, etc., y que se conservan en ella, espuestos á disposicion de quien quiera verlos, responden de esta verdad. ¿Y España no es pais para fábricas? ¿Puede oirse esto sin compasion? ¿Qué Londres, qué Paris, qué Nimes, ni qué Leon han igualado á las fábricas antiguas de Toledo, Granada, Sevilla, y Segovia? Si esceden á las actuales (en que no hay controversia), ya se ha indicado el motivo en que consiste; y se dirá mas todavía para que en pocos años se queden muy atras si se practicare lo que yo propondré en estos apuntes.

EJERCICIO XXIII.

CONTINUACION DEL MISMO ASUNTO.

Damascos ha hecho la piedad del rey fabricar en Talavera para adornar una capilla del Escorial, que no pueden ceder á ningunos de Europa. ¿Pero qué ha de sucedernos, si cuando mas hacemos, quitamos un par de grillos de los piés del comerciante, labrador, fabricante ó navegante, y en el mismo acto le amarramos por la cintura con una cadena mucho mas fuerte? Y no obstante decimos: Camina adelante, que ya tienes sueltos los piés. Él no da paso, ni puede; y luego se dice: ¡Ven vuestras mercedes que España no es pais para esto!....

La nacion española es nacion de mucho honor, dócil, fiel, obediente y amantísima de sus soberanos. Su carácter es vivo, pronto, esforzado, constante, especulativo y penetrante. Por la senda del honor se la conduce hasta lo sumo. Puesta en tiro, es capaz de todas las empresas mayores de la tierra (translado á las de Cortés y al gran Capitan); y bien conducida, jamas cedió ni pudo ceder á ninguna otra. Dos siglos vivió sin ser batida de nadie. Brios no le faltan; caudillos ha menester, y conocerla es necesario. Hasta los Cartagineses y antiguos Romanos la temieron. En igualdad de fuerzas siempre batió á sus enemigos, y los batiera sin duda hoy tambien siempre que mandasen Vivares, Carpios, Córdobas, Toledos, Corteses y Leibas, etc. Cada soberano la encontró en lo que la buscó. Los reyes católicos y el famoso Jimenez (por no volver mas atras), que quisieron teólogos, jurisconsultos, capitanes, estadistas y políticos, todos los hallaron con superioridad á las demas naciones.

EJERCICIO XXIV.

CONTINUACION DEL MISMO ASUNTO.

Sus obras doy por garantes. Carlos V deseó capitanes y estadistas: jamas vió la Europa un consejo de estado como el suyo, y nunca hubo príncipe que tuviese tanto número de generales insignes. Felipe II anheló toda suerte de hombres sobresalientes en todas líneas, y en todas se aventajaron sus vasallos. El concilio de Trento lo dirá: Felipe III quiso santos, y los altares se poblaron; Felipe IV amó poetas, y el Parnaso se declaró español. La débil complexion de Carlos II no le permitió pensar en nada, y en España nada hubo. El rey Felipe quiso capitanes y eruditos, y en un instante se formaron de la nada: no digo hasta lo sumo; pero digo hasta mas allá de aquel punto que permiten los instantes. ¿Si probarán estas expresiones que todas las cosas penden de los gobiernos?...

Cuando las Castillas solas ponian cómodamente cuarenta mil caballos bizarros en campaña, no habia las ordenanzas que hoy; pero habia libertad, labranza y crianza. Tampoco habia caballería andaluza; esta era batida por la castellana. Los ejércitos de nuestros augustos soberanos no se sirvieron de Andaluces hasta el reinado de don Juan II. Alonso VIII, rey solo de las dos Castillas, para coronarse de laureles en las Navas de Tolosa, revistó en Toledo cuarenta mil caballos castellanos pagados á cinco reales cada uno: ciento treinta mil infantes á tres, sin contar algunos tercios de infantería, que aun no habian llegado; y sesenta mil carros de provisiones, equipajes y bagajes, que ocuparian á lo ménos ciento cuarenta mil caballerías; y algunas irian de carga, aunque la historia no lo dice.

EJERCICIO XXV.

CONTINUACION DEL MISMO ASUNTO.

A este respecto no seria mucho creer que la España de entónces, considerada en toda la estension que domina hoy la corona de Castilla, podia poner hoy en campaña desahogadamente ciento veinte mil caballos, con cuatrocientos mil infantes, y doscientos diez mil carros. Y al presente costaria buen trabajo sacar de las Castillas seis mil caballos con cincuenta mil infantes efectivos, y veinte mil carros. Esta cuenta gira sobre el supuesto de que las dos Castillas compongan una tercera parte de las Españas unidas hoy, que no la componen. Y para que nadie se admire de esta diferencia de fuerza, sepan todos que mucho mas inmediato á nosotros, en el año de 1563, en la feria de Medina del Campo solamente, se traficaron y giraron en letras de cambio mas de ciento cincuenta millones de escudos. En los años anteriores habia sido mayor el tráfico. Las ferias consímiles que entónces celebraban por todo el reino, eran muchas, y muchos los millones de millones que se comerciaban cada año; cotéjense con las contractaciones de hoy. Y añádase á esto, para convencimiento general de las cosas, tanto de mar cuanto de tierra, el número increible que á todos consta de las embarcaciones mercantiles que habia solo en el puerto de Pontevedra reducido hoy á cuatro tristes pescadores; y de los millones de fanegas de pan que se cogian en España, y resulta de la tazmías eclesiásticas. Sueños parecen estas realidades...

EJERCICIO XXVI.

CONTINUACION DEL MISMO ASUNTO.

Dos siglos ha que está bajando España, y dos siglos ha que están subiendo sobre nuestras caidas, errores y desaciertos, primero Holanda, luego Inglaterra y despues Francia. ¿Cómo, pues, no han de haber ascendido ellas á la cumbre de la felicidad, y descendido nosotros al abismo de las desdichas? A la verdad han sabido aprovecharse bien de las ocasiones que les hemos presentado; y en esto merecen elogio.....

La verdadera y física riqueza de España consiste en la abundancia interior de todo género de frutos nacionales; el oro y la plata americana no es buena, si no se hace servir de instrumento para mejorar esta felicidad natural del pais.

El dinero, en sí no es mas que señal, representacion ó ficcion de ella. España en general está pobre desde que le vino de Indias mas dinero; y no es culpa de las Indias. ¿Pues qué es? Es que yendo á las Américas en busca de esta señal de riqueza, abandonamos mas la riqueza física y real, que teníamos dentro de casa. ¿De qué sirve labrar y traer mucho dinero de las Indias, si no le labramos ni traemos para nosotros? Nosotros nos fuimos á buscar tesoros en América, y las naciones cultas se vinieron á sacárnoslos de nuestra casa con la venta de los frutos de su industria. Conquistamos á las Indias, es verdad, pero nos hicimos tributarios voluntarios de Inglaterra, Francia, Holanda, Génova, Venecia, Hamburgo, etc. Mas tributo pagamos á estas naciones, que al rey.

EJERCICIO XXVII.

CONTINUACION DEL MISMO ASUNTO.

De todas las producciones de España y América no nos queda mas que el vano y fastoso honor de tener las naciones ocupadas en servirnos; quiero decir, en chuparnos la sustancia, y despojarnos del comercio, artes, fábricas, manufacturas é industrias.

Ya he dicho (y diré mil veces) que las riquezas americanas solo son útiles, haciéndolas servir para florecimiento de las producciones naturales de España. Este uso es el que hasta aquí no hemos hecho, y este uso es el que necesitamos hacer, si queremos que vuelva España á su antigua felicidad, esplendor y abundancia. Y veis aquí descubierto aquel misterio oscuro, que tiene confusos á muchos hombres muy hábiles, sin acertar á comprender como florecieron Holanda, Inglaterra y Francia, desde que comenzaron á poseer las Indias, y como decayó España desde que tuvo Américas. Estas tres ilustres potencias se valieron de aquellas riquezas de señal, para formar la riqueza real de sus dominios europeos; y España al contrario se tiró inconsideradamente á las mismas riquezas representativas, abandonando su labranza, su pastoría, sus artes, sus fábricas, sus manufacturas y sus industrias, que formaban la sustancia real y esencial del estado: esta fué la desgracia, y este el efecto contrario al suceso de nuestros vecinos. Mas claro os lo diré. Los gobiernos holandeses, ingleses y franceses miraron siempre sus patrias como parte principal, y sus Indias como parte accesoria, que debia hacer la felicidad de sus estados hereditarios; nosotros al reves, por falta de buenas medidas, venimos en el efecto á mirar las Américas como parte principal de nuestras riquezas, y descuidando los intereses sólidos de la madre, la hicimos como accesoria de sus hijos. Y lo peor es que por un tal camino venimos á infelicitar á nuestra España, sin haber hecho felices á nuestras Américas; ellas nos arrastran, y habiamos nosotros de haberlas arrastrado á España.

EJERCICIO XXVIII.

CONTINUACION DEL MISMO ASUNTO.

La codicia inconsiderada del oro y plata americana empobreció la riqueza natural de España: oro y plata la despoblaron: oro y plata la convirtieron de industriosa en ociosa: oro y plata destruyeron su labranza, crianza, fábricas, artes y industrias: oro y plata trasmutaron en esterilidad su abundancia; y en carestía la baratez de sus víveres: oro y plata estraidos del reino la hicieron pobre. De la pobreza de los particulares resultó la indigencia universal y las necesidades del erario: de esta la ruina de los vasallos y pueblos: de sus atrasos, el general de la monarquía: de este el de los miembros. Una á otra se dió la mano. Crecieron los gastos, el lujo y las obligaciones de la corona, cuando eran menores los medios de asistirla, fomentarla y auxiliarla. De esta misma indigencia se derivó el aumento de tributos, impuestos y arbitrios, que fué redoblar y remachar el mal. Una carga superior á las fuerzas concluyó en desmayo, abandono y holgazanería. Y de estos antecedentes resultó y necesitó resultar por consecuencia necesaria toda la actual que padecemos en todas las líneas. En una palabra, nosotros bajamos por aquel principio mismo que hizo subir á los demas, y todo ha provenido de una conducta contraria á la naturaleza del bien: de sistemas, digo, opuestos á la conveniencia del estado.

El carácter de la nacion en general no es holgazan; si fuese este su genio y temperamento, ¿cómo habia de haber sido la mas industriosa hasta el reinado de Felipe III? Aquel mal es adquirido. Hoy mismo no se me señalarán cinco naciones que amen el trabajo tanto como catalanes, gallegos, vizcainos, guipuzcoanos y montañeses: improbas son sus fatigas..... Puertas abiertas y puertas cerradas, digo que han sido las dos fuentes de todas nuestras desgracias. Abriéronse las que debieron cerrarse, y cerráronse las que debian abrirse. Veis aquí ya el trastorno de toda España. Esto en la realidad ha sido, es, y será siempre que no se remedie, la surgente de los males políticos que han arruinado el estado. Carcoma silenciosa, que insensiblemente ha ido royéndole hasta el corazon. Todas nuestras decadencias son hijas de esta lima sorda.....

EJERCICIO XXIX.

CONTINUACION DEL MISMO ASUNTO.

Para restituir la monarquía á su antiguo y debido esplendor, es preciso mudar de estilo. Volver el cuadro al reves: abrir, digo, lo cerrado, y cerrar lo abierto. Veis aquí ya los dos polos de la felicidad pública. Esta es el sistema necesario: ni el bien tiene mas entrada, ni los males otra cura. Y nada es mas conforme al derecho natural, que distribuirse y consumirse los productos dentro de la nacion misma que los contribuye. Por aquí ha de comenzar sus operaciones el héroe que se propusiese el plan de remediarla. No hay que equivocarse: todo lo demas será pérdida de tiempo, y acaso complemento de la destruccion. Crecerá el mal cada dia: bajarán las rentas reales: se empeñará el real erario: irán los pueblos á ménos, y á mas la dificultad. ¡Ojalá sea yo mal profeta!.... Ciérrense en España las puertas abiertas; ábranse las cerradas; pónganse diques á los rios de oro y plata que desaguan fuera del reino: piénsese, búsquese, y tómese por primera diligencia un temperamento equitativo que sirva de equivalente, y aun de grande aumento al real erario: rómpanse las cadenas que embarazan los progresos: repruébense los estorbos: quítense á la nacion los grillos que se han fabricado de los hierros de dos siglos: derríbense las murallas que quedan señaladas: mírese la libertad del comercio como único fundamento de la felicidad pública: fórmese y dése sistema fijo á todas las partes y ramos de la monarquía, que vive, ó mejor diré, muere sin él. Un sistema, digo, sabio, prudente, justo y equitativo; un sistema libertador; un sistema combinatorio, que abraze desde el interes y parte mas alta del Estado, hasta el ramo y partecilla mas mínima de la monarquía; un sistema sencillo y perfecto, obra ilustre de un rey grande que sujete á un centro de union todas las ideas del gobierno: que reduzca á un punto de vista todos los intereses de la autoridad real, del pueblo y del erario; que enlaze íntimamente la gloria de la majestad con la abundancia y felicidad pública; de tal modo, que unidos estrechamente esos dos objetos (que siempre deben caminar á paso igual), se haga imposible la ventaja del uno sin la mejora del otro, el adelantamiento de este sin el florecimiento de aquel; y en fin, un sistema dichoso y perpetuo que lleve á la inmortalidad el glorioso nombre del rey, restablezca la opulencia en España, haga respetable el crédito de la nacion, y feliz á la inclita raza Borbona.

M. A. GÁNDARA.

EJERCICIO XXX.

LA ROSA Y EL CORAL.

Con la asistencia de una mano delicada, solícita en los regalos del riego y en los reparos de las ofensas del sol y del viento, crece la rosa, y suelta el nudo del boton, estiende por el aire la pompa de sus hojas.

¡Hermosa flor! ¡reina de las damas! pero solamente lisonja de los ojos, y tan achacosa, que peligra en su delicadeza.

El mismo sol que la vió nacer la ve morir, sin mas fruto que la ostentacion de su belleza, dejando burlada la fatiga de muchos meses, y aun lastimada tal vez la misma mano que la crió, porque tan lasciva cultura no podia dejar de producir espinas.

No sucede así al coral; nacido entre los trabajos, que tales son las aguas, y combatido de las olas y tempestades, en ellas hace mas robusta su hermosura, la cual endurecida despues con el viento, queda á prueba de los elementos para ilustres y preciosos usos del hombre.

Tales efectos, contrarios entre sí, nacen del nacimiento de este árbol y de aquella flor, de lo mórbido ó duro en que se criaron; tales se ven en la educacion de los príncipes, los cuales si se crian entre armiños y delicias, si no los visita el sol, ni sienten otra aura que la de los perfumes, salen achacosos é inútiles para los gobiernos; como al contrario salen robustos y hábiles, cuando se entregan á fatigas y trabajos.

SAAVEDRA. *Empresas políticas.*

EJERCICIO XXXI.

ENTRADA DE LA REPUBLICA LITERARIA.

Habiendo discurrido entre mí del gran número de libros, y de lo que va creciendo cada dia, así por el atrevimiento de los que escriben como por la facilidad que da la imprenta, con que se han hecho ya trato y mercancía las letras, estudiando los hombres para escribir, y escribiendo para ganar; me venció el sueño, y luego el sentido interior corrió el velo á las imágines de aquellas cosas en que despierto discurria.

Hálleme á la vista de una ciudad, cuyos capiteles de plata y oro bruñido deslumbraban los ojos, y se levantaban á comunicar con el cielo. Su hermosura encendió en mí un gran deseo de verla; y ofreciéndoseme delante un hombre anciano que se encaminaba á ella, le alcancé, y trabando con él conversacion, supe que se llamaba *Marco Varon*, de cuyos estudios en todas materias, sagradas y profanas tenia yo muchas noticias, por testimonio de Ciceron y otros.

Pregunté al anciano qué ciudad era aquella, y respondióme con agrado y cortesía que era la *República literaria*; y se ofreció al mismo tiempo á mostrarme lo mas curioso de ella; acepté la compañía y la oferta, y seguimos caminando en buena conversacion.

Por aquellos caminos fuí notando que los campos vecinos llevaban mas elébóro (1) que otras yerbas, y preguntándole la causa, me respondió: que la divina Providencia ponia siempre el remedio vecino de los daños, y que así habia puesto á la mano aquella yerba para que los vecinos, cuya mano se fatigaba con el continuo estudiar, pudieran purgarse...

Despues de estas soledades, llegamos á lo poblado y culto de la ciudad, que reconocida por dentro no respondia á su hermosura esterior... Hallábanse sus habitantes ocupados en fabricar, con mas vanidad que juicio, obras nuevas con retales y descombros de otras viejas, cuyas obras renovaban la república sin engrandecerla, ántes le quitaban el lustre y gloria que tuviera, si sus hijos compitiesen en buscar nuevas trazas de palacios y otras obras públicas.

(1) *Ellébore*, herbe purgative, et qui prise à hautes doses devient un poison stupéfiant. (Le Rédacteur.

EJERCICIO XXXII.

CONTINUACION DEL MISMO ASUNTO.

Estaban los ciudadanos melancólicos, macilentos y desaliñados. Habia entre ellos poca union y mucha envidia. Eran allí nobles los aventajados en las ciencias y en las artes, de cuya escelencia recibian lustre y estimacion; todos los demas componian la plebe, y se aplicaban cada uno al oficio que mas frisaba con su profesion. Así es que los gramáticos eran berceros y fruteros, que de unas tiendas á otras con verbosidad y arrogancia se deshonraban unos á otros, motejando á los que pasaban á vista de ellos sin respeto ninguno.

A Platon le llamaban confuso; á Aristóteles tenebroso y gibo (1); á Virgilio ladron de los versos de Homero; á Ciceron tímido, y supérfluo en sus repeticiones, frio en sus gracias, lento en los principios, ocioso en las digresiones, pocas veces inflamado, y fuera de tiempo vehemente; Plinio decian ser rio turbio y acumulador de cuanto encontraba; Ovidio fácil, y vanamente fecundo; Aulo Gelio difuso; Salustio afectado; y Séneca, cal sin arena.

Eran los críticos remendones, ropavejeros (2) y zapateros de viejo; los retóricos saltimbancos que vendian drogas acreditándolas con gran copia de palabras. Los historiadores eran casamenteros para lo

(1) *Louche*, embrouillé.
(2) Marchands de vieux habits.

que les servia lo mucho que saben de linajes y de negocios ajenos. Vendian los poetas jaulas para grillos, ramilletes de flores, melcolchas, mantequillas, chocos y muñecas. Eran los médicos carniceros, enterradores y verdugos.....

Como en Lacedemonia, se tenia en esta república por virtud el hurtar, con pretesto de imitar; y así los ciudadanos se hacian unos á otros grandes robos, y se veian cada dia levantadas nuevas tiendas con mercancías ajenas.

SAAVEDRA. República literaria.

EJERCICIO XXXIII.

EL RICO Y EL POBRE.

Si se mira la superficie de las cosas, goza el rico de mas comodidades y padece ménos incomodidades que no el pobre: pero si se registra el fondo, sucede muy al reves.

Tiene el rico vario, precioso y abundante plato; pero, ¿saborease con él mas que el pobre con el comun y grosero? Ni aun tanto; porque en este, la paciencia con que se asienta á la mesa, compensa con ventajas el esceso de aquel.

¿Qué les importa á las abejas de la Lituania, el no tener tan hermosas y odoríferas flores como las abejas de otros paises, si de esas mismas ingratas flores sacan la mas hermosa y dulce miel que hay en Europa?

Yace el rico en colchones de pluma; ¿pero duerme acaso mas ó mejor que el pobre sobre un poco de paja? ¡Cuántos pobres reposaron con dulzura en el duro suelo aquella misma noche que el rey Asuero, por no poder dormir, se divirtió con los anales de su reino!

Defiéndese el rico con tapices, afelpados vestidos y gruesas paredes de los rigores del frio; pero observa que con todo eso, se queja mas de la destemplanza de la estacion en su palacio, que el pastor cubierto de pieles en el monte.

Verás á cada paso al poderoso temblar con resentimiento del frio siempre que se ve obligado á dejar la chimenea, miéntras la gente del pueblo anda alegre por las calles. Lo mismo sucede en el estío: está el rico con desconsolada lasitud, sin atreverse á salir de un cuarto bajo cuando la gente comun, con intrépida desenvoltura, acude á cuanto necesita.

Habita el rico en suntuosos y magníficos palacios, y, nunca contento, piensa en mejorar y estender su habitacion; mas el pobre piensa apénas en todo el año que su chiribitil es estrecho.

EJERCICIO XXXIV.

CONTINUACION DEL MISMO ASUNTO.

Viste el rico delicada olanda, y el pobre gruesa estopa; pero ¿dime si oiste hasta ahora quejarse á algun pobre de que la aspereza de la estopa le ocasionó al cuerpo alguna incomodidad? Está ocioso el rico, y trabaja el pobre todo el dia; pero no verás mas triste al pobre en su trabajo que al rico en ocio. Al contrario, trabaja el pobre en compañia, y pasa el tiempo festivo cantando y chanceando; y acabada su tarea, no es para él el ocio insípido como para el rico, sino dulce y consolador reposo; y despues con dulce y blando sueño, recobra fuerzas para el dia siguiente.

El rico por el contrario, como sobre miembros no ejercitados asienta mal el sueño, con inquietud impaciente da mil vueltas en la cama y se fatiga en lugar de descansar; de suerte que pudiera decirse que trabaja el pobre de dia, y el rico de noche.

Verdad que en un viaje va el rico á caballo ó en carruaje, y el pobre á pié; sin embargo, se siente el rico incomodado ora por la inclemencia del tiempo, ora por las incomodidades de la posada ó la dureza del lecho y la falta de regalo; el pobre hecho á todo, nada estraña, de nada se duele. Añádase á esto el miedo del rico por los ladrones, á quienes el pobre no tiene por qué temer.

Si se quieren pesar los placeres de uno y otro estado verás á los pobres en sus conversaciones festivas, en sus rústicos bailes. ¡Qué francamente risueños! ¡qué sinceramente gozosos! y á los ricos en los mismos festejos no pocas veces fastidiados y, en ellos, sin brillar jamas un puro placer.

Todas estas desigualdades nacen de un principio general, y es: que la naturaleza dejada á su genio se contenta con poco miéntras que, si la hacen melindrosa, cada dia mas descontentadiza, todo lo apetece y todo lo desdeña.

FEIJOO Y MONTENEGRO. *Teatro crítico.*

EJERCICIO XXXV.

LA CORRIDA DE TOROS.

Puesta la plaza de Bivarrambla como habia de estar para la fiesta, el rey acompañado de muchos caballeros, ocupó los miradores que para aquel efecto estaban dispuestos. La reina con muchas damas se puso en otros miradores de la misma órden que los del rey.

Todos los ventanajes de Bivarrambla estaban llenos de muy hermosas y gallardas damas; y tantas gentes acudieron del reino, que no se hallaban tablados ni ventanas en donde poder estar; pues tanto número de gente nunca se habia visto en fiestas que en Granada se hiciesen; pues de Sevilla y de Toledo habian venido muchos y muy principales caballeros moros.

Comenzaron á correr los toros por la mañana, y los caballeros Abencerrajes andaban á caballo por la plaza corriendo los toros con tanta gallardía y gentileza, que era cosa de espanto, y no habia damas en todos los balcones ni ventanas, que no estuviesen muy aficionadas á los caballeros Abencerrajes...

Tambien mostraron los Zegríes ser de mucho valor, porque aquel dia alancearon ocho toros muy diestramente sin que ningun Zegrí mostrase haber recibido desden en la silla; y los toros que eran muy bravos, fueron alanceados de tal suerte que no hubo necesidad de desjarretallos.

Como la una del dia seria cuando estaban doce toros corridos, mandó el rey tañer los clarines, que era señal que todos los caballeros del juego se habian de juntar en su mirador: así á esta señal todos fueron, y el rey con gran contento mandóles dar una colacion, y lo mismo hizo la reina con sus damas, las cuales estaban aquel dia muy ricamente aderezadas, y con tanta belleza que era cosa de admiracion.

GINES DE HITA.
Hist. de los bandos de los Zegries y Abencerrages.

EJERCICIO XXXVI.

CONTINUACION DEL MISMO ASUNTO.

Ya eran las dos de la tarde cuando los caballeros y las damas acabaron las colaciones; soltaron entónces un toro negro, bravo en demasía, que no arremetia tras hombre que no le alcanzase, tanta era su lijereza; y no habia caballo que por uña se le fuese. A este toro fuera bien el alancearle por ser muy bueno, dijo el rey. El Malique Alabez se levantó, y suplicó al rey le diese licencia para ir á verse con aquel bravo toro. El rey se la dió, aunque bien quisiera Muza salir á él y alancearle; mas visto que Alabez gustaba de salir sufrióse.

Alabez haciendo reverencia al rey, y á los demas caballeros cortesía, se salió de los miradores y se fué á la plaza en donde sus criados le tenian un muy hermoso caballo, rucío rodado de muy gran bondad, que le habia enviado un primo suyo, hijo del alcaide de Velez, el Rubio y el Blanco, hombre de mucha suerte.

Dió Alabez una vuelta á la plaza en su caballo, mirando á todos los balcones adonde estaban las damas por ver á su señora Cohaida, y pasando por junto á su balcon, hizo que el caballo se arrodillase, y él puso la cabeza entre los arzones haciendo así grande acatamiento á su señora y á las otras damas que con ella estaban.

Hecho esto, puso las espuelas al caballo, el cual se levantó con tanta furia y presteza que parecia un rayo. El rey y todos los demas que en la plaza estaban, se maravillaron en ver cuan bien lo habia hecho Alabez, y solo á los Zegríes les pareció mal, porque lo miraron con ojos llenos de mortal envidia.

EJERCICIO XXXVII.

CONTINUACION DEL MISMO ASUNTO.

Dióse en esto en la plaza una gran gritería, y fué la causa que el toro habia dado vuelta por toda la plaza, derribando mas de cien hombres y matando mas de seis de ellos, y venia como un águila á donde estaba Alabez con su caballo. Como le vió Alabez quiso hacer una gran gentileza aquel dia, y fué, que saltando del caballo con gran lijereza, ántes que el toro llegase, le salió al encuentro con el albornoz en la mano izquierda.

Cuando el toro le vió tan cerca se vino á él para le coger; mas el buen Malique Alabez, acompañado de su bravo corazon, le aguardó; y al tiempo que el toro bajó la frente para ejecutar el bravo golpe, Alabez le echó el albornoz con la mano izquierda en los ojos, y apartándose un poco á un lado, con la mano derecha le asió del cuerno derecho, tan recio, que le hizo tener : y con gran presteza, le echó mano del otro cuerno, y le tuvo firmemente tanto que el toro no pudo hacer golpe ninguno.

Viéndose el toro asido, procuraba desasirse dando grandes saltos, levantando cada vez al buen Alabez del suelo, y andaba el Moro en notable peligro, y por poco se hubiera arrepentido de haber comenzado aquella dudosa y peligrosa prueba; mas como era animoso y de bravo corazon no desmayó un punto, mas ántes con gran esfuerzo, como aquel que era hijo del bravo alcaide de Vera que murió en Lorca, cuando la sangrienta batalla de los Alporchones, se mantenia contra el toro que bramaba por cogerle entre los cuernos; mas era la destreza del moro tanta que no podia el toro salir con su intento.

EJERCICIO XXXVIII.

CONTINUACION DEL MISMO ASUNTO.

Parecióle á Alabez vergüenza andar de aquella manera con tal bestia, por lo que arrimándose al lado izquierdo del toro, y usando de fortaleza y maña, le torció los cuernos de tal manera, que dió con él en el suelo, haciéndole hincar los cuernos en tierra; y el golpe fué tan grande que pareció haber caido un monte, y quedó el toro quebrantado sin se poder levantar en aquel rato.

El buen Malique Alabez, como así le vió, le dejó, y tomando su albornoz, que de fina seda era, se fué adonde estaba su caballo que sus criados guardaban, y subió en él con gran lijereza, sin poner pié en el estribo, dejando á todos los circunstantes embelesados de su bravo acontecimiento y valor. Al cabo de rato, el toro se levantó, aunque no con lijereza como solia; y el rey envió á llamar á Alabez, el cual fué á su mandado con gentil continente, como si tal no hubiera hecho, y llegado, el rey le dijo: «Por cierto, Alabez, vos lo habeis hecho como esforzado caballero, y de hoy mas, quiero que seais capitan de cien caballos, y teneos por alcaide de la fuerza de Cantoria, que es muy buena alcaidía y de buena renta.»

Alabez le besó las manos por la merced que le hacia.

EJERCICIO XXXIX.

EL JUEGO DE CAÑA Y SORTIJA.

El dia de san Juan venido (fiesta que todas las naciones celebran), todos los caballeros de Granada se pusieron galanes, así los que eran del juego como los que no lo eran, salvo que los del juego se señalaban en las libreas(1); y todos salieron á la ribera

(1) Costumes.

del muy fresco Genil. Hechas dos cuadrillas para el juego, la una en Zegríes y la otra en contraria, de Abencerrajes, hízose otra cuadrilla de Almoradís y Venegas, y contraria desta, otra de Gomeles y Mazas; y al son de muchos instrumentos, de añafiles y atabales, se comenzaron los juegos de caña riquísimos.

Iba la cuadrilla de los Abencerrajes toda de tela de oro leonado, y con muchas y muy ricas labores; llevaban por divisas unos soles y todos sus penachos eran encarnados. Los Zegríes salieron de verde; todas sus libreas con muchos tejidos de oro y estrellas, y sembradas por todas sus divisas medias lunas.

Los Almoradís entraron de encarnado y de morado, muy ricamente puestos. Los Mazas y los Gomeles vinieron de morado y pajizo, muy costosos.

Era de ver las cuatro cuadrillas destos caballeros, un espectáculo bravo y de grande admiracion: todos corrian por la vega de dos en dos, de cuatro en cuatro; y al salir del sol parecian tan bien, que era cosa de mirar. Entónces se comenzó el juego, porque ya en aquella hora se podia ver muy bien de las torres de la Alhambra.

El rey tambien andaba muy ricamente vestido, porque no hubiese algun alboroto ó escándalo. La reina y todas sus damas miraban de las torres de la Alhambra el juego que iba muy bien concertado y gallardamente jugado. Finalmente los caballeros abencerrajes y almoradís fuéron los que mas se señalaron en aquel dia. Tambien hicieron maravillas los valerosos Muza, Abenamar, y Sarrazino.

EJERCICIO XL.

CONTINUACION DEL MISMO ASUNTO.

Acabado el juego por órden del rey, porque ya los Zegríes y Abencerrajes se iban encendiendo, todos los caballeros corrian encaramuzando, abalanzando mil cañas por el aire, tan bien que las perdian de ojo, y despues de haber escaramuzado desde el amanecer hasta mas de las once del dia, el rey y los demas caballeros se tornaron á la ciudad cada uno de estos últimos para aderezar lo que habia de sacar en la sortija.

El rey y su corte habiendo ocupado los miradores que estaban en la plaza nueva, vieron en el cabo de la plaza, junto á la fuente de los leones, una muy rica y hermosa tienda de brocado verde, y junto á la tienda un aparador con un dosel de terciopelo del mismo color sobre el cual estaban puestas muy ricas joyas de oro, y en medio de todas ellas estaba asida una hermosísima y rica cadena que pesaba mil escudos de oro, que era la cadena de premio, sin contar el retrato de la dama que con ella juntamente se ganaba.

No quedaba en toda la ciudad de Granada quien no hubiese venido á ver la fiesta, y aun de fuera de la ciudad de todos los lugares, sabiendo que el dia de san Juan siempre se hacian en ella grandes y galanas fiestas, por ser su caballería muy grande y rica.

No tardó mucho espacio de tiempo, cuando se oyó muy dulce son de menestriles que salia por la calle del Zacatin. La causa era que el valeroso Abenamar, mantenedor de aquella sortija, venia á tomar su puesto en la forma siguiente.

EJERCICIO XLI.

CONTINUACION DEL MISMO ASUNTO.

Primeramente, cuatro hermosas acémilas de recamara, todas cargadas de lanzas para la sortija, con sus reposteros de damasco verde, todos sembrados de muchas estrellas de oro. Llevaban las acémilas muchos pretales de cascabeles de plata y cuerdas de seda verde. Estas fueron, con hombres de á pié y de á caballo, sin parar hasta donde estaba la tienda del mantenedor, y allí junto fué armada otra muy rica tienda tambien de seda verde, y por su órden, fueron puestas en ella todas aquellas lanzas.

Luego fueron de allí llevadas las acémilas, cuyo aderezo daba grandísimo contento, segun las testeras y plumas que llevaban. Tras esto venian treinta caballeros muy ricamente aderezados de libreas rojas con muchos sobrepuestos de plata, y todos con plumas blancas y amarillas: quince venian de una parte y quince de otra, y á la postrera, en medio dellos, el valeroso Abenamar, vestido de brocado verde de mucha costa, con marlota y capellar de gran precio.

Tambien traia una muy hermosa yegua rucia rodada, cuyos paramentos y guarniciones eran del mismo brocado verde, testera y penacho muy ricos, verde y encarnado, y asimismo era el penacho del valeroso Abenamar. Llevaba el moro gallardo, sembradas por todas sus ropas muchas estrellas de oro, y en el lado izquierdo sobre el rico capellar, un sol muy resplandeciente con una letra que decia:

Solo yo, sola mi dama;
Ella sola en hermosura,
Yo solo en tener ventura
Mas que ninguno de fama.

EJERCICIO XLII.

CONTINUACION DEL MISMO ASUNTO.

Tras el valeroso Abenamar venia un hermoso carro triunfal, de ricas sedas adornado, el cual traia seis gradas muy hermosamente ataviadas. En la mas alta de estas se hacia un arco triunfal, de estraña hechura y riqueza, y debajo del arco, puesta una rica silla, y en ella sentado y mantenido con tan sútil arte y primor el retrato de la hermosa Fátima, que no se dijera sino que era el mismo original.

Estaba la imágen tan hermosa y tan ricamente aderezada que no habia dama que la mirase que no quedase muerta de envidia, ni caballero que no fuese amartelado. Su vestido era turquesco, de muy estraña y no vista hechura; la mitad pajadizo y la otra mitad morado, y todo sembrado de estrellas de oro. Toda la ropa era cortada por mucho concierto, y el aforro era de tela azul de plata, el tocado galan, los cabellos iban sueltos como una madeja de oro, y sobre ellos una guirnalda de rosas blancas y rojas, tan naturales que parecian cortadas en aquel punto de un rosal.

Sobre su cabeza se mostraba un dios de amor, niño desnudo como lo pintan los antiguos, con sus alicas descubiertas, las plumas de mil colores. Este niño parecia estar poniendo la guirnalda á la imágen linda á los piés de la cual estaban el arco y aljaba de Cupido, como trofeo. Llevaba la hermosa imágen un manojo de violetas muy hermosas y tan frescas que parecian haber sido cogidas en aquel instante en la huerta del Generalife.

De este modo iba la bella imágen de Fátima, haciendo con su vista un espectáculo nunca visto. El rico y hermoso carro en que iba era tirado de cuatro hermosas yeguas blancas como nieve, y como la librea de los caballos era la del carrocero.

EJERCICIO XLIII.

CONTINUACION DEL MISMO ASUNTO.

Tras el carro, iban treinta caballeros de libreas verdes y encarnadas, con penachos de los mismos colores. Desta forma entró el valeroso Abenamar, mantenedor de la fiesta, y al son de los menestriles y otras músicas que llevaba, dió vuelta por toda la plaza nueva, pasando por bajo de los miradores y balcones del rey y de la reina, dejando á todos tan admirados de su traza y buena entrada que no pudiera ser mas en el mundo; pues no hubiera príncipe por rico que fuera, que saliera en tal trance ni para tal efecto mejor.

Abenamar, habiendo dado vuelta á la plaza, llegó á la hermosa tienda, y puesto el rico carro junto del muy rico aparador, mandó poner el retrato de Fátima, al son de muchas dulzaines y menestriles, cosa que dió á todos grandísimo contento.

Hecho esto, se apeó de su caballo, y dándosele á sus criados, se asentó á la puerta de su rica tienda en una hermosa y costosa silla aguardando que entrase algun caballero aventurero. Todos los caballeros que le habian acompañado se pusieron por su órden arrimados á una parte, haciendo así una larga y vistosa carrera.

Los jueces puestos en un tablado en que pudiesen ver correr las lanzas, eran dos caballeros zegríes muy honrados, dos caballeros gomeles y un abencerraje llamado Abeacaruz.

EJERCICIO XLIV.

CONTINUACION DEL MISMO ASUNTO.

Poco tiempo despues se oyó, por la calle de los Gomeles, gran ruido de añafiles y trompetas, y todos pararon mientes en lo que podria ser, y vieron entrar una hermosa cuadrilla de caballeros todos puestos de una hermosa y rica librea de damasco encarnado y blanco, con muchos flecos y tejidos de oro y plata.

Tras desta cuadrilla, venia un caballero muy bien puesto, á la turquesca vestido, sobre un hermoso caballo tordillo, cuyos paramentos y cimeras eran de brocado encarnado, con todas las bordaduras de oro. Eran los penachos de los mismos colores y de gran precio; la marlota y capellar iban sembrados de grande pedrería. Luego fué el caballero conocido de todos por ser el valeroso Sarracino, tan valiente como gallardo.

Tras él venia un rico y hermoso carro, labrado á mucha costa, y sobre el cual se hacian cuatro arcos de triunfo de estremada hermosura, y en ellos labradas todas las batallas y asaltos que habian pasado entre moros y cristianos en la vega de Granada, con tal arte, que causaban admiracion. Entre las batallas se hallaba la que tuvo el valiente Garcilaso de la Vega con el valeroso Audalla, moro de gran fama, sobre el *Ave Maria* que este último llevaba en la cola de su caballo.

Debajo de los cuatro arcos, se veia un trono redondo que parecia de muy blanco y fino alabastro, y en él entalladas riquísimas y muy finas labores. Encima del trono venia puesta una imágen de mujer muy hermosa, vestida de brocado azul, con muchos recamos y franjas de oro, cosa muy rica y muy costosa. A los piés desta imágen venian muchos despojos de militares, trofeos, y el dios amor vencido y atropellado, quebrado su arco y flechas, y las plumas muy hermosas de sus alas esparcidas en muchas partes. El bravo Sarracino llevaba por divisa la mar, y en ella un peñasco combatido de muchas olas, y una letra que decia :

Tan firme está mi fe como la roca,
Que ya el viento ya el mar, siempre la toca.

Cuya letra se derramaba por la plaza para que á todos fuese manifiesta. Así entró el valeroso Sarracino, y su carro, no ménos rico y hermoso que el del mantenedor, tirado por cuatro caballos bayos, hermosos y muy ricamente enjaezados, con paramentos y sobreseñales encarnadas.

EJERCICIO XLV.

CONTINUACION DEL MISMO ASUNTO.

Tras el carro venia una muy gentil caballería con las mismas libreas encarnadas; y así, con solemne música, dió Sarracino la vuelta de la plaza, dando grande contento á los que le miraban. Luego fué el retrato de la dama, por todos conocido por el de la linda Galiana, y admiró su hermosura á cuantos la miraban. Mandó Sarracino arrimar su carro junto al del mantenedor, y paso entre paso, se fué á la tienda del valeroso Abenamar, y le dijo : « Sábete, ca-
« ballero, que vengo á correr tres lanzas de sortija,
« guardando en todo lo que tú tienes mandado pregonar, y si mi suerte fuese tal que todas tres lanzas te gane, he de llevar conmigo el retrato de tu
« dama y la cadena que tienes señalada que pesa mil

« doblas; y si acaso tú me ganares, llevarás el re-
« trato de mi dama, y juntamente con él esta man-
« ga labrada de su mano, que vale cuatro mil doblas:
« y los señores jueces lo determinarán conforme vie-
« ren que es derecho. »

Y el fuerte Sarracino, confiado en su gallardía y destreza, puso la manga en condicion de perderla sin considerar el bravo competidor que tenia delante.

Como oyó el valeroso Abenamar al fuerte Sarracino, dijo: que aquella era la postura del juego, y que con tres lanzas se habia de ganar ó perder el premio señalado.

Diciendo esto, pidió un caballo del cual luego fué servido, de ocho que allí tenia enjaezados y puestos para el efecto, cubiertos con la librea que ya se ha dicho, y tambien fué servido de una gruesa lanza de sortija. En el caballo subió sin poner pié en el estribo, y tomando la lanza, se fué paseando por la carrera con tal gentileza y postura que á cuantos le miraban dió gran concepto de sí.

Habiendo llegado á la carrera, y haciendo dar á su caballo una vuelta en el aire que le levantó del suelo mas de tres varas de medir; luego partió Abenamar como un rayo, y llegando á la sortija, hizo un muy galan golpe, y dió con la punta de la lanza por la parte de arriba que no faltó medio dedo para embocalla, y dió tan derecho como si fuera una vira, solo llevando su contrario la sortija podia ganalle; por eso pasó adelante muy gallardamente, aunque con harto pesar de no haberse llevado la sortija, y parando su caballo paso á paso se fué para su tienda.

aguardando lo que haria Sarracino en su carrera.

Tomó Sarracino una lanza, y fiado de su mucha destreza, aunque descontento del buen golpe que habia dado su contrario, se puso en carrera, y al fin della dió á su caballo una vuelta con presteza nunca vista, y partió tan veloz como un rayo; y tendiendo la lanza, la llevó tan sosegada como si su caballo no se moviese al correr, y tan bien la enristró que la metió por medio de la sortija que se llevó metida en la lanza. Cuantos habia en la plaza gritaron que Sarracino habia ganado; mas el valeroso Muza, padrino de Abenamar, dijo que no, porque solo habia corrido una lanza en lugar de tres, y que faltaban dos.

EJERCICIO XLVI.

CONTINUACION DEL MISMO ASUNTO.

Tomó Abenamar otro caballo y lanza, y ardiendo de enojo de haber perdido la primera, volvió á tomar carrera, lo que hizo con gentil continente y gallardia, y volviendo el caballo con increible velocidad, partió cual relámpago, y su lanza muy firme é inmóvil en su mano, pasó en medio de la sortija que como un pensamiento se llevó.

Tomó Sarracino otra lanza, pero no tan feliz como la primera, puesto que ni aun tocó á la sortija. El valeroso Abenamar le dijo entónces: «Otra lanza nos «queda que correr, caballero, corrámosla luego para «que se concluya este pleito.» Y diciendo esto partió de nuevo con gran velocidad, y llevando la lanza bien puesta, se llevó de camino la sortija.

Tomó entónces nueva lanza el Sarracino, aunque muy desconfiado de ganar, y revolviendo el caballo partió como un ave; mas su lanza pegó al lado de la sortija y la derribó, sin llevársela; despues de lo cual le llamaron los jueces y le dijeron que había perdido, que prestase paciencia.

«Si he perdido hoy en la sortija, respondió fu-
« rioso el Sarracino, algun dia seré de ganancia en
« verdadera escaramuza, con lanza que tenga dos
« hierros, y lo que agora pierdo entónces lo co-
« braré.»

Abenamar, amostazado respondió : « Si en verda-
« dera escaramuza pensais ganar algo de lo perdido,
« agora y no mas tarde, y si mejor os pareciese lue-
« go, dadme aviso cuando gustárades que vuestro
« servidor seré como y cuando os pluguiere.»

Mas los jueces y el padrino del Sarracino habiéndose puesto de por medio, todo paró en paz; con que Sarracino, su padrino y los demas caballeros que le acompañaban salieron de la plaza, dejando el retrato de la hermosa Galiana y la rica manga : lo cual con gran pompa y al son de muchos menestriles y otros muchos instrumentos, fué puesto á los piés del retrato de Fátima.

Gines de Hita.

Hist. de los bandos de los Zegries y Abencerrajes.

EJERCICIO XLVII.

LA PUBLICACION DE LA BULA.

Por mi ventura dí en el quinto amo, que fué un

bulero, el mas desenvuelto y devergonzado, y el mayor echador de ellas que jamas yo ví, ni ver espero, ni pienso nadie vió, porque tenia y buscaba modos y maneras, y muy sutiles invenciones.... Y porque todos los artificios que le veia hacer serian largos de contar, diré uno muy sútil y donoso, con el cual probaré bien su suficiencia.

En un lugar de la Sagra de Toledo habia predicado dos ó tres dias, haciendo sus acostumbradas diligencias, y no le habian tomado bula, ni á mi ver tenian intencion de se la tomar: y él estaba dado al diablo con aquello. Y pensado que hacer, se acordó de convidar al pueblo á otro dia de mañana, para despedir la bula. Y esa noche, despues de cenar, pusiéronse á jugar la colacion él y el alguacil, y sobre el juego vinieron á reñir y á haber malas palabras. El llamó al alguacil ladron, y el otro á él falsario. Sobre esto el señor comisario, mi señor, tomó un lanzon, que en el portal do jugaban estaba. El alguacil puso mano á su tizona, que en la cinta tenia. Al ruido y voces que todos dimos acuden los huéspedes y vecinos, y métense en medio; y ellos muy enojados, procuráudose desembarazar de los que en medio estaban, para se matar. Ellos, como la gente al gran ruido cargase, y la casa estuviese llena de ella, viendo que no podian afrentarse con las armas, decíanse palabras injuriosas, entre las cuales el alguacil dijo á mi amo que era falsario, y las bulas que predicaba eran falsas. Finalmente, los del pueblo, viendo que no bastaban para ponerlos en paz, acordaron de llevar al aguacil de la posada á otra parte, y así quedó mi amo muy enojado.

EJERCICIO XLVIII.

CONTINUACION DEL MISMO ASUNTO.

La mañana venida, mi amo se fué á la iglesia, y mandó tañer á misa y al sermon para despedir la bula: y el pueblo se juntó; el cual andaba murmurando de las bulas, diciendo como eran falsas, y que el mismo alguacil riñiendo lo habia descubierto, de manera que, tras que tenian mala gana de tomarla, con aquello del todo la aborrecieron. El señor comisario se subió al púlpito, y comienza su sermon.... Estando en lo mejor, entra por la puerta de la iglesia el alguacil, y con voz alta y pausada comenzó á decir : « Buenos hombres, oidme una palabra. Yo vine aquí con este echacuervos (1) que os predica, el cual me engañó, y dijo que le favoreciese en este negocio, y que partiríamos la ganancia. Y ahora, visto el daño que hacia á mi conciencia y á vuestras haciendas, arrepentido de lo hecho, os declaro que las bulas que predica son falsas, y que no le creais, ni las tomeis.... y si en algun tiempo este fuere castigado por la falsedad, que vosotros me seais testigos como yo no soy con él, ni le doy á ello ayuda, ántes os desengaño, y declaro su maladad. » Y acabó su razonamiento. Como calló, mi amo le preguntó, ¿si queria decir mas? que lo dijese.

---

(1) Ivrogne, menteur, imposteur, charlatan.

EJERCICIO XLIX.

CONTINUACION DEL MISMO ASUNTO.

El alguacil dijo: Harto mas hay que decir de vos y de vuestra falsedad; mas por ahora basta. El señor comisario se hincó de rodillas en el púlpito, y puestas las manos, y mirando al cielo dijo así: « Señor Dios, á quien ninguna cosa es escondida, tú sabes la verdad, y cuan injustamente soy afrentado. En lo que á mi toca, yo le perdono, porque tú, Señor, me pardones; mas la injuria á tí hecha, te suplico, y por justicia te pido no disimules, porque alguno que está aquí, que por ventura pensó tomar aquesta santa bula, dando crédito á las falsas palabras de aquel hombre, lo dejará de hacer. Y pues es tanto perjuicio del prójimo, te suplico, Señor, no lo disimules, mas luego muestra aquí milagro, y sea de esta manera. Que si es verdad lo que aquel dice, este púlpito se hunda conmigo, do él ni yo jamas parezcamos; y si es verdad lo que yo digo, y aquel, persuadido del demonio dice maldad, tambien sea castigado, y de todos conocida su malicia. »

Apénas habia acabado su oracion, cuando el negro alguacil cae, y da tan gran golpe en el suelo, que la iglesia toda hizo resonar, y comenzó á bramar y echar espumajos por la boca, y hacer visages con el gesto, dando de pié y de mano, revolviéndose por aquellos suelos á una parte y á otra.

EJERCICIO L.

CONTINUACION DEL MISMO ASUNTO.

A todo esto el señor mi amo estaba en el púlpito de rodillas, las manos y los ojos puestos en el cielo, transportado en la divina esencia.... Algunos buenos hombres llegaron á él, y le suplicaron quisiese socorrer á aquel pobre que estaba muriendo..... El señor comisario, como quien despierta de un dulce sueño, los miró, y miró al delincuente, y muy pausadamente les dijo: « Pues Dios nos manda que no volvamos mal por mal, y perdonemos las injurias, vamos todos á suplicarle. »

Y así bajó del púlpito..... y todos se hincaron de rodillas.... y viniendo con la cruz y agua bendita el señor mi amo, puestas las manos al cielo, y los ojos, que casi nada se le parecia sino un poco de blanco, comienza una oracion no ménos larga que devota..... Y esto hecho, mandó traher la bula, y púsosela en la cabeza, y luego el pecador del alguacil comenzó poco á poco á estar mejor y tornar en sí. Y desque fué vuelto en su acuerdo, échose á los piés del señor comisario, y demandándole perdon, confesó haber dicho aquello por la boca y mandamiento del demonio; lo uno, por hacer á él daño, y vengarse del enojo ; lo otro y mas principal, porque el demonio recibia mucha pena del bien que allí se hacia en tomar la bula. El señor mi amo le perdonó, y fueron hechas las amistades entre ellos; y á tomar la bula hubo tanta priesa, que casi ánima viviente en el lugar no quedó sin ella: marido y mujer, hijos é hijas, mozos y mozas.

Divulgóse la nueva de lo acaecido por los lugares comarcanos, y cuando á ellos llegábamos, á la posada venian á buscar, como si fueran peras de balde: de manera, que en diez ó doce lugares donde fuimos, echó el señor mi amo otras tantas mil bulas sin predicar sermon. Cuando hizo el ensayo, confieso mi pecado, que tambien fuí de ello espantado, y creí que así era, como otros muchos. Mas con ver despues la risa y burlas que mi amo y el alguacil llevaban y hacian del negocio, conocí cómo habia sido industriado por el industrioso é inventivo de mi amo; y aunque muchacho, cayóme mucho en gracia, y dije entre mí: ¡cuantas de estas deben de hacer estos burladores entre la inocente gente!

MENDOZA. *Lazarillo del Tórmes.*

EJERCICIO LI.

ENTEREZA DE ENRIQUE III.

Del valor de su ánimo y de su prudencia dió bastante testimonio un hecho suyo, y una resolucion notable. Al principio que se encargó del reino, gustaba de residir en Búrgos. Entreteníase en la caza de codornices, á que era mas dado que á otro género de montería ó volatería. Avino que cierto dia vino del campo cansado, y algo tarde. No tenian cosa aprestada para su yantar (1). Preguntada la causa, respondió el despensero, que no solo le faltaba el dinero mas aun el crédito para mercar lo necesario: Maravillóse el rey desta respuesta, mas disimuló con mandalle por entónces, que sobre un gaban suyo mercase un poco de carnero, con que, y las codornices que él traia, le aderezase la comida.

Sirvióle el mismo dispensero á la mesa, quitada la capa, en lugar de los pajes. En tanto que comia se movieron algunas pláticas. Una fué decir que muy de otra manera se trataban los grandes, y mucho mas se regalaban. Era así que el arzobispo de Toledo, el duque de Benavente, el conde de Trastamara, don Enrique de Villena, el conde de Medinaceli, Juan de Velasco, Alonso de Guzman, y otros señores y ricoshomes deste jaez se juntaban de ordinario en convites que se hacian unos á otros en turno. Avino que aquel mismo dia todos estaban convidados para cenar con el arzobispo que hacia tabla á los demas.

Llegada la noche, el rey disfrazado se fué á ver lo que pasaba; los platos en número, y muy regalados los vinos, la abundancia en todo. Notó cada cosa con atencion, y las pláticas mas en particular que sobre mesa tuvieron, en que, por no recelarse de nadie, cada uno relató las rentas que tenia de su casa y las pensiones que de las rentas reales llevaba. Aumentóse con esto la indignacion del rey que los escuchaba, y determinó tomar enmienda de aquellos desórdenes.

Para esto, el dia siguiente, luego por la mañana,

(1) Manger.

hizo corriese la voz por la corte que estaba muy doliente y queria otorgár su testamento. Acudieron á la horatodos los señores al castillo en que el rey tenia la posada. Tenia dada órden, que como viniesen los grandes hiciesen salir fuera á los criados y sus acompañamientos. Hízose todo como lo tenia mandado, y los grandes esperaron en una sala por gran espacio todos juntos.

EJERCICIO LII.

CONTINUACION DEL MISMO ASUNTO.

A medio dia entró el rey armado, y desnuda la espada. Todos quedaron atónitos sin saber lo que queria decir aquella representacion, ni en qué pararia el disfraz. Levantáronse en pié: el rey se asentó en su silla con talante (1), á lo que parecia sañudo. Volvióse al arzobispo y preguntóle: «¿Cuántos » son los reyes que habeis conocido en Castilla?» Y la misma pregunta hizo por su órden á cada uno de los otros.

Unos respondieron, yo conocí tres, yo cuatro, el que mas dijo cinco. «¿Cómo puede ser esto? repli- » có el rey, pues yo de la edad que soy he conocido » no ménos de veinte reyes.»

Maravillados todos de lo que decia, añadió: «Vos- » otros todos, vosotros sois los reyes, en grave » daño del reino, mengua y afrenta nuestra; pero

(1) Aspect.

» yo haré que vuestro reinado no dure mucho, ni » pase adelante la burla que de nos haceis. » Junto con esto y en alta voz llama á los ministros de justicia con los instrumentos que en tal caso se requieren, y seiscientos soldados que de secreto tenia apercibidos.

Quedaron atónitos los presentes; el de Toledo, como persona de gran corazon, puestos los hinojos (1) en tierra, y con lágrimas pidió perdon al rey de lo en que errado habia; lo mismo por su ejemplo hicieron los demas : ofrecen la enmienda, sus personas y haciendas, como su voluntad fuese y su merced.

El rey, desque los tuvo muy amedrentados y humildes, les perdonó las vidas; mas no los quiso soltar ántes que rindiesen los castillos que tenian á su cargo, y contasen todo el alcance que les hicieron de las rentas reales que cobraron en otro tiempo. Dos meses que se gastaron en asentar y concluir estas cosas, los tuvo detenidos en el castillo. Notable hecho con que ganó tal reputacion que en ningun tiempo los grandes estuvieron mas rendidos y mansos. El temor les duró por mas tiempo, como suele, que las causas de temer.

MARIANA. *Historia gen. de España.*

(1) Les genoux.

EJERCICIO LIII.

MUERTE DE D. PEDRO EL CRUEL.

El rey D. Pedro desamparado de los que le podian ayudar, sospechoso de los demas, lo que solo restaba, se resolvió de aventurarse, encomendarse á sus manos, y ponerlo todo en el trance y riesgo de una batalla, pues sabia muy bien que los reinos se sustentan y conservan mas con la fama y reputacion, que con las fuerzas y armas. Teníale con gran cuidado el peligro de la real ciudad de Toledo : estaba aquejado, y pensaba cómo mejor podria conservar su reputacion : esto le confirmaba mas en su propósito de ir en busca de su enemigo, y dalle la batalla. Procuráronselo estorbar los de Sevilla. Decíanle que se destruia, y se iba derecho á despeñar: que lo mejor era tener sufrimiento, reforzar su ejército, y esperar las gentes que cada dia vendrian de sus amigos y de los pueblos que tenian su voz. Esto que le aconsejaban era lo que en todas maneras debiera seguir, si no le cegaran la grandeza de sus maldades, y la divina justicia, ya determinada de muy presto castigallas.

EJERCICIO LIV.

CONTINUACION DEL MISMO ASUNTO.

Juntó arrebatadamente su ejército, y aprestó su

partida para el reino de Toledo. Llevaba en su campo tres mil hombres de á caballo; pero la mitad de ellos (mal pecado) eran moros, y de quien no se tenia entera confianza, ni se esperaba que pelearian con aquel brio y gallardía que fuera necessario. Dícese que al tiempo de su partida, consultó á un moro sabio de Granada, llamado Benehaatin, con quien tenia mucha familiaridad; y que este moro le anunció su muerte por una profecía de Merlin, hombre ingles, que vivió ántes de este tiempo, como cuatrocientos años. La profecía contenia estas palabras:

« En las partes de occidente, entre los mon-
» tes y el mar, nacerá una ave negra, comedora
» y robadora, y tal que todos los panales del
» mundo querrá recoger en sí, todo el oro del
» mundo querrá poner en su estómago, y despues
» gormarlo ha (1), y tornará atras. Y no perecerá
» luego por esta dolencia, caérsele han las péño-
» las, y sacarle han las plumas al sol, y andará de
» puerta en puerta, y ninguno la querrá acoger, y
» encerrarse ha en la selva, y allí morirá dos ve-
» zes, una al mundo y otra á Dios, y de esta ma-
» nera acabará. »

Esta fué la profecía, fuese verdadera ó ficcion de un hombre vanísimo que le quisiese burlar; como quiera que fuese, ella se cumplió dentro de muy pocos dias.

(1) Vomitarlo ha.

EJERCICIO LV.

CONTINUACION DEL MISMO ASUNTO.

El rey D. Pedro con la hueste que hemos dicho bajó de Andalucía á Montiel, que es una villa en la Mancha, y en los Oretanos antiguos, cercada de muralla con su pretil, torres y barbacana, puesta en un sitio fuerte, y fortalecida con un buen castillo. Sabida por D. Enrique la venida de D. Pedro, dejó á D. Gomez Manrique, arzobispo de Toledo, para que prosiguiese el cerco de aquella ciudad, y él con dos mil y cuatrocientos hombres de á caballo, por no esperar el paso de la infantería, partió con gran priesa en busca de D. Pedro. Al pasar por la villa de Orgaz, que está cinco leguas de Toledo, se juntó con él Beltran Claquin con seiscientos caballos extranjeros que traia de Francia: importantísimo socorro y á buen tiempo, porque eran soldados viejos, y muy ejercitados y diestros en pelear. Llegaron al tanto allí D. Gonzalo Mejía, maestre de Santiago, y D. Pedro Muñiz, maestre de Calatrava, y otros señores principales, que venian con deseos de emplear sus personas en la defensa y libertad de su patria.

Partió D. Enrique con esta caballería, caminó toda la noche, y al amanecer dieron vista á los enemigos, ántes que tuviesen nuevas ciertas que eran partidos de Toledo. Ellos, cuando vieron que tenian tan cerca á D. Enrique, tuvieron gran miedo, y pensaron no hubiese alguna traicion y trato para dejarlos en sus manos : á esta causa no se fiaban los unos de los otros; rezelábanse tambien de los mismos vecinos de la villa. Los capitanes con mucha priesa y turbacion hizieron recoger los mas de los soldados que tenian alojados en las aldeas cerca de Montiel : muchos dellos desampararon las banderas de miedo, ó por el poco amor, y ménos gana con que servian. Al salir del sol, formaron sus escuadrones de ambas partes, y animaron sus soldados á la batalla...

Luego con gran brio y alegría arremetieron á los enemigos : hirieron en ellos con tan gran denuedo, que, sin poder sufrir este primer ímpetu, en un momento se desbarataron. Los primeros huyeron los Moros, los Castellanos resistieron algun tanto; mas como se viesen perdidos y desemparados, se recogieron con el rey D. Pedro en el castillo de Montiel. Murieron muchos de los moros en la batalla, muchos mas fueron los que perecieron en el alcance : de los cristianos no murió sino solo un caballero. Ganóse esta victoria un miércoles catorce dias de marzo del año 1369. D. Enrique, visto como D. Pedro se encerró en la villa, á la hora le hizo cerca de una horma, pared de piedra seca, con gran vigilancia porque no se les pudiese escapar. Comenzaron los cercados á padecer falta de agua y de trigo, ca lo poco que tenian les dañó de industria (á lo que parece) algun soldado de los de dentro, deseoso de que se acabase presto el cerco.

EJERCICIO LVI.

CONTINUACIÓN DEL MISMO ASUNTO.

D. Pedro, entendido el peligro en que estaba, pensó cómo podria huirse del castillo mas á su salvo. Hallábase con el un caballero que le era muy leal, natural de Trastamara; decíase Men Rodriguez de Sanabria: por medio deste hizo á Beltran Claquin una gran promesa de villas y castillos, y doscientas mil doblas castellanas, á tal que, dejando á D. Enrique, le favoreciese y pusiese en salvo. Extrañó esto Beltran: decia que si tal consintiese, incurriria en perpetua infamia de fementido y traidor: mas como todavía Men Rodriguez le instase, pidióle tiempo para pensar en tan grande hecho. Comunicado el negocio secretamente con los amigos de quien mas se fiaba, le aconsejaron que contase á D. Enrique todo lo que en este caso pasaba: tomó su consejo: D. Enrique le agradeció mucho su fidelidad, y con grandes promesas le persuadió á que con trato doble hiciese venir á D. Pedro á su posada, y le prometiese haria lo que deseaba: concertaron la noche: salió D. Pedro de Monteil armado sobre un caballo con algunos caballeros que le acompañaban; entró en la estancia de Beltran Claquin, con mas miedo que esperanza de buen suceso. El recelo y temor que tenia, dicen se le aumentó un letrero que leyó poco ántes, escrito en la pared de la torre del homenaje del castillo de Montiel, que contenia estas palabras:

« *Esta es la torre de la Estrella.* »

Ca ciertos astrólogos le pronosticaran que moriria en una torre deste nombre. Ya sabemos cuan grande vanidad sea la destos adevinos, y cómo despues de acontecidas las cosas, se suelen fingir semejantes consejas....

EJERCICIO LVII.

CONTINUACION DEL MISMO ASUNTO.

Entrado pues D. Pedro en la tienda de D. Beltran, díjole que ya era tiempo que se fuesen ; en esto entró D. Enrique armado : como vió á D. Pedro su hermano, estuvo un poco sin hablar como espantado : la grandeza del hecho le tenia alterado y suspenso, ó no le conocia por los muchos años que no se verian. No es ménos sino que los que se hallaron presentes entre miedo y esperanza vacilaban. Un caballero frances dijo á D. Enrique, señalando con la mano á D. Pedro : « Mirad que ese es vuestro enemigo. » D. Pedro, con aquella natural ferocidad que tenia, respondió dos vezes : *Yo soy, yo soy.* Entónces D. Enrique sacó su daga, y dióle una herida con ella en el rostro : vinieron luego á los brazos, cayeron ambos en el suelo : dicen que D. Enrique debajo, y que con ayuda de Beltran, que les dió vuelta y le puso encima, le pudo herir de muchas puñaladas con que le acabó de matar : cosa que pone grima : un rey, hijo, nieto de reyes, revolcado en su sangre derramada por la mano de un su hermano bastardo. ¡Extraña hazaña! A la verdad, cuya vida fué tan dañosa para España, su muerte le fué saludable; y en ella se echa bien de ver que no hay ejércitos, poder, reinos, ni riquezas que basten á tener seguro á un hombre que vive mal é insolentemente. Fué este un extraño ejemplo para que en los siglos venideros tuviesen que considerar, se admirasen y temiesen, y supiesen tambien que las maldades de los príncipes las castiga Dios, no solamente con el odio y mala voluntad, con que miéntras viven son aborrecidos, ni solo con la muerte, sino con la memoria de las historias, en que son eternamente afrentados y aborrecidos por todos aquellos que las leen; y sus almas, sin descanso, serán para siempre atormentadas.

Mariana. *Historia gen. de España.*

FABULAS SELECTAS

DE

DON TOMAS DE IRIARTE.

I.

EL ELEFANTE Y OTROS ANIMALES.

    Allá en tiempo de entónces,
Y en tierras muy remotas,
Cuando hablaban los brutos
Su cierta jerigonza,
Notó el sabio elefante
Que entre ellos era moda
Incurrir en abusos
Dignos de gran reforma:
Afeárselos quiere,
Y á este fin los convoca.
Hace una reverencia
A todos con la trompa,
Y empieza á persuadirlos
En una arenga docta
Que para aquel intento
Estudió de memoria.
Abominando estuvo,
Por mas de un cuarto de hora,

Mil ridículas faltas,
Mil costumbres viciosas:
La nociva pereza,
La afectada bambolla,
La arrogante ignorancia,
La envidia maliciosa.

Gustosos en estremo,
Y abriendo tanta boca,
Sus consejos oian
Muchos de aquella tropa:
El cordero inocente,
La siempre fiel paloma,
El leal perdiguero,
La abeja artificiosa,
El caballo obediente,
La hormiga afanadora,
El hábil jilguerillo,
La simple mariposa.

Pero del auditorio,
Otra porcion no corta
Ofendida, no pudo
Sufrir tanta parola.
El tigre, el rapaz lobo
Contra el censor se enojan.
¡Qué de injurias vomita
La sierpe venenosa!

Murmuran por lo bajo,
Zumbando en voces roncas,
El zángano, la abispa,
El tábano y la mosca.
Sálense del concurso,
Por no escuchar sus glorias,
El cigarron dañino,
La oruga y la langosta;
La garduña se encoge;
Disimula la zorra;
Y el insolente mono
Hace de todo mofa.

Estaba el elefante
Viéndolo con pachorra;
Y su razonamiento
Concluyó en esta forma:
A todos y á ninguno
Mis advertencias tocan:
Quien las siente, se culpa;
El que no, que las oiga.

Quien mis fábulas lea,
Sepa tambien que todas
Hablan á mil naciones,
No solo á la española.
Ni de estos tiempos hablan;
Porque defectos notan

Que hubo en el mundo siempre,
Como los hay ahora.
Y pues no vituperan
Señaladas personas,
Quien haga aplicaciones,
Con su pan se lo coma.

II.

EL GUSANO DE SEDA Y LA ARAÑA.

Trabajando un gusano su capullo,
La araña, que tejia á toda prisa,
De esta suerte le habló con falsa risa,
Muy propia de su orgullo:
¿Qué dice de mi tela el seor gusano?
Esta mañana la empecé temprano,
Y ya estará acabada á medio dia.
Mire qué sutil es, mire qué bella....
El gusano con sorna respondia:
Usted tiene razon; así sale ella.

III.

EL OSO, LA MONA Y EL CERDO.

Un oso con que la vida
Ganaba un Piamontes,

La no muy bien aprendida
Danza ensayaba en dos piés.

Queriendo hacer de persona,
Dijo á una mona: ¿Qué tal?
Era perita la mona,
Y respondióle: Muy mal.

Yo creo, replicó el oso,
Que me haces poco favor.
¿Pues qué? ¿mi aire no es garboso?
¿No hago el paso con primor?

Estaba el cerdo presente,
Y dijo: ¡Bravo, bien va!
Bailarin mas escelente
No se ha visto, ni verá.

Echó el oso, al oir esto,
Sus cuentas allá entre sí,
Y con ademan modesto
Hubo de esclamar así:

Cuando me desaprobaba
La mona, llegué á dudar:
Mas ya que el cerdo me alaba,
Muy mal debo de bailar.

Guarde para su regalo
Esta sentencia un autor:
Si el sabio no aprueba, ¡malo!
Si el necio aplaude, ¡peor!

IV.

LA ABEJA Y LOS ZÁNGANOS.

A tratar de un gravísimo negocio
Se juntáron los zánganos un dia.
Cada cual varios medios discurria
Para disimular su inútil ocio;
Y por librarse de tan fea nota,
A vista de los otros animales,
Aun el mas perezoso y mas idiota
Queria, bien ó mal, hacer panales.
Mas como el trabajar les era duro,
Y el enjambre inesperto,
No estaba muy seguro
De rematar la empresa con acierto,
Intentaron salir de aquel apuro
Con acudir á una colmena vieja,
Y sacar el cadáver de una abeja
Muy hábil en su tiempo, y laboriosa.
Hacerle con la pompa mas honrosa
Unas grandes exequias funerales,
Y susurrar elogios inmortales

De lo ingeniosa que era
En labrar dulce miel y blanca cera.

Con esto se alababan tan ufanos,
Que una abeja les dijo por despique :
¿No trabajais mas que eso? Pues, hermanos,
Jamas equivaldrá vuestro zumbido
A una gota de miel que yo fabrique.

¡Cuántos pasar por sabios han querido,
Con citar á los muertos que lo han sido!
¡Y qué pomposamente que los citan!
Mas pregunto yo ahora : ¿los imitan?

V.

LOS DOS LOROS Y LA COTORRA.

De Santo Domingo trajo
Dos loros una señora.
La isla es mitad francesa,
Y otra mitad española.
Así cada animalito
Hablaba distinto idioma.
Pusiéronlos al balcon,
Y aquello era Babilonia.
De frances y castellano

Hicieron tal pepitoria,
Que al cabo ya no sabian
Hablar ni una lengua ni otra.
El frances del español
Tomó voces, aunque pocas,
El español al frances
Casi se las toma todas.

Manda el ama separarlos;
Y el Frances luego reforma
Las palabras que aprendió
De lengua que no es de moda.
El Español, al contrario,
No olvida la jerigonza,
Y aun discurre que con ella
Ilustra su lengua propia.
Llegó á pedir en frances
Los garbanzos de la olla:
Y desde el balcon de enfrente
Una erudita cotorra
La carcajada soltó,
Haciendo del loro mofa.
Él respondió solamente,
Como por tacha afrentosa:
Vos no sois que una purista (1);

(1) Voz de que modernamente se valen los corruptores de nuestro idioma, cuando pretenden ridiculizar á los que hablan con pureza.

¡Vaya que los loros son
Lo mismo que las personas!
Y ella dijo: A mucha honra.

VI.

EL MONO Y EL TITIRITERO.

El fidedigno padre Valdecebro,
Que en discurrir historias de animales
Se calentó el celebro,
Pintándolos con pelos y señales;
Que en estilo encumbrado y elocuente
Del unicornio cuenta maravillas,
Y el ave fenix cree á pié juntillas,
(No tengo bien presente
Si es en el libro octavo ó en el nono)
Refiere el caso de un famoso mono.

Este, pues, que era diestro
En mil habilidades, y servia
A un gran titiritero, quiso un dia,
Miéntras estaba ausente su maestro,
Convidar diferentes animales
De aquellos mas amigos
A que fuesen testigos
De todas sus monadas principales.

Empezó por hacer la mortecina;
Despues bailó en la cuerda á la arlequina,
Con el salto mortal, y la campana;
Luego el despeñadero,
La espatarrada, vueltas de carnero,
Y al fin el ejercicio á la prusiana:
De estas y de otras gracias hizo alarde.
Mas lo mejor faltaba todavía;
Pues, imitando lo que su amo hacia,
Ofrecerles pensó, porque la tarde
Completa fuese, y la funcion amena,
De la linterna mágica una escena.

Luego que la atencion del auditorio
Con un preparatorio
Exordio concilió, segun es uso,
Detras de aquella máquina se puso;
Y durante el manejo
De los vidrios pintados,
Fáciles de mover á todos lados,
Las diversas figuras
Iba esplicando con locuaz despejo.

Estaba el cuarto á oscuras,
Cual se requiere en casos semejantes;
Y aunque los circunstantes

Observaban atentos,
Ninguno ver podia los portentos
Que con tanta parola y grave tono
Les anunciaba el ingenioso mono.

Todos se confundian, sospechando
Que aquello era burlarse de la gente.
Estaba el mono ya corrido, cuando
Entró maese Pedro de repente,
É informado del lance, entre severo
Y risueño le dijo : Majadero,
¿De qué sirve tu charla sempiterna,
Si tienes apagada la linterna?

Perdonadme, sutiles y altas Musas,
Las que haceis vanidad de ser confusas :
¿Os puedo yo decir, con mejor modo,
Que sin la claridad os falta todo?

VII.

LA PARIETARIA Y EL TOMILLO.

Ya leí, no sé donde, que en la lengua herbolaria
Saludando al tomillo la yerba parietaria,
Con socarronería le dijo de esta suerte :
Dios te guarde, tomillo : lástima me da verte :

Que aunque mas oloroso que todas estas plantas,
Apénas medio palmo del suelo te levantas.
El responde: Querida, chico soy, pero crezco
Sin ayuda de nadie. Yo sí te compadezco;
Pues, por mas que presumas, ni media palmo puedes
Medrar, si no te arrimas á una de esas paredes.

Cuando veo yo algunos que de otros escritores
A la sombra se arriman, y piensan ser autores
Con poner cuatro notas ó hacer un prologuillo,
Estoy por aplicarles lo que dijo el tomillo.

VIII.

LOS HUEVOS.

Mas allá de las islas Filipinas
Hay una que ni sé como se llama,
Ni me importa saberlo, donde es fama
Que jamas hubo casta de gallinas,
Hasta que allá un viajero
Llevó por accidente un gallinero.
Al fin tal fué la cria, que ya el plato
Mas comun y barato
Era de huevos frescos; pero todos
Los pasaban por agua (que el viajante
No enseñó á componerlos de otros modos).

Luego de aquella tierra un habitante
Introdujo el comerlos estrellados.
¡O qué elogios se oyeron á porfía
De su rara y fecunda fantasía!
Otro discurre hacerlos escalfados.....
¡Pensamiento feliz!.... Otro, rellenos....
¡Ahora sí que están los huevos buenos!
Uno despues inventa la tortilla;
Y todos claman ya: ¡Qué maravilla!

No bien se pasó un año,
Cuando otro dijo: Sois unos petates;
Yo los haré revueltos con tomates:
Y aquel guiso de huevos tan estraño,
Con que toda la isla se alborota,
Hubiera estado largo tiempo en uso,
A no ser porque luego los compusó
Un famoso estranjero á la *Hugonota*.

Esto hicieron diversos cocineros;
Pero ¡qué condimentos delicados
No añadieron despues los reposteros!
Moles, dobles, hilados,
En caramelo, en leche,
En sorbete, en compota, en escabeche.

Al cabo todos eran inventores,
Y los últimos huevos los mejores.

Mas un prudente anciano
Les dijo un dia : Presumís en vano
De esas composiciones peregrinas,
¡Gracias al que nos trajo las gallinas!

¿Tantos autores nuevos
No se pudieran ir á guisar huevos
Mas allá de las islas Filipinas?

IX.

LA AVUTARDA.

De sus hijos la torpe avutarda
El pesado volar conocia,
Deseando sacar una cria
Mas lijera, aunque fuese bastarda.

A este fin muchos huevos robados
De alcotan, de jilguero y paloma,
De perdiz y de tórtola toma,
Y en su nido los guarda mezclados.

Largo tiempo se estuvo sobre ellos :
Y aunque hueros salieron bastantes,
Produjeron por fin los restantes
Varias castas de pájaros bellos.

La avutarda mil aves convida
Por lucirlo con cria tan nueva:
Sus polluelos cada ave se lleva,
Y héte aquí la avutarda lucida.

Los que andais empollando obras de otros,
Sacad, pues, á volar vuestra cria.
Ya dirá cada autor: Esta es mia;
Y veremos que os queda á vosotros.

X.

LA CABRA Y EL CABALLO.

Estábase una cabra muy atenta
Largo rato escuchando
De un acorde violin el eco blando.
Los piés se le bailaban de contenta,
Y á cierto Jaco, que tambien suspenso
Casi olvidaba el pienso,
Dirigió de esta suerte la palabra:
¿No oyes de aquellas cuerdas la armonía?
Pues sabe que son tripas de una cabra
Que fué en un tiempo compañera mia.
Confio (¡dicha grande!) que algun dia
No ménos dulces trinos
Formarán mis sonoros intestinos.

Volvióse el buen rocin, y respondióla:
A fe que no resuenan esas cuerdas
Sino porque las hieren con las cerdas
Que sufrí me arrancasen de la cola.
Mi dolor me costó, pasé mi susto;
Pero, al fin, tengo el gusto
De ver qué lucimiento
Debe á mi auxilio el músico instrumento.
Tú, que satisfaccion igual esperas,
¿Cuando la gozarás? Despues que mueras.

Así, ni mas ni ménos, porque en vida
No ha conseguido ver su obra aplaudida
Algun mal escritor al juicio apela
De la posteridad, y se consuela.

XI.

EL RATON Y EL GATO.

Tuvo Esopo famosas ocurrencias.
¡Qué invencion tan sencilla! ¡qué sentencias!
He de poner, pues que la tengo á mano,
Una fábula suya en castellano.

Cierto (dijo un raton en su agujero)
No hay prenda mas amable y estupenda

Que la fidelidad: por eso quiero
Tan de veras al perro perdiguero.
Un gato replicó: Pues esa prenda
Yo la tengo tambien..... Aquí se asusta
Mi buen raton, se esconde,
Y torciendo el hocico, le responde:
¡Cómo! ¿La tienes tú?.... Ya no me gusta.

La alabanza que muchos creen justa,
Injusta les parece,
Si ven que su contrario la merece.

¿Qué tal, señor lector? La fabulilla
Puede ser que le agrade, y que le instruya.
Es una maravilla:
Dijo Esopo una cosa como suya. —
Pues mire Usted: Esopo no la ha escrito;
Salió de mi cabeza. — ¿Con que es tuya? —

Sí, señor erudito:
Ya que ántes tan feliz la parecia,
Critíquemela ahora, porque es mia.

XII.

LOS PERROS Y EL TRAPERO.

Cobardes son y traidores
Ciertos críticos que esperan,
Para impugnar, á que mueran
Los infelices autores,
Porque vivos respondieran.

Un breve caso á este intento
Contaba una abuela mia,
Diz que un dia en un convento
Entró una lechuza... miento;
Que no debió ser un dia.

Fué, sin duda, estando el sol
Ya muy léjos del ocaso....
Ella, en fin, se encontró al paso
Una lámpara (ó farol,
Que es lo mismo para el caso):

Y volviendo la trasera,
Esclamó de esta manera:
Lámpara, ¡con qué delcite
Te chupara yo el aceite,
Si tu luz no me ofendiera!

Mas ya que ahora no puedo,
Porque estás bien atizada,
Si otra vez te hallo apagada,
Sabré, perdiéndote el miedo,
Darme una buena panzada.

Aunque renieguen de mí
Los críticos de que trato,
Para darles un mal rato,
En otra fábula aquí
Tengo de hacer su retrato.

Estando, pues, un trapero
Revolviendo un vasurero,
Ladrábanle (como suelen
Cuando á tales hombres huelen)
Dos parientes del Cerbero.

Y díjoles un lebrel:
Dejad á ese perillan,
Que sabe quitar la piel
Cuando encuentra muerto á un can,
Y cuando vivo huye de él.

XIII.

LA ARDILLA Y EL CABALLO.

Mirando estaba una ardilla
A un generoso alazan,
Que dócil á espuela y rienda
Se adrestaba en galopar.

Viéndole hacer movimientos
Tan veloces y á compas,
De aquesta suerte le dijo
Con muy poca cortedad:
   Señor mio,
   De ese brio,
   Lijereza
   Y destreza
   No me espanto,
   Que otro tanto
Suelo hacer, y acaso mas.
   Yo soy viva,
   Soy activa,
   Me meneo,
   Me paseo;
   Yo trabajo,
   Subo y bajo,
No me estoy quieta jamas.

El paso detiene entónces
El buen potro, y muy formal
En los términos siguientes
Respuesta á la ardilla da:
  Tantas idas
  Y venidas,
  Tantas vueltas
  Y revueltas
  (Quiero, amiga,
  Que me diga)
¿Son de alguna utilidad?
  Yo me afano,
  Mas no en vano.
  Sé mi oficio;
  Y en servicio
  De mi dueño
  Tengo empeño
De lucir mi habilidad.

Con que algunos escritores
Ardillas tambien serán,
Si en obras frívolas gastan
Todo el calor natural.

XIV.

EL AVESTRUZ, EL DROMEDARIO Y LA ZORRA.

Para pasar el tiempo congregada
Una tertulia de animales varios
(Que tambien entre brutos hay tertulias),
Mil especies en ella se tocáron.

Hablóse allí de las diversas prendas
De que cada animal está dotado:
Este á la hormiga alaba, aquel al perro,
Quien á la abeja, quien al papagayo.

No, dijo el avestruz: En mi dictámen,
No hay mejor animal que el dromedario.
El dromedario dijo: Yo confieso
Que solo el avestruz es de mi agrado.

Ninguno adivinó por qué motivo
Ambos tenian gusto tan estraño.
¿Será porque los dos abultan mucho?
¿O por tener los dos los cuellos largos?

¿O porque el avestruz es algo simple,
Y no muy advertido el dromedario?
¿O bien porque son feos uno y otro?
¿O porque tienen en el pecho un callo?

O puede ser tambien.... No es nada de eso
(La zorra interrumpió), ya dí en el caso.
¿Sabeis por qué motivo el uno al otro
Tanto se alaban? Porque son paisanos.

En efecto, ambos eran berberiscos;
Y no fué juicio, no, tan temerario
El de la zorra, que no pueda hacerse
Tal vez igual de algunos literatos.

XV.

LA COMPRA DEL ASNO.

Ayer por mi calle
Pasaba un borrico,
El mas adornado
Que en mi vida he visto...
Albarda y cabestro
Eran nuevecitos,
Con flecos de seda
Rojos y amarillos.
Borlas y penacho
Llevaba el pollino,
Lazos, cascabeles,
Y otros atavíos:
Y hechos á tijera
Con arte prolijo.

En pescuezo y anca
Dibujos muy lindos.

Parece que el dueño,
Que es, segun me han dicho,
Un chalan Gitano
De los mas ladinos,
Vendió aquella alhaja
A un hombre sencillo;
Y añaden que al pobre
Le costó un sentido.
Volviendo á su casa,
Mostró á sus vecinos
La famosa compra,
Y uno de ellos dijo:
Veamos, compadre,
Si este animalito
Tiene tan buen cuerpo
Como buen vestido.
Empezó á quitarle
Todos los aliños;
Y bajo la albarda,
Al primer registro
Le hallaron el lomo
Asaz malferido,
Con seis mataduras
Y tres lobanillos,
Amen de dos grietas,
Y un tumor antiguo

Que bajo la cincha
Estaba escondido.

Burro (dijo el hombre)
Mas que el burro mismo
Soy yo, que me pago
De adornos postizos.

A fe que este lance
No echaré en olvido;
Pues viene de molde
A un amigo mio,
El cual á buen precio
Ha comprado un libro
Bien encuadernado
Que no vale un pito.

XVI.

EL RETRATO DE GOLILLA.

De frase estranjera el mal pegadizo
Hoy á nuestro idioma gravemente aqueja;
Pero habrá quien piense que no habla castizo,
Si por lo anticuado lo usado no deja.
Voy á entretenelle con una conseja;
Y porque le traiga mas contentamiento,
En su mesmo estilo referilla intento,
Mezclando dos hablas, la nueva y la vieja.

No sin hartos zelos un pintor de ogaño
Via como agora gran loa y valía
Alcanzan algunos retratos de antaño;
Y el no remedallos á mengua tenia
Por ende, queriendo retratar un dia
A cierto ricohome, señor de gran cuenta,
Juzgó que lo antiguo de la vestimenta
Estima de rancio al cuadro daria.

Segundo Velazquez creyó ser con esto:
Y ansí que del rostro toda la semblanza
Hubo trasladado, golilla le ha puesto,
Y otros atavíos á la antigua usanza.
La tabla á su dueño lleva sin tardanza;
El cual espantado fincó, desque vido
Con añejas galas su cuerpo vestido,
Magüer que le plugo la faz abastanza.

Empero una traza le vino á las mientes
Con que al retratante dar su galardon.
Guardaba, heredadas de sus ascendientes,
Antiguas monedas en un viejo arcon.
Del quinto Fernando muchas de ellas son,
Allende de algunas de Cárlos primero,
De entrambos Filipos, segundo y tercero:
Y henchido de todas le endonó un bolson.

Con estas monedas, ó si quier medallas
(El pintor le dice), si voy al mercado,

Cuando me cumpliere mercar vitualla,
Tornaré á mi casa con muy buen recado.
¡Pardiez! (dijo el otro) ¿no me habeis pintado
En traje que un tiempo fué muy señoril,
Y agora le viste solo un alguacil?
Cual me retratasteis, tal os he pagado.

Llevaos la tabla; y el mi corbatin
Pintadme al proviso en vez de golilla;
Cambiadme esa espada en el mi espadin,
Y en la mi casaca trocad la ropilla;
Ca non habrá nadie en toda la villa
Que, al verme en tal guisa, conozca mi gesto:
Vuestra paga entónces contaros he presto
En buena moneda corriente en Castilla.

Ora pues, si á risa provoca la idea
Que tuvo aquel sandio moderno pintor,
¿No hemos de reirnos siempre que chochea
Con ancianas frases un novel autor?
Lo que es afectado juzga que es primor:
Habla puro á costa de la claridad,
Y no halla voz baja para nuestra edad,
Si fué noble en tiempo del Cid Campeador.

XVII.

LOS DOS HUÉSPEDES.

Pasando por un pueblo
De la montaña,
Dos caballeros mozos
Buscan posada.

De dos vecinos
Reciben mil ofertas
Los dos amigos;

Porque á ninguno quieren
Hacer desaire,
En casa de uno y otro
Van á hospedarse.

De ambas mansiones
Cada huésped la suya
A gusto escoge.

La que el uno prefiere
Tiene un gran patio
Con su gran frontispicio
Como un palacio:

Sobre la puerta
Su escudo de armas tiene
Hecho de piedra.

La del otro á la vista
No era tan grande;
Mas dentro no faltaba
Donde alojarse;

Como que habia
Piezas de muy buen temple,
Claras y limpias.

Pero el otro palacio
Del frontispicio
Era, ademas de estrecho,
Oscuro y frio:

Mucha portada,
Y por dentro desvanes
A teja vana.

El que allí pasó un dia
Mal hospedado,
Contaba al compañero
El fuerte chasco;

Pero él le dijo:
Otros chascos como ese
Dan muchos libros.

XVIII.

EL TÉ Y LA SALVIA.

El té, viniendo del imperio Chino,
Se encontró con la salvia en el camino.
Ella le dijo: ¿Adónde vas, compadre? —
A Europa voy, comadre,
Donde sé que me compran á buen precio.
Yo, respondió la salvia, voy á China;
Que allá con sumo aprecio
Me reciben por gusto y medicina (1).
En Europa me tratan de salvaje,
Y jamas he podido hacer fortuna.
Anda con Dios. No perderás el viaje,
Pues no hay nacion alguna
Que á todo lo estranjero
No dé con gusto aplausos y dinero.

La salvia me perdone,
Que al comercio su máxima se opone.
Si hablase del comercio literario,
Yo no defenderia lo contrario;

---

(1) Los Chinos estiman tanto la salvia, que por una caja de esta yerba suelen dar dos, y á veces tres, de té verde. Véase el Dicc. de Hist. Nat. de M. Valmont de Bomare, en el artículo *Sauge*.

Porque en él para algunos es un vicio
Lo que es en general un beneficio:
Y Español que tal vez recitaria
Quinientos versos de Boileau y el Taso,
Puede ser que no sepa todavía
En que lengua los hizo Garcilaso.

XIX.

EL GATO, EL LAGARTO Y EL GRILLO.

Ello es que hay animales muy científicos,
En curarse con varios específicos,
Y en conservar su construccion orgánica
Como hábiles que son en la botánica,
Pues conocen las yerbas diuréticas,
Catárticas, narcóticas, eméticas,
Febrífugas, estípticas, prolíficas,
Cefálicas tambien, y sudoríficas.

En esto era gran práctico y teórico
Un Gato, pedantísimo retórico,
Que hablaba en un estilo tan enfático
Como el mas estirado catedrático.
Yendo á caza de plantas salutíferas,
Dijo á un lagarto: ¡Qué ansias tan mortíferas!
Quiero, por mis turgencias semihidrópicas,
Chupar el zumo de hojas *heliotrópicas.*

Atónito el lagarto con lo exótico
De todo aquel preámbulo estrambótico,
No entendió mas la frase macarrónica
Que si le hablasen lengua babilónica.
Pero notó que el charlatan ridículo
De hojas de jirasol llenó el ventrículo,
Y le dijo: Ya, en fin, señor hidrópico,
He entendido lo que es zumo *heliotrópico*.
¡Y no es bueno que un grillo oyendo el diálogo,
Aunque se fué en ayunas del catálogo
De términos tan raros y magníficos,
Hizo del gato elogios honoríficos!
Sí, que hay quien tiene la hinchazon por mérito,
Y el hablar liso y llano por demérito.

Mas ya que esos amantes de hiperbólicas
Cláusulas, y metáforas diabólicas,
De retumbantes voces el depósito
Apuran, aunque salga un despropósito,
Caiga sobre su estilo problemático
Este apólogo esdrújulo, enigmático.

XX.

LA MUSICA DE LOS ANIMALES.

Atencion, noble auditorio:
Que la bandurria he templado,

Y han de dar gracias cuando oigan
La jácara que les canto.

En la corte del leon,
Dia de su cumpleaños,
Unos cuantos animales
Dispusieron un sarao;
Y para darle principio
Con el debido aparato,
Creyeron que una academia
De música era del caso.

Como en esto de elegir
Los papeles adecuados
No todas veces se tiene
El acierto necesario,
Ni hablaron del ruiseñor,
Ni del mirlo se acordaron,
Ni se trató de calandria,
De jilguero, ni canario.
Ménos hábiles cantores,
Aunque mas determinados,
Se ofrecieron á tomar
La diversion á su cargo.

Antes de llegar la hora
Del cántico proyectado,

Cada músico decia:
Ustedes verán qué rato;
Y al fin la capilla junta
Se presenta en el estrado
Compuesta de los siguientes
Diestrísimos operarios:
Los tiples eran dos grillos;
Rana y cigarra, contraltos;
Dos tábanos, los tenores;
El cerdo y el burro, bajos.
Con qué agradable cadencia,
Con qué acento delicado
La música sonaria,
No es menester ponderarlo.
Baste decir que los mas
Las orejas se taparon,
Y por respeto al leon
Disimularon el chasco.

La rana por los semblantes
Bien conoció, sin embargo,
Que habian de ser muy pocas
Las palmadas y los bravos.
Salióse del corro, y dijo:
¡Cómo desentona el asno!
Este replicó: Los tiples
Sí que están desentonados.
Quien lo echa todo á perder,

Añadió un grillo chillando,
Es el cerdo. Poco á poco,
Respondió luego el marrano:
Nadie desafina mas
Que la cigarra, contralto.
Tenga modo, y hable bien.
Saltó la cigarra; es falso.
Esos tábanos tenores
Son los autores del daño.
Cortó el leon la disputa
Diciendo: Grandes bellacos,
¿Antes de empezar la solfa,
No la estabais celebrando?

Cada uno para sí
Pretendia los aplausos,
Como que se deberia
Todo el acierto á su canto;
Mas viendo ya que el concierto
Es un infierno abreviado,
Nadie quiere parte en él,
Y á los otros hace cargos.
Jamas volvais á poneros
En mi presencia: mudaos;
Que si otra vez me cantais,
Tengo de hacer un estrago.
¡Así permitiera el cielo
Que sucediera otro tanto,

Cuando trabajando á escote
Tres escritores, ó cuatro,
Cada cual quiere la gloria,
Si es bueno el libro, ó mediano;

Y los compañeros tienen
La culpa si sale malo.

XXI.

LA ESPADA Y EL ASADOR.

Sirvió en muchos combates una espada
Tersa, fina, cortante, bien templada,
La mas famosa que salió de mano
De insigne fabricante toledano.
Fué pasando á poder de varios dueños,
Y airosos los sacó de mil empeños.
Vendióse en almonedas diferentes,
Hasta que por estraños accidentes
Vino, en fin, á parar (¡quien lo diria!)
A un oscuro rincon de una hostería,
Donde, cual mueble inútil, arrimada,
Se tomaba de orin. Una criada
Por mandado de su amo el posadero,
Que debia de ser gran majadero,
Se la llevó una vez á la cocina,
Atravesó con ella una gallina,

Y héteme un asador hecho y derecho,
La que una espada fué de honra y provecho.

Miéntras esto pasaba en la posada,
En la corte comprar quiso una espada
Cierto recien llegado forastero,
Transformado de payo en caballero.
El espadero, viendo que al presente
Es la espada un adorno solamente,
Y que pasa por buena cualquier hoja,
Siendo de moda el puño que se escoja,
Díjole que volviese al otro dia.
Un asador que en su cocina habia
Luego desbasta, afila y acicala,
Y por espada de Tomas de Ayala
Al pobre forastero, que no entiende
De semejantes compras, se le vende;
Siendo tan picaron el espadero
Como fué ignoranton el posadero.

¿Mas de igual ignorancia ó picardía
Nuestra nacion quejarse no podria
Contra los traductores de dos clases,
Que infestada la tienen con sus frases?
Unos traducen obras celebradas,
Y en asadores vuelven las espadas:
Otros hay que traducen las peores,
Y venden por espadas asadores.

XXII.

LOS CUATRO LISIADOS.

Un mudo á nativitate,
Y mas sordo que una tapia,
Vino á tratar con un ciego
Cosas de poca importancia.

Hablaba el ciego por señas,
Que para el mudo eran claras;
Mas hízole otras el mudo,
Y él á oscuras se quedaba.

En este apuro, trajeron,
Para que los ayudara,
A un camarada de entrambos,
Que era manco por desgracia.

Este las señas del mudo
Trasladaba con palabras,
Y por aquel medio el ciego
Del negocio se enteraba.

Por último resultó
De conferencia tan rara,

Que era preciso escribir
Sobre el asunto una carta.

Compañeros, saltó el manco,
Mi auxilio á tanto no alcanza;
Pero á escribirla vendrá
El dómine, si le llaman.

¿Que ha de venir, dijo el ciego,
Si es cojo, que apénas anda?
Vamos: será menester
Ir á buscarle á su casa.

Así lo hicieron; y al fin
El cojo escribe la carta:
Díctanla el ciego y el manco,
Y el mudo parte á llevarla.

Para el consabido asunto
Con dos personas sobraba;
Mas como eran ellas tales,
Cuatro fueron necesarias.
Y á no ser porque ha tan poco
Que en un lugar de la Alcarria
Acaeció esta aventura,
Testigos mas de cien almas,
Bien pudiera sospecharse
Que estaba adrede inventada

Por alguno que con ella
Quiso pintar lo que pasa,
Cuando juntándose muchos
En pandilla literaria,
Tienen que trabajar todos
Para una gran patarata.

XXIII.

LA URRACA Y LA MONA.

A una mona
Muy taimada
Dijo un dia
Cierta urraca:
Si vinieras
A mi estancia,
¡Cuántas cosas
Te enseñara!
Tú bien sabes
Con que maña
Robo y guardo
Mil alhajas.
Ven, si quieres,
Y veráslas
Escondidas
Tras de una arca

La otra dijo:
Vaya en gracia;
Y al paraje
La acompaña.

Fué sacando
Doña urraca
Una liga
Colorada,
Un tontillo
De casaca,
Una hebilla,
Dos medallas,
La contera
De una espada,
Medio peine,
Y una vaina
De tijeras;
Una gasa,
Un mal cabo
De navaja,
Tres clavijas
De guitarra,
Y otras muchas
Zarandajas.

¿Qué tal? dijo
Vaya, hermana,
¿No me envidia?
¿No se pasma?

A fe que otra
De mi casta
En riqueza
No me iguala.

Nuestra mona
La miraba.
Con un gesto
De bellaca,
Y al fin dijo:
Patarata,
Has juntado
Lindas maulas.
Aquí tienes
Quien te gana,
Porque es útil
Lo que guarda.
Sino, mira
Mis quijadas.
Bajo de ellas,
Camarada,
Hay dos buches
O papadas,
Que se encogen
Y se ensanchan.
Como aquello
Que me basta,
Y el sobrante
Guardo en ambas

Para cuando
Me haga falta.
Tú amontonas,
Mentecata,
Trapos viejos
Y morralla;
Mas yo, nueces,
Avellanas,
Dulces, carne,
Y otras cuantas
Provisiones
Necesarias.
¿Y esta mona
Redomada
Habló solo
Con la urraca?
Me parece
Que mas habla
Con algunos
Que hacen gala
De confusas
Misceláneas,
Y fárrago
Sin sustancia.

XXIV.

LOS DOS TORDOS.

Persuadia un tordo, abuelo
Lleno de años y prudencia,
A un tordo su nietezuelo,
Mozo de poca esperiencia,
A que, acelerando el vuelo,
Viniese con preferencia
Hácia una poblada viña,
É hiciese allí su rapiña.
¿Esa viña, dónde está?
Le pregunta el mozalvete;
¿Y qué fruto es el que da?—
Hoy te espera un gran banquete,
Dice el viejo: ven acá:
Aprende á vivir, pobrete,
Y no bien lo dijo, cuando
Las uvas le fué enseñando.

Al verlas saltó el rapaz:
¿Y esta es la fruta alabada
De un pájaro tan sagaz?
¡Qué chica! ¡qué desmedrada!
¡Ea, vaya! es incapaz
Que eso pueda valer nada.

Yo tengo fruta mayor
En una huerta, y mejor.

Veamos, dijo el anciano;
Aunque sé que mas valdrá
De mis uvas solo un grano.
A la huerta llegan ya;
Y el jóven esclama ufaño:
¡Qué fruta! ¡qué gorda está!
¿No tiene escelente traza?...
¿Y qué era? Una calabaza.

Que un tordo en aqueste engaño
Caiga, no lo dificulto;
Pero es mucho mas estraño

Que hombre tenido por culto
Aprecie por el tamaño
Los libros, y por el bulto.
Grande es, si es buena, una obra;
Si es mala, toda ella sobra.

XXV.

EL NATURALISTA Y LAS LAGARTIJAS.

Vió en una huerta
Dos lagartijas

Cierto curioso
Naturalista,
Cógelas ambas,
Y á todo prisa
Quiere hacer de ellas
Anatomía.
Ya me ha pillado
La mas rolliza;
Miembro por miembro
Ya me la trincha;
El microscopio
Luego le aplica.
Patas y cola,
Pellejo y tripas,

Ojos y cuello,
Lomo y barriga,
Todo lo aparta,
Y lo examina.
Toma la pluma,
De nuevo mira,
Escribe un poco,
Recapacita.
Sus mamotretos
Despues registra;
Vuelve á la propia
Carnicería.
Varios curiosos
De su pandilla

Entran á verle:
Dales noticia
De lo que observa:
Unos se admiran,
Otros preguntan,
Otros cavilan.

    Finalizada
La anotomía,
Causóse el sabio
De lagartija.
Soltó la otra
Que estaba viva.
Ella se vuelve
A sus rendijas,
En donde, hablando
Con sus vecinas,
Todo el suceso
Les participa.
No hay que dudarlo,
No, les decia:
Con estos ojos
Lo ví yo misma.
Se ha estado el hombre
Todito un dia
Mirando el cuerpo
De nuestra amiga.
¿Y hay quien nos trate
De sabandijas?

¿Cómo se sufre
Tal injusticia,
Cuando tenemos
Cosas tan dignas
De contemplarse
Y andar escritas?
No hay que abatirse,
Noble cuadrilla:
Valemos mucho,
Por mas que digan.

¿Y querrán luego
Que no se engrian
Ciertos autores
De obras inicuas?
Los honra mucho
Quien los critica.
No seriamente,
Muy por encima
Deben notarse
Sus tonterías;
Que hacer gran caso
De lagartijas,
Es dar motivo
De que repitan:
Valemos mucho,
Por mas que digan.

XXVI.

LA CONTIENDA DE LOS MOSQUITOS.

Diabólica refriega
Dentro de una bodega
Se trabó entre infinitos
Bebedores mosquitos.
Pero estraño una cosa:
Que el buen Villaviciosa
No hiciese en su *Mosquea*
Mencion de esta pelea.

Era el caso que muchos
Espertos y machuchos
Con teson defendian
Que ya no se cogian
Aquellos vinos puros,
Generosos, maduros,
Gustosos y fragantes,
Que se cogian ántes.

En sentir de otros varios,
A esta opinion contrarios,
Los vinos escelentes
Eran los mas recientes,
Y del opuesto bando
Se burlaban, culpando

Tales ponderaciones
Como declamaciones
De apasionados jueces,
Amigos de vejeces.

  Al agudo zumbido
De uno y otro partido
Se hundia la bodega:
Cuando héteme que llega
Un anciano mosquito,
Catador muy perito;
Y dice, echando un taco:
¡Por vida de Dios Baco!....
(Entre ellos ya se sabe
Que es juramento grave)
Donde yo estoy, ninguno
Dará mas oportuno
Ni mas fundado voto.
Cese ya el alboroto.
¿No ven que soy Navarro;
Que en tonel, bota, ó jarro,
Barril, tinaja, ó cuba,
El jugo de la uva
Difícilmente evita
Mi cumplida visita;
Que en esto de catarle,
Distinguirle y juzgarle,
Puedo poner escuela
De Jerez á Tudela;

De Málaga á Peralta,
De Canarias á Malta,
De Oporto á Valdepeñas?
Sabed, por estas señas,
Que es un gran desatino
Pensar que todo vino
Que desde su cosecha
Cuenta larga la fecha,
Fué siempre aventajado.
Con el tiempo ha ganado
En bondad, no lo niego;
Pero si él desde luego
Mal vino hubiera sido,
Ya se hubiera torcido:

Y al fin tambien había,
Lo mismo que en el dia,
En los siglos pasados,
Vinos avinagrados.
Al contrario, yo pruebo
A veces vino nuevo
Que apostarlas pudiera
Al mejor de otra era:
Y si muchos agostos
Pasan por ciertos mostos
De los que hoy se reprueban,
Puede ser que los beban
Por vinos esquisitos
Los futuros mosquitos.

Basta ya de pendencia,
Y por final sentencia
El mal vino condeno;
Le chupo cuando es bueno,
Y jamas averiguo
Si es moderno ó antiguo.

Mil doctos importunos,
Por lo antiguo los unos,
Otros por lo moderno,
Sigan litigio eterno;
Mi testo favorito
Será siempre el Mosquito.

XXVII.

EL ESCARABAJO.

Tengo para una fábula un asunto
Que pudiera muy bien...... Pero algun dia
Suele no estar la musa muy en punto.

Esto es lo que hoy me pasa con la mia;
Y regalo el asunto á quien tuviere
Mas despierta que yo la fantasía:

Porque esto de hacer fábulas requiere
Que se oculte en los versos el trabajo,
Lo cual no sale siempre que uno quiere.

Será, pues, un pequeño escarabajo
El héroe de la fábula dichosa,
Porque conviene un héroe vil y bajo.

De este insecto refieren una cosa:
Que comiendo cualquiera porquería,
Nunca pica las hojas de la rosa.

Aquí el autor con toda su energía
Irá esplicando, como Dios le ayude,
Aquella estraordinaria antipatía.

La mollera es preciso que le sude
Para endilgar despues una sentencia
Con que entendamos á lo que esto alude.
Y segun le dictare su prudencia,
Echará circonloquios y primores,
Con tal que diga en la final sentencia:

Que así como la reina de las flores
Al sucio escarabajo desagrada,
Así tambien á góticos doctores
Toda invencion amena y delicada.

XXVIII.

EL RICOTE ERUDITO.

Hubo un rico en Madrid (y aun dicen que era
Mas necio que rico),
Cuya casa magnífica adornaban
Muebles esquisitos.

¡Lástima que en vivienda tan preciosa,
Le dijo un amigo,
Falte una librería! bello adorno,
Util y preciso.

Cierto, responde el otro: ¡que esa idea
No me haya ocurrido!....
A tiempo estamos. El salon del norte
A este fin destino.

Que venga el ebanista, y haga estantes
Capaces, pulidos,
A toda costa. Luego trataremos
De comprar los libros.

Ya tenemos estantes. Pues, ahora,
El buen hombre dijo:
¡Echarme yo á buscar doce mil tomos!
No es mal ejercicio.

Perderé la chabeta, saldrán caros,
Y es obra de un siglo....
Pero ¿no será mejor ponerlos todos
De carton fingidos?

Ya se vé: ¿porqué no? Para estos casos
Tengo un pintorcillo
Que escriba buenos rótulos, é imite
Pasta y pergamino.

Manos á la labor. Libros curiosos
Modernos y antiguos
Mandó pintar, y á mas de los impresos,
Varios manuscritos.

El bendito señor repasó tanto
Sus tomos postizos,
Que aprendiendo los rótulos de muchos,
Se creyó erudito.

Pues, ¿qué mas quieren los que solo estudian
Títulos de libros,
Si con fingirlos de carton pintado
Les sirven lo mismo?

RESEÑA BIOGRÁFICA

DE LOS PRINCIPALES AUTORES CUYOS ESTRACTOS COMPONEN ESTA OBRITA.

1.

ALEMAN.

Poco se sabe de Mateo Aleman, mas conocido por sus obras que por sus antecesores. Sábese empero que nació en Sevilla, que floreció en tiempo de Felipe II, y que este monarca le empleó. Mateo Aleman, dotado de una alma independiente y de un carácter poco ambicioso, renunció voluntariamente á varias pensiones del rey y á los diversos empleos que le debió, para vivir sosegadamente y disfrutar de las dulzuras de la vida privada, sin cuidados ni afanes. Se dice que estuvo en Méjico con Hernan Cortes, mas no se sabe con certeza. Mateo Aleman, es autor de Guzman de Alfarache, y de otras varias obras poco conocidas; pero Guzman de Alfarache solo bastara para darle el derecho de ser contado entre los mejores escritores españoles.

2.

ARGENSOLA (BARTOLOMÉ).

Bartolomé Argensola nació en Barbastro en el

reino de Aragon; al principio del siglo XVII empezó sus estudios en su villa natal, en donde los prosiguió hasta la retórica; fué secretario del conde de Lemos, y con este empleo habitó Nápoles, de cuyo reino era virey el conde su amo. De vuelta á España, el rey le nombró coronista de Aragon. Bartolomé debió los altos y lucrativos empleos de que disfrutó á la proteccion de la viuda del emperador Maximiliano, á su renombre como escritor, y á la historia de la conquista de las islas Molucas: obra interesante como historia, y perfectamente escrita, si se considera los tiempos en que se escribió; pero que hoy pudiera decirse de estilo hueco, inflado y pretencioso, y lleno de ridículas é insignificantes metáforas. Sin embargo, Bartolomé Argensola tiene el mérito de haber sido uno de los primeros Españoles que han escrito el castellano con pureza sino con buena lógica, y sin énfasis.

3.

AVILA (San Juan de).

Nació este autor en 1504, de padres honrados y bastante ricos en Almodovar del Campo, arzobispado de Toledo. Quisieron sus padres dedicarle al foro, y con estas miras le enviaron á la universidad de Salamanca para que estudiase leyes, mas fué en vano; Juan de Avila descubrió desde los primeros años de su juventud su irresistible vocacion por el sacerdocio, y su pasion por el retiro y la soledad.

Sumamente sensible, y devorado por su ardiente caridad, manifestó en todas sus acciones ser un verdadero hombre evangélico, y sus padres, conociendo su vocacion, renunciaron á sus primeros proyectos; y le trasladaron á la universidad de Alcalá, en donde estudió cánones y teología, bajo la direccion del muy justamente célebre Fr. Domingo Soto, uno de los mas influentes teólogos del concilio de Trento, adonde fué enviado por Cárlos V en 1545.

Apénas ordenado en órdenes sacras, formó Juan de Avila el proyecto de pasar á las Indias occidentales (en donde ciertamente hubieran sido utilísimos su ardiente caridad y su mucho zelo); mas habiendo pedido consejo en Sevilla al ilustrísimo señor don Alfonso Manrique, obispo entónces de la ciudad, y á don Francisco Contreras, le retrajeron estos señores de su designio determinándole á dedicarse al ejercicio de la predicacion.

Su mucha modestia se opuso por algun tiempo á que empezase á predicar; pero apénas comenzó, fué tan sublime en sus discursos, tan puro en sus intenciones, tan elocuente en su lenguaje, que el pueblo entero, y despues toda la España, solo le conocian por el honroso y merecido renombre de apóstol de Andalucía.

Pero ni la santidad de su vida, ni la elocuencia de sus sermones, ni la pureza de su doctrina, bastaron á protegerle contra la envidia de la frailesca sevillana, ni contra la susceptibilidad de la inquisicion. En sus sermones solo predicaba el evangelio, sin querer jamas maldecir ni anatematizar moriscos, judíos ó heréticos; su tolerancia pasó por herejía, y el tribunal cruel y ciegamente bárbaro, le formó causa y le persiguió cual hubiera hecho á un cismático. Sin embargo y no obstante las persecuciones de los frailes y del Santo oficio, continuó predicando, hasta que al fin fué á un calabozo de la inquisicion, en donde pasó un año rogando á Dios por sus verdugos. Su inocencia triunfó al fin, y, contra su costumbre, la inquisicion le puso en libertad despues de haberle atormentado y perseguido por cinco años consecutivos. En 1569, cinco años despues de su salida de la inquisicion Juan de Avila, exausto de tanto trabajar y por sus muchas penitencias, entregó su alma á Dios en Montilla, pueblo del señorío de los marqueses de Priego, cuyo confesor era.

San Juan de Avila ha escrito muchas cartas, verdaderas epístolas apostólicas, y bastantes sermones, la mayor parte de los cuales se han perdido. Un tomo en 4º de ellos, que existia en la biblioteca de Sevilla, y que los franceses respetaron en la guerra de la independencia, fué quemado en 1823 por el populacho á instigacion de los frailes de santo Domingo que calificaron nuestro apóstol andaluz de herético marrano (1). Juan de Avila tuvo por discípulos á san Juan de Dios, conocido por su inmensa y ardiente caridad; á Fr. Luis de Granada, tan célebre por su elocuencia y mucho mas por sus virtudes.

(1) *Marrano*, pourceau; c'est ainsi qu'on appelait en Espagne les descendants des Maures ou des juifs convertis.

4.

AVILA Y ZUÑIGA.

Si se ha de creer una carta de don Juan Verzosa, que dice haber conocido á este autor en sus viajes, acompañando á don Diego de Mendoza al concilio de Trento y en sus embajadas á Italia, don Luis de Avila y Zuñiga nació en Plasencia, provincia de Estremadura, á los principios del siglo décimo sexto.

Cárlos V envió Zuñiga á Roma en 1550, para felicitar á Julio III de su exaltacion á la cátedra pontificia, por muerte de Paulo III, y para que en nombre del emperador rogase al nuevo pontífice, que reorganizase el concilio de Trento. Ademas de tan alta mision, gozó don Luis de Zuñiga, del cargo y título de comendador mayor de la órden de Alcántara, y de varios señoríos que le mereció su casamiento con la hija única de don Federico Zuñiga y Sotomayor.

Entre otros escritos de Avila y Zuñiga, el mejor es sus comentarios de la guerra de Alemania, obra que fué escrita por su autor durante la dicha guerra, en que acompañó al emperador Cárlos V, y que mas bien debe considerarse como útiles memorias de aquellos tiempos que como obra literaria.

5.

AYALA (Pedro Lopez de).

Este escritor nació en noble cuna, fué señor de Salvatierra en la provincia de Alava, y descendiente de la nobilísima casa de Alaro. Ayala fué canciller mayor de Castilla, y vivió en los reinados de don Pedro el justiciero, llamado el Cruel, de Enrique II, Juan I y Enrique III. Los cuatro reyes que acabo de nombrar, apreciaron sus talentos como escritor y como político, y su valor como soldado. Sus talentos se mostraron en la direccion y arreglo de los muchos y difíciles negocios que sus soberanos le confiaron, y en sus crónicas de Pedro el Cruel, y otros escritos cuya pureza y elegancia prueban su mucho y sano gusto en la cultura de las letras. Y harto probó su valor en las batallas de Najera y Aljubarrota, en donde fué hecho prisionero. Ayala murió en 1407, de edad de setenta y cinco años, en Calahorra. Los apologistas del rey don Pedro dicen falsa la crónica de Ayala, y que este fué apasionado de don Enrique II. Zurita y otros dicen al contrario, que Ayala fué verdadero, desapasionado y sincero historiador.

6.

CERVANTES (Miguel de).

Nada diré de los escritos ni del mérito literario

de Cervantes. Dos siglos y todas las naciones de Europa le han juzgado ya. Solo diré cuatro palabras de su vida, sus desgracias y su miseria.

Miguel de Cervantes Saavedra nació en Alcalá de Henares el 9 de octubre de 1547, de padres nobles, aunque mal acomodados en bienes. Fué discípulo en letras humanas del maestro Juan Lopez de Hoyos. Su primera inclinacion fué por la poesía, en que jamas pudo sobresalir. Cuasi muerto de hambre en 1563 pasó á Italia, y se acomodó por camarero del cardenal de Aguaviva, y en 1570 se alistó en las banderas del duque de Palliamo, Marco Antonio di Colona, que Pio V habia nombrado general de sus tropas. Cervantes se halló en la desgraciada espedicion de Chipre, y en la batalla de Lepanto que tuvo lugar en 1579; en esta última perdió la mano izquierda. Despues de haber dejado el ejército papal, se alistó en las tropas de Nápoles, y sirvió con valor en ellas hasta el año 1575, época en que pasando de Nápoles á España, fué hecho cautivo por el famoso corsario argelino Arnuante Mami.

Miéntras cautivo en Argel, dió Cervantes innumerables y nada equívocas pruebas de su indómito valor, de su heróica paciencia y aun de su inconcevible osadía. Fué en fin rescatado en 1580 y 1581, volvió á España, en donde de nuevo se obstinó en escribir versos, aunque vió el poco ó ningun suceso de sus tentativas. Casóse en Esquivia con doña Catalina Palacios de Salazar en 1584, y las dificultades de su posicion se aumentaron con este matrimonio. Entónces fué cuando escribió hasta treinta comedias que pudieran llamarse malísimss, si el respeto que se debe al grande ingenio del autor de don Quijote no lo impidiese. Pocos años despues, escribió sus novelas, Persiles y Sigismunda, y el nunca bastante alabado, leido y admirado don Quijote de la Mancha. El ilustre autor de don Quijote, hoy tan estimado del mundo entero, arrastró cuasi hambrienta vida, hasta el 23 de abril de 1616 en que murió, por Sevilla, Valladolid, y Madrid en donde falleció. Acaso hubiera muerto de miseria sin los socorros del conde de Lemos y de algunos otros, aunque pocos, protectores. Cervantes fué á la vez la gloria de España y el oprobio de su siglo, puesto que este le desconoció y aun le insultó.

7.

FEIJOO Y MONTENEGRO.

Fray Benito Jerónimo Feijóo y Montenegro vió la luz primera en Cardemiro, lugarcillo del obispado de Orense en Galicia, el 8 de octubre de 1676. Apénas tenia catorce años cuando recibió la cogulla de san Benito en el monasterio de Samos; fué despues catedrático de teología en las universidades de Oviedo, y jubilado en dicho empleo por el consejo. Poco despues obtuvo de su órden el honroso título y las funciones de maestro general.

Pronto se estendió por toda España su merecida reputacion, y cuántos hombres verdaderamente sabios hubo en su tiempo, tanto en España como en los paises estranjeros fueron sus admiradores; mas que todos le admiraron Benedicto XIV, y el cardenal Guerini. Fernando VI le nombró consejero, y Cárlos III queriendo honrar su talento, le regaló las antigüedades del Herculeano. Vivió Feijóo setenta y ocho años, cuya larga vida fué un triunfo continuo sobre sus envidiosos émulos. Su obra principal fué el *Teatro crítico*; obra profunda, admirablemente escrita y mejor pensada. Empezó á publicarla en 1726, y su publicacion duró veinte años; todo el mundo la conoce y la estima, por lo que me abstendré de hablar de ella.

8.

GRACIAN (Baltasar).

Aunque nacido hácia la mitad del siglo XVII, se sabe poquísimo del padre Baltasar Gracian; cuanto ha podido saberse es, que era Aragonés, natural de Calatayud, y que fué rector del colegio de padres jesuitas de Tarragona. Gracian murió en Tarragona en 1658. Hay de él el *Criticon*, especie de enciclopedia burlesca y satírica, escrita con mucha gracia, y llena de doctrina y de sal. Algunos otros escritos que ha dejado merecen poca atencion, y apénas se habla de ellos en España. Gracian fué siempre enemigo de la intolerancia y de la hipocresía; así se echa de ver en todos sus escritos.

9.

GRANADA (El P. Fray Luis de).

Nació este ilustre escritor en la ciudad de Granada en 1504, de muy pobres parientes, cuyo nombre se ignora, pues el nombre de Granada solo le tomó al entrar en órdenes. Su celebridad solo la debió á su talento y sobre todo á sus grandes virtudes. El conde de Tendilla, en aquella sazon alcaide de la Alhambra, habiendo echado de ver las buenas disposiciones y la aptitud de Luis, le recogió en su casa y le hizo educar con sus propios hijos. Luis tomó el hábito de santo Domingo en el convento de santa Cruz, á los diez y nueve años de su edad, en cuyo convento estudió la filosofía; desde allí pasó á Valladolid á continuar sus estudios en el colegio de San Gregorio, escuela en que solo se admitian jóvenes cuyas disposiciones sobresalian. Poco tiempo despues fué sucesivamente nombrado catedrático de filosofía en diversos colegios. A los veinte y cinco años fué nombrado prior del convento de *Scala cœli* en el reino de Córdova, á donde iba con frecuencia á predicar, y en donde su nombradía le valió la amistad del venerable Juan de Avila, cuyos consejos y preceptos contribuyeron mucho á formar su elocuencia evangélica.

Poco tiempo despues fundó Luis el convento de su órden en Badajoz, y fué llamado á Portugal por el infante don Enrique, arzobispo de Evora; los reyes don Juan III y doña Catalina le honraron mucho, y esta última quiso, cuando regenta, nombrarle primero, obispo de Visen, y despues arzobispo de Braga; mas Luis, contento con el priorato de su órden, rehusó siempre nuevas y mayores dignidades.

Llegó su celebridad hasta Roma, y Gregorio XIII le escribió en 1582 escitándole á continuar sus tareas apostólicas. Sixto V, sucesor de Gregorio, quiso honrarle con el capelo de cardenal; pero el humilde Luis rogó al cardenal Bonelo, su amigo, retrajese á su Santidad de tal favor. En fin, cansado de sus muchos trabajos y cargado de ochenta y tres años, murió este hombre virtuoso en Lisboa el 31 de diciembre de 1588.

Fray Luis de Granada ha dejado muchos escritos; los que mayor mérito tienen, segun pública y general opinion, son sus meditaciones. Otro mérito mayor tuvo Fray Luis de Granada para con los hombres verdaderamente cristianos de sus tiempos y de la posteridad, y fué el no haber jamas querido pertenecer al sanguinario y fanático tribunal de la inquisicion.

10.

LEON (Luis de).

Segun Bermudez de Pedraza, Luis Muñoz, el maestro Herrera y otros muchos autores, nació el maestro Fray Luis de Leon en Granada en 1527, de don Lope de Leon, célebre jurisconsulto. Segun el erudito Tomas Tamayo, Luis de Leon vió la luz en Belmonte en la Mancha, ó en Madrid; lo mas cierto parece ser el haber nacido en esta última ciudad, puesto que su padre se hallaba aun en Madrid ejerciendo la abogacía en 1553, despues de cuya época fué nombrado juez del tribunal de Granada. Tomó Luis el hábito de agustino en Salamanca en el año de 1543, y en 1561 gozando aun los estudiantes del derecho de conferir las cátedras, sucedió á santo Tomas de Aquino, despues de haber vencido á siete competidores en pública oposicion, cuatro de los cuales eran ya catedráticos.

Ascendió el maestro Leon á la cátedra de escritura sacra, y brillaba en ella cuando en 1572 sus muchos y malignos envidiosos, sirviéndose de inicuas calumnias y de falsas interpretaciones de sus doctrinas, lograron sepultarlo en las prisiones de la inquisicion, de donde salió puro, sin tacha y triunfante, mas solo despues de cinco años de grandes sufrimientos y de cruel trato; el crímen que se le imputó fué la traduccion del cántico de Salomon, y sus comentarios esplicando su sentido místico. La opinion pública de su tiempo acusó de haberle denunciado al Santo oficio, al maestro Leon de Castro, catedrático de retórica.

El maestro Fray Luis de Leon murió en 1591 de edad de sesenta y dos años. Ha dejado este célebre autor muchos escritos en verso, y no ménos en prosa; unos y otros honran á España y á su autor.

11.

MALON DE CHAIDE.

Fray Pedro Malon de Chaide fué agustiniano, como Fray Luis de Leon, y vivió en su tiempo: nació hácia el año de 1530, fué catedrático de teología en Huesca y en Zaragoza, y murió de bastante edad; sus obras son voluminosas, pero poco sustanciales; su tratado de la Magdalena es un conjunto de declamaciones ascéticas, cuasi incomprensible, y su estilo sumamente hueco, é hinchado de metáforas sin ton ni son.

12.

MANUEL (Don Juan).

Don Juan Manuel, hijo del infante don Manuel y nieto de san Fernando, nació á fines del siglo XIII. Su vida fué un tejido de revoluciones y turbulencias; desde 1306, época en que fué vencido delante de Algeciras, por don Fernando IV llamado *el Emplazado*, hasta el año de 1336 en que se reconcilió sincera y francamente con su rey, presentándose á él en Cuenca, y sirviéndole en adelante con valor y lealtad como buen caballero. Don Juan Manuel murió en 1347 dejando por sucesor á don Fernando Manuel, primer marques de Villana. Solo se conserva de don Juan Manuel *el Conde de Luçanor*, obra digna del mayor aprecio, y que sola bastara para dar lustre y fama á su autor, si su carácter guerrero, emprendedor y bullicioso no hubieran añadido á su nombradía.

13.

MARIANA.

El padre Juan de Mariana fué natural de Talavera de la Reina, y nació en 1536 de don Juan Martinez de Mariana y de su legítima esposa. Este erudito é infatigable historiador, principió sus estudios en Alcalá, y fué discípulo del célebre monje cisterciense Fr. Cipriano de la Huerga, doctísimo en las lenguas orientales, y que mereció el nombre de *Fenix de España*.

Muy jóven aun, Mariana entró en la compañía de Jesus en Simancas, desde donde, concluido su noviciado, volvió á Alcalá á perfeccionarse en las ciencias eclesiásticas.

De edad de veinte y cinco años no cabales fué ordenado de mayores, y electo por el padre Lopez para esplicar teología en Roma. De Roma pasó Mariana á Sicilia con el mismo objeto, y despues de profesar dos años en Sicilia, pasó á Paris, en cuya universidad explicó á santo Tomas por cinco años consecutivos; mas el clima de este pais habiendo alterado su salud, se halló Mariana obligado de regresar á España. De vuelta á su patria, fijó su residencia en Toledo, en donde vivió cuasi de continuo hasta su muerte que acaeció en 1623, á los ochenta y siete años de su edad.

Mariana fué no solo erudito y elegante escritor, sino tambien hombre de honor, de firme é incorruptible probidad, é imparcial historiador: fué ademas sapientísimo poliglota. Mariana fué perseguido por los jesuitas, con cuyo carácter intrigante y ambicioso nunca quiso simpatizar, por lo que estos le acusaron á la inquisicion, que le condenó no obstante su inocencia, á un año de reclusion en el convento de san Francisco de Madrid.

14.

MENDOZA.

Don Diego Hurtado de Mendoza, nació en Granada á principios del siglo XVI de don Iñigo Lopez de Mendoza, conde de Tendilla y marques de Mondéjar, y de doña Francisca Pacheco. Estudió en Salamanca jurisprudencia civil y canónica, lenguas y humanidades. Muy jóven aun pasó á Italia, y sirvió en los ejércitos españoles como buen caballero. Su amor por el estudio fué tanto, que se retiraba á Roma durante los cuarteles de invierno; y á veces á Padua en donde se ocupaba en ornar su entendimiento ó forticar su razon. Pronto fué reconocida la superioridad de sus luces, y el emperador Carlos V, tan hábil en conocer á los hombres, le distinguió muy pronto confiriéndole la embajada de Venecia, de la cual pasó á Roma y al concilio de Trento. El concilio de Trento fué no una reunion de curas y frailes para discutir algunos puntos de disciplina, como lo dicen muchos, sino una asamblea de hombres eminentes de todas clases, en que se discutieron al mismo tiempo que las cuestiones de dogma y disciplina, los mayores intereses de la Europa política.

Mendoza pareció en el concilio de Trento en 1542 por la primera vez, acompañado de Nicolas Granvela y de su hijo, despues conocido bajo el título de cardenal Granvela. La comision ostensible de Mendoza era de instar, de provocar, de activar la reunion del concilio. Mucho dijera yo de Mendoza si quisiera darle á conocer como hombre político, como ciudadano y como soldado; pero como de todo eso habla la historia y su biografía, impresa al frente de todas sus obras, solo hablaré aquí de Mendoza literato.

Mendoza se ocupó, durante sus misiones políticas en Italia, de juntar y enviar á España cuantos libros y manuscritos arabes y griegos pudo granjearse, á costa de ruegos y de mucho dinero: noble empresa en que le ayudaron muy de veras Arnoldo Arlenio y Nicolas Sofiano, ambos muy doctos en lenguas orientales y en literatura griega. A Mendoza se deben mas de seis mil manuscritos griegos, árabes y fenicios que el gran Sultan regaló al *doctísimo, muy ilustre y buen español, Hurtado de Mendoza.*

Mendoza ha escrito el Lazarillo de Tormes, obra muy picante y llena de sal, verdadero tipo nacional, y la *historia de la guerra contra los moriscos de Granada*, harto conocida de todo el mundo literato para que necesite yo apreciarla aquí.

15.

MONCADA.

Francisco de Moncada, conde de Osuna, de la ilustre familia que ha dado reyes á Francia por los vizcondes del Bearne, y á la Sicilia por los duques de Montalto, fué natural de Valencia, y nació en diciembre de 1586 de don Gaston de Moncada, marques de Aitona, virey de Cerdeña y de Aragon, y embajador de Roma, y de doña Catalina de Moncada, baronesa de Callora. Nuestro autor casó con doña Margarita de Castro y de Aragon, baronesa de Llacuna y vizcondesa de Illa; mas tan ilustre alianza, mas la debió á su mérito personal que á le grande nobleza de su alcurnia. Moncada ocupó durante su carrera los empleos de embajador de España en Viena, de embajador en Roma, de gobernador de Cerdeña, de Aragon y de los Paises Bajos. Murió Moncada en Gok en 1635, á los cuarenta y nueve años de su edad, dejando á la posteridad, entre otros escritos menos importantes, la *Historia de las conquistas, guerras y hazañas de los españoles en el levante.*

16.

NEIREMBERG.

El padre Juan Eusebio Neiremberg, de orígen

aleman, nació en Madrid en 1595, estudió en Salamanca, en cuya ciudad entró en la compañía de Jesus. Aunque jesuita, fué el padre Juan de ejemplar vida, humilde en estremo, y sumamente instruido. Era grande helenista, poseia muy bien el hebreo, y grandes conocimientos tanto en las ciencias sagradas cuanto en las profanas y naturales. Murió en Madrid en 1658, á los sesenta y tres años de edad.

17.

OCAMPO.

Florian de Ocampo nació en Zamora en Castilla la Vieja de un don Lope y solo tomó el apellido *do Campo* de su madre, portuguesa de nacion, cuyo nombre era doña Sancha García *do* Campo ó *del* Campo.

Hizo Florian sus estudios en Salamanca y Alcalá, en donde cursó, bajo la direccion del maestro Nebrija. Cárlos V le nombró, aun jóven, canónigo de Zamora y despues su coronista. Los procuradores de las cortes de Castilla en 1555 pidieron, por un voto unánime, al emperador que se asignase á Ocampo una renta suficiente sobre el erario para que, sin necesidad de pensar en sus necesidades materiales, pudiese dedicarse esclusivamente al estudio de la historia y á la continuacion de su *crónica general de España*, que ya en 1554 formaba cuatro libros de los cinco que componen la que publicó Ambrioso Morales en 1578.

Como puede colegirse de lo que queda dicho, floreció nuestro autor en la mitad última del siglo XVI, aunque nada se sabe de la fecha de su nacimiento ni de la de su muerte.

18.

QUEVEDO.

Don Francisco de Quevedo y Villegas, uno de los mas fecundos, graciosos y satíricos escritores que jamas ilustraron nacion ninguna, nació en Madrid en 1580 de don Pedro de Quevedo, secretario del rey Felipe II, y de doña María Santibañez, camarista de la reina doña Ana de Austria. Quevedo estudió en Alcalá cuanto se enseñaba en su tiempo en esta universidad, y progresó tanto, que fué graduado en teología á los quince años de edad. Mas sus estudios se acabaron bruscamente por un *lance de honor*, es decir por un desafío, en que malhirió á su adversario de una estocada que le puso á las puertas de la muerte.

Partióse Quevedo para Italia por no meterse en cuentas con la justicia. En Sicilia halló al conde de Osuna, virey entónces, que le acogió y le honró nombrándole secretario del vireinato, y acordándole ilimitada confianza.

Desde aquel momento, la suerte de Quevedo quedó identificada con la del duque de Osuna. Poco despues pasó con su amo á Nápoles en donde desempeñó importantísimas misiones, y de allí, solo á Madrid como diputado de los reinos de Sicilia y Nápoles. Ajustó despues varios tratados con la corte de Roma, con los duques de Savoya y la república de Venecia, á cuyas comisiones debió el hábito de Santiago; mas su prosperidad duró poco. Cayó su protector, fué preso y enviado á la fortaleza de la Alameda, lugar del conde de Barajas, en donde murió y Quevedo estuvo emprisionado tres años en la torre de Juan Abad, de que era señor.

Obtuvo al fin su libertad y vino á Madrid; pero poco despues fué desterrado, y solo le fué permitido volver á Madrid despues de cinco años, cuando ya arruinado se hallaba en estrema pobreza. Sin embargo, su mucha y merecida reputacion le valió el ser nombrado secretario del rey en 1632. En 1634 casó con doña Esperanza de Aragon y la Cabra, señora de Cetina; pero tuvo la desgracia de enviudar poco despues. Un nuevo infortunio vino á pesar sobre Quevedo en 1641. Publicóse en Madrid una violenta sátira contra el gobierno, y fuéle atribuida, y aunque sin pruebas, Quevedo fué nuevamente emprisionado en el convento de San Marcos de Leon, en donde permaneció cinco años, época en que habiendo el gobierno registrado todos sus papeles y reconocido su inocencia se le puso en libertad. Hízole este último golpe detestar y temer la corte, por lo que poco despues de haber vuelto á Madrid se retiró á la Torre y de allí á Villanueva de los Infantes, en donde murió el 8 de setiembre de 1645, de edad de sesenta y cinco años, cansado de injusticias, y lleno de amargura, y cuasi en miseria estrema.

Quevedo ha escrito mucho y en varios géneros; su vida del gran Tacaño es obra maestra, y como arte, superior á don Quijote. Consérvanse de Quevedo diez tomos de obras jocosas, prosa y verso, que son otras tantas obras maestras, y ocho tomos de obras sérias no inferiores. Entre sus obras sérias, la historia de Marco Bruto nos parece llevarse la palma.

19.

SANTA TERESA.

Todo el mundo sabe la celebridad merecida de santa Teresa de Jesus, y acaso no hay nacion ninguna que no conozca perfectamente sus obras; por lo tanto me abstendré de apreciar sus escritos, y solo diré de ella lo que toca á su nacimiento, á su hermosura y á sus virtudes.

Santa Teresa de Jesus nació en Avila en Castilla la Vieja el año 1515, de noble familla. Llamábanse su padre don Alonso Sancho de Cepeda, y su madre doña Beatriz de Moncada. Tomó el hábito de edad de veinte años en el convento de carmelitas de la encarnacion de Avila. Santa Teresa restableció la regla primitiva del Carmelo, que las bulas del papa Eugenio IV habian relajado, y mostró en esta empresa un espíritu tan enérgico y tan capaz, que con gran talento y zelo, reformó todos los abusos de la órden que eran muchos y de varias especies. Santa Teresa fué no solo grande escritora y hábil reformadora, pero tambien una de las mas hermosas y amables mujeres de su tiempo; sus gracias mujeriles igualaron su mucho ingenio, y su hermosura á su mucha santidad. Murió esta santa, sabia y hermosísima mujer en Alba de Ceste, el 4 de octubre de 1582 á los sesenta y siete años de edad.

FIN.

TABLE DES MATIÈRES.

	Pages.
De la prononciation et de la prosodie espagnoles.	1

LECTURES.

Pensées et Maximes de *Fray Luis de Leon, Antonio Perez, Gracian, Neiremberg* et *Solis.*	11
Le Temple du dieu de la Guerre à Mexico; par *Solis.*	14
Bataille d'Antonio Galban, capitaine portugais, contre Dayalo, nouveau roi des îles Moluques; par *Bartolomé Argensola.*	20
Bataille d'Elbe gagnée contre le duc de Saxe; par *L. A. y Zuñiga.*	22
Mort de Rachel, douleur d'Alphonse VIII; par le *comte de Cervellon.*	25
La descente de la Croix; par *Fray Luis de Granada.*	27
Description de deux puissantes armées; par *Cervantes.*	30
Dialogue entre Sancho Panza et sa femme; par *le même.*	34
Monologue de Sancho, allant trouver Dulcinée de la part de don Quichote; par *le même.*	44
Dulcinée peinte d'après nature; par *le même.*	47
Monipodio ou le Filou de Séville; par *le même.*	49
Claira Perlerine; par *le même.*	51
Conseils pour bien gouverner; par *le même.*	55
Les Bohémiens; par *le même.*	58

Désanchantement de Dulcinée; par *le même*. 62
La Caida del pueblo-Hebreo; par *Malon de Chaide*. . 73
La Gitana vieja; par *Francisco Quintana*. 76
Las cuatro edades del hombre, fábula; par *Mateo Aleman*. 78
El Filósofo á la violeta; par *Cadalso*. 85
Un Escribano de aldea; par *le père Isla*. 89
El Predicador evaporado; par *le même*. 96
El huerto de la Deleitacion (l'Eden); par *Alfonso de la Torre*. 99
Heroismo de Guzman el Bueno; par *M. J. Quintana*. 102
Espedicion de Catalanes y Aragoneses; par *Francisco de Moncada*. 107
Introduccion de la guerra de Granada; par *Mendoza*. 109
Venida de Osiris á España: Guerra contra Gerion; par *Florian d'Ocampo*. 112
Estado de España al advenimiento de Rodrigo; par *Mariana*. 116
Los Españoles antiguos y los del siglo XVI; par *le même*. 118
Don Pelayo á los Asturianos; par *le même*. . . . 122
Retrato de los hipócritas; par *Gracian*. 124
Leyes de la reina Vejecia; par *le même*. 132
Reforma de Proverbios; par *le même*. 138
Consejos del moro Benebaatin á Pedro el Cruel; par *Pedro Lopez de Ayala*. 140
Escena del 1er acto del Sí de las niñas; par *Moratin*. . 146
El Caballero de industria; par *Francisco de Quevedo*. 151
El Pedagogo avariento; par *le même*. 160
El Hidalgo montañes; par *le même*. 163
La Novia soberbia domada; par *l'infant don Juan Manuel*. 167

EJERCICIOS

PARA LA APPLICACION DE LO YA APRENDIDO EN LAS LECTURAS PRECEDENTES.

Carta del padre Isla á un amigo suyo. 175

Otra á otro amigo sobre la ciudad de Bolonia. . . . 176
Carta de san Juan de Avila á san Juan de Dios. . . 177
Elogio de Cárlos III; por *Jovellanos*. 178
Elogio del marques de Santa Cruz; por *Nicasio Alvarez de Cienfuegos*. 181
El Señor benéfico; por *el mismo*. 185
Fray Luis de Granada; por *Capmany*. 189
Exhortacion al ejercicio de la elocuencia; por *Gregorio Mayans y Siscar*. 191
El Gran Capitan de vuelta de Italia; por *Quintana*. . 194
Garcilaso de la Vega; por *el mismo*. 198
Grandeza y decadencia de España; por *M. A. Gandara*. 201
La Rosa y el Coral; por *Saavedra*. 212
Entrada de la república literaria; por *el mismo* . . . 213
El Rico y el Pobre; por *Feijoo y Montenegro*. . . . 216
La Corrida de toros; por *Gines de Hita*. 219
El Juego de caña y sortija; por *el mismo*. 223
La Publicacion de la Bula; por *Mendoza*. 234
Entereza de Enrique III; por *Mariana*. 239
Muerte de don Pedro el Cruel; por *el mismo*. . . . 242

FABULAS SELECTAS

DE DON TOMAS DE IRIARTE.

Fábula I. El Elefante y otros animales. 250
    II. El Gusano de seda y la Araña. 254
    III. El Oso, la Mona y el Cerdo. . . . . . id.
    IV. La Abeja y los Zánganos. 256
    V. Los dos Loros y la Cotorra. 257
    VI. El Mono y el Titiritero. 259
    VII. La Parietaria y el Tomillo. 261
    VIII. Los Huevos. 262
    IX. La Avutarda. 264
    X. La Cabra y el Caballo. 265
    XI. El Raton y el Gato. 266

XII.	Los Perros y el Trapero.	268
XIII.	La Ardilla y el Caballo.	270
XIV.	El Avestruz, el Dromedario y la Zorra.	272
XV.	La Compra del Asno.	273
XVI.	El retrato de Golilla.	275
XVII.	Los dos Huéspedes.	278
XVIII.	El Té y la Salvia.	280
XIX.	El Gato, el Lagarto y el Grillo.	281
XX.	La música de los animales.	282
XXI.	La Espada y el Asador.	286
XXII.	Los cuatro Lisiados.	288
XXIII.	La Urraca y la Mona.	290
XXIV.	Los dos Tordos.	294
XXV.	El Naturalista y las Lagartijas.	295
XXVI.	La contienda de los Mosquitos.	299
XXVII.	El Escarabajo.	302
XXVIII.	El Ricote erudito.	304

RESEÑA BIOGRÁFICA

DE LOS PRINCIPALES AUTORES CUYOS ESTRACTOS COMPONEN ESTA OBRITA.

Mateo Aleman.	305
Bartolomé Argensola.	id.
San Juan de Avila.	308
Avila y Zuñiga.	311
Pedro Lopez de Ayala.	312
Cervantes.	id.
Feijoo y Montenegro.	314
Baltasar Gracian.	315
El padre Fray Luis de Granada.	316
Fray Luis de Leon.	317
Malon de Chaide.	319
Don Juan Manuel (el infante).	id.
Mariana.	320
Mendoza.	321

Moncada.	323
Neiremberg.	id.
Ocampo.	324
Quevedo.	325
Santa Teresa.	327

FIN DE LA TABLE DES MATIÈRES.

www.ingramcontent.com/pod-product-compliance
Lightning Source LLC
Chambersburg PA
CBHW072018150426
43194CB00008B/1154